Kommunale Finanznot

Stadt und Region als Handlungsfeld

Herausgegeben vom Kompetenzzentrum für Raumforschung
und Regionalentwicklung in der Region Hannover

Band 10

PETER LANG
Frankfurt am Main · Berlin · Bern · Bruxelles · New York · Oxford · Wien

Mareike Köller / Dietrich Fürst (Hrsg.)

Kommunale Finanznot

Auswirkungen und Lösungsansätze

PETER LANG
Internationaler Verlag der Wissenschaften

Bibliografische Information der Deutschen Nationalbibliothek
Die Deutsche Nationalbibliothek verzeichnet diese Publikation in der Deutschen Nationalbibliografie; detaillierte bibliografische Daten sind im Internet über http://dnb.d-nb.de abrufbar.

Umschlaggestaltung:
© Olaf Glöckler, Atelier Platen, Friedberg

Gedruckt auf alterungsbeständigem,
säurefreiem Papier.

ISSN 1610-2444
ISBN 978-3-631-63371-7

www.peterlang.de

Inhalt

Dietrich Fürst, Mareike Köller

Kommunale Finanznot – Was nun? Einführung

Die kommunale Finanznot ist Dauerthema seit es die kommunalen Spitzenverbände gibt, also seit mehr als 100 Jahren. Das hängt u.a. damit zusammen, dass die Verteilung der Steuer- und Einnahmehoheit zwischen Bund, Ländern und Gemeinden nicht auf die Ausgabenentwicklung angepasst werden kann, während die Ausgabenentwicklung durch demographische, wirtschaftliche und politische Einflüsse eine Art „Eigenleben" vollzieht. Korrekturen über Formen des Finanzausgleichs können diese Diskrepanz zu einem großen Teil korrigieren, aber je mehr Bund, Länder und Gemeinden insgesamt unter Finanznot geraten, umso weniger gelingt es, diesen Ausgleich für alle zufrieden stellend zu erreichen. Deshalb sind Finanzreform-Überlegungen fast so alt wie die Debatten über Finanznot. Was durch den demographischen Wandel und die Globalisierung neu hinzu gekommen ist, sind zunehmende Disparitäten zwischen den Gebietskörperschaften, weil nicht alle von den negativen Wirkungen des demographischen Wandels (Abwanderung der jungen, leistungsfähigen Bevölkerungsteile, wachsende regionale Konzentration sozialer Problemfälle) und den Folgen der Globalisierung (beschleunigter Wandel der Wirtschaftsstruktur, wachsende regionale Disparitäten der wirtschaftlichen Entwicklung) betroffen sind. Lange Zeit stand unter dem Modell des modernen Wohlfahrtsstaates der Ansatz im Vordergrund, Land und Bund müssten fürsorgend für die Gemeinden tätig werden, um deren Finanzsituation zu verbessern. Mit veränderten „belief-systems"[1] zugunsten neo-liberaler staatlicher Handlungsmuster ging allerdings auch einher, dass die Kommunen sich bemühten, eigene Lösungsansätze zu finden, um

1 Darunter versteht man Überzeugungen/Glaubenssätze, meist ideologisch gestützt, die das Denken und Handeln von Menschen bestimmen.

ihre Situation zu verbessern. Sie reichen von Sparmaßnahmen über Stärkung der zivilgesellschaftlichen Mitwirkung („Bürgerkommune": Bogumil et al. 2003) bis zu neuen Modellen, die Bürger an den finanzpolitischen Entscheidungen der Kommunen zu beteiligen („Bürgerhaushalte": Franzke, Kleger 2010) und durch „nachhaltiges Wirtschaften" einen Beitrag zur Entlastung kommunaler Haushalte zu leisten. Darauf richten sich die in diesem Band versammelten Beiträge, die überwiegend auf eine Ringvorlesung an der Universität Hannover des Jahres 2011 zurückgehen.

Heinrich Mäding befasst sich zwar mit den regionalwirtschaftlichen Effekten der kommunalen Finanznot, geht in seinem Beitrag aber deutlich darüber hinaus. Zum einen zeigt er, dass die Finanznot nichts Neues ist, sondern seit langem mehr oder weniger gilt. Zum anderen sieht er die Ursachen teilweise in Einflüssen, die politisch verantwortet werden müssen, wobei nach Fristigkeit der Wirkungszusammenhänge zu unterscheiden ist. Politisch zu bearbeitende Einflüsse betreffen die Folgen der Globalisierung, die Dauerarbeitslosigkeit und den demographischen Wandel, ferner die immer wieder auftretenden finanzwirtschaftlichen Entscheidungen des Staates zulasten der Kommunen, während die kommunale Ebene ihre Anpassungsleistungen (Sparen, Privatisierung von Leistungsangeboten) zum großen Teil bereits erbracht hat, jedenfalls die dort noch vermuteten Anpassungsmöglichkeiten weit überschätzt würden. Die regionalen Wirkungen sind vergleichsweise leicht abzuleiten. Aber wichtiger ist Mäding die regionalwirtschaftliche Analyse der zur Zeit diskutierten Reformvorschläge, die primär auf die Abschaffung der Gewerbesteuer zielen. Sie führen überwiegend dazu, dass die Städte geschwächt werden, d.h. ausgerechnet die Zentren mit den größten Potenzialen in einer Wissens- und Dienstleistungsgesellschaft. Seine abschließenden Empfehlungen zielen darauf, die aktuelle Dominanz der kommunalen Kassenkredite über „kommunale Entschuldungsfonds" zu reduzieren, auf kommunaler Ebene mehr Eigeninitiative zur Verbesserung der Finanzsituation zu entwickeln (vor allem vor dem Hintergrund sinkender staatlicher Zuweisungen im Gefolge der sog. Schuldenbremse), die Kommunen von Sozialausgaben zu entlasten und eine Steuerreform anzuvisieren, die den Gemeinden eine etwas gleichmäßigere Belastung der Unternehmen, privaten Haushalte und des Grund und Bodens (verbesserte Grundsteuer) sichert.

Der Beitrag von *Hans-Ulrich Jung* behandelt die Situation in Niedersachsen und stellt zunächst die finanzwirtschaftliche Situation der Kommunen in Niedersachsen vor, differenziert nach gemeindlicher und Kreis-Ebene, in den unterschiedlichen Raumtypen: Verdichtungsräume, sonstige Stadtregionen und ländliche Räume. Wie zu erwarten, sind die Unterschiede der Gebietskörperschaften hinsichtlich Eigeneinnahmen (Steuern, Gebühren, Beiträge) und staatlichen Finanzzuweisungen erheblich, und sie nehmen zudem mit verstärkter Wirkung des demographischen Wandels und der Auswirkungen der Globalisierung zu. Dabei wirkt sich zum einen die Abhängigkeit der Gemeinden von der Gewerbesteuer, zum anderen von einwohnergebundenen Einnahmen aus: Zu letzteren gehören der Anteil der Einkommensteuereinnahmen und der Finanzausgleich des Landes (kommunaler Finanzausgleich), weil dessen Bemessungsgrundlage einwohnerabhängige Elemente enthält. Jung sieht allerdings in schlichten Gebietsreformen (Fusion von Gemeinden oder Kreisen) keine allein tragfähige Lösung, solange lediglich finanzschwache Gebietskörperschaften zusammengeschlossen werden. Aber auch freiwillige Zusammenschlüsse wie von der nds. Landesregierung im „Zukunftsvertrag“[2] anvisiert, können die Lösung nicht bieten, weil sie eher „Flickenteppiche“ der Problembearbeitung hinterlassen. Die Ansätze müssen umfassender gesucht werden.

Die Finanzreform wird im Beitrag von *Horst Zimmermann* eingehender untersucht. Er hält zwar die kommunalen finanzwirtschaftlichen Regelungen im internationalen Vergleich als durchaus akzeptabel. Aber Handlungsbedarf sieht er in den wachsenden Sozialausgaben („die Sozialausgaben fressen uns auf“), in den zu hohen Standards der kommunalen Leistungserstellung und inadäquaten kommunalen Steuerarten. Insbesondere sollte die Gewerbesteuer abgeschafft werden. Zimmermann diskutiert verschiedene in der Literatur abgehandelte Ersatzlösungen, kommt jedoch zum Ergebnis, dass die meisten ebenfalls erhebliche Probleme erzeugen (insbesondere der Umsatzsteueranteil). Da er von der Grundposition ausgeht, die Bürger und Politiker müssten erkennen, welche Zusatzeinnahmen zusätzliche Ausgaben nach sich ziehen, plädiert er für einen Einkommensteueranteil mit Hebesatzrecht der Kommunen sowie für eine verbesserte Grundsteuer, die er für die „geborene Gemeindesteuer“ hält. Ein Modell zur Verbesserung könnte das „Thüringer Modell“ sein, das die Grundsteuer auf der Basis von Bodenrichtwerten ermittelt.

Ulrike Hardt behandelt kommunale Kassenkredite und deren Unterstützung durch Entschuldungsfonds. In ihrer Bestandsaufnahme zeigt sie, dass es bei der Verschuldung erhebliche Unterschiede zwischen den Ländern gibt (nur Mecklenburg-Vorpommern und Sachsen reduzierten ihre Schuldenlast in den Jahren 2005-2010) und dass vor allem Bund und Länder die wesentlichen Schuldenmacher sind, dass dagegen bei den Kassenkrediten die Kommunen ganz vorn stehen. Kassenkredite sind solche Verschuldungen, die dazu dienen, den jährlichen Verwaltungshaushalt auszugleichen. Sie fallen an, wenn die Einnahmen hinter

2 Der sog. „Zukunftsvertrag“ wurde am 17.12.2009 vom Land Niedersachsen mit den kommunalen Spitzenverbänden geschlossen. Er sieht neben Vorkehrungen zur Entschuldung bei freiwilligen Kooperationen und Fusionen der Kommunen auch die Überprüfung der Standards für die kommunale Leistungserstellung und den Bürokratieabbau vor.

den Ausgaben zurückbleiben, was temporär sein kann (Verzögerungen), konjunkturell bedingt sein kann oder Folge sein kann von Schuldendienstlasten, die aus Investitionen in die Zukunft herrühren. Letztere sollten zwar nicht durch Kassenkredite abgedeckt werden, solche Kreditaufnahmen sind aber schwer davon zu trennen. Kassenkredite in Niedersachsen sind vor allem in Relation zu den allgemeinen Deckungsmitteln (Steuern und Landeszuweisungen) gewachsen. Schuldenbegrenzungen existieren zwar für die Kommunen seit langem und werden von den Kommunalaufsichtsbehörden auch streng geprüft. Das betraf aber primär die langfristigen Verschuldungen, weniger die Kassenkredite. Um das bedrohliche Wachstum der Kassenkredite wieder einzudämmen, führten einige Länder kommunale Entschuldungsfonds ein. Hardt diskutiert drei Modelle (Sachsen-Anhalt, Rheinland-Pfalz und Niedersachsen). Gemeinsam ist ihnen, dass sie erhebliche Eigenanstrengungen der Gemeinden fordern, primär auf der Einnahmeseite, erstaunlich wenig auf der Ausgabenseite. Hardt plädiert deshalb dafür, die Ausgabenseite stärker zu berücksichtigen, die Diskussion aber in den Kontext gesamtstaatlicher Lösungen zu setzen und die Gläubiger (insbesondere: die Banken) mit ins Boot zu nehmen.

Marc Hansmann, Hannoveraner Finanzdezernent, sieht die Kommunen durchaus in der Pflicht, mehr zur Haushaltskonsolidierung beizutragen, auch wenn die Grenzen eng gezogen sind. Ursachen der Finanznot sieht er ähnlich wie die anderen Autoren, macht aber vor allem auf endogene Faktoren aufmerksam: die Schuldenillusion (mangelnde Spürbarkeit der finanzpolitischen Effekte von Ausgabe-Entscheidungen), den unzureichenden Kostendeckungsbeitrag von kommunalen Leistungen (politische Scheu vor höheren Gebühren und Beiträgen) und die unzureichende Kalkulation von Folgekosten bei Infrastrukturentscheidungen. Handlungsfelder für Haushaltskonsolidierung sind zwar zahlreich (Bemessung der Sozialleistungen, Personaleinsparungen, Privatisierung, Public-Private-Partnerships, Bürgerschaft-Beteiligung/Bürgerkommune u.ä.), aber eine genauere Analyse zeigt: ihr Beitrag ist sehr begrenzt und wird meist massiv überschätzt. Auch die von Consultants gern vorgeschlagene „Geschäftsprozessoptimierung" (einschl. der Doppik) erweist sich in der Praxis als wenig effektiv, weil deren betriebswirtschaftlichen Prämissen in einem politischen Umfeld kaum gelten. Das trifft auch für die Aufgabenkritik zu, die in der kommunalen Praxis wenig erfolgreich ist. Bleiben Vorschläge wie Leasing (das lediglich die Finanzlast verschiebt), die Steuerbasis zu erweitern (was aber zunächst erhebliche infrastrukturelle Vorleistungen fordert), die interkommunale Zusammenarbeit (die aber in der Praxis wenig genutzt werden kann) und der Bürgerhaushalt (dessen Erprobung in Hannover außerordentlich ernüchternd war). So kommt Hansmann zum Fazit, dass es Konsolidierungspotenziale gibt, die aber nur genutzt werden können, wenn der politische Wille dazu vorhanden ist (man die politische „Vergeblichkeitsfalle" vermeidet), und dafür kommt es entscheidend auf die Unterstützung des Hauptverwaltungsbeamten an.

Mareike Köller untersucht, wie siedlungsstrukturelle Entscheidungen auf kommunale Haushalte wirken. Verglichen werden Einfamilienhaus- und Mehrfamilienhaussiedlungen in unterschiedlichen Regionen mit ihren finanzpolitischen Rahmenbedingungen (Reg.-Bez. Düsseldorf, Region Hannover, Region Mittelhessen und Region Südwestthüringen). Direkt mit der Neuansiedlung verbundenen Einnahme- und Ausgabenänderungen wurden dafür aufgezeigt. Im Ergebnis kam diese Studie zu der Schlussfolgerung, dass zwar Einfamilienhaus-Siedlungen für die planende Gemeinde deutlich teurer sind als Mehrfamilienhaus-Siedlungen, aber dass es auch bei Mehrfamilienhaussiedlungen einen „Kipppunkt" gibt, ab wann sich diese Flächenausweisung nicht mehr lohnt. Dieser gilt jedoch nicht allgemein, sondern hängt entscheidend von den finanzpolitischen Rahmenbedingungen der Gemeinde ab. Als lohnende Strategie zum Schuldenabbau gelten Wohngebietsausweisungen jedoch in den seltensten Fällen. Generell lässt sich sagen, dass sich für ländliche Gemeinden Siedlungsentwicklungen „auf der grünen Wiese" stärker „bezahlt" machen als für zentrale Orte/größere Zentren, weil sie mit mehr Einkommensteueranteilen sowie höheren kommunalen Finanzzuweisungen rechnen können. Das bedeutet aber für die Raumplanung: das gegenwärtige Fiskalsystem wirkt kontraproduktiv auf Bemühungen um stärkere Siedlungskonzentration auf Zentrale Orte.

Birgit Böhm setzt sich mit der Frage auseinander, ob nachhaltiges Wirtschaften für Kommunen auch finanzielle Vorteile bringen kann. Die Fragestellung ist hochkomplex und erlaubt keine einfachen Antworten. Böhm zeigt jedoch auf, welche Anstrengungen inzwischen in Wissenschaft und Praxis unternommen werden, um Nachhaltigkeitsstrategien kostengünstig zu gestalten. Aber solche Ansätze sind unzureichend, wenn sie nicht umgesetzt werden. Die Umsetzung wird erleichtert und verstetigt, wenn sie eingebunden wird in einen gesellschaftlichen Mentalitätswandel, der im Handeln und Entscheiden den Aspekten der Nachhaltigkeit höheres Gewicht gibt. Dieser Mentalitätswandel verlangt Anreize (über Markt und Staat), aber auch kulturelle Unterstützungsmaßnahmen, die bis in die politische Kultur hineinreichen: über partizipative Prozesse über einen längeren Zeitraum den Bewusstseinswandel zu erzeugen.

In einem abschließenden Beitrag behandelt *Dietrich Fürst* die Frage, wie globale Kriseneinflüsse auf regionaler Ebene planerisch aufgefangen werden können. Der Krisenbegriff ist allerdings keineswegs eindeutig und durch Medien emotional besetzt. Immerhin aber lassen sich Kriseneinflüsse auf ökonomischer, ökologischer, sozialer und politisch-administrativer Ebene ausmachen. Für Regionen ist entscheidend, wie sich die Krisen auswirken, d.h. ihre sog. „Inzidenz". Diese hängt zum einen von der regionalen Verteilung der Krisen-

Einflüsse ab, wird aber auch wesentlich bestimmt von der Empfindlichkeit von Regionen gegenüber Kriseneinwirkungen und insbesondere von der Anpassungsflexibilität der Regionen, die Kriseneinwirkungen abzufedern. Der planerische Einfluss ist dabei zunächst gering. Aber Planung kann hilfreich sein, indem sie das Risikomanagement auf eine breitere Grundlage stellt, informatorisch und institutionell verbessert und die regionale Anpassungsflexibilität mittel-/langfristig über eine geeignete Entwicklungssteuerung erhöht. Da Planung lediglich koordinierend wirken kann und die entscheidenden Beiträge aus den Fachpolitiken kommen müssen, sind es vor allem neue Formen der Governance, die das Zusammenspiel innerhalb des politisch-administrativen Systems und mit Akteuren außerhalb desselben wesentlich verbessern können.

Zusammenfassend zeigen die Beiträge, dass die kommunale Finanznot die kommunale Landschaft verändern wird (Gebietsreform, neue Anpassungsstrategien, regionale Unterschiede in den Auswirkungen), dass die raumplanerischen Bemühungen zur Konzentration der Siedlungsentwicklung auf zentrale Orte erschwert wird und dass wir mit diesem Phänomen noch lange leben werden müssen, weil es nur bedingt mit der globalen Finanz- und Euro-Krise verbunden ist. Vielmehr verbirgt sich dahinter ein säkularer Trend. Durch die bundesrepublikanische Finanzverfassung wird dessen Inzidenz allerdings offenbar besser abgefedert wird als in vielen anderen europäischen Ländern.

Obwohl die Kommunen sich seit langem der Finanznot stellen und Anpassungsschritte unternommen haben, bleiben Handlungsspielräume offen, die von den unterschiedlichen Autoren aufgezeigt wurden. Aber Kommunen können nicht allein agieren, sondern sind eingebunden in staatliches Mit-Wirken, das von vielen Autoren eingefordert wurde. Jedoch haben sich heute die Rahmenbedingungen so verändert, dass die Lösung der Finanznot nicht mehr im fiskalpolitischen Spiel zwischen den föderalen Ebenen und den Kommunen liegt, sondern andere gesellschaftliche Akteure müssen einbezogen werden, seien es die Zivilgesellschaft, die Privatwirtschaft oder die Finanzwelt. Das verlangt neue Formen der Governance, die über die klassischen politisch-administrativen Entscheidungsstrukturen hinausgehen. Darauf haben die unterschiedlichen Beiträge mit unterschiedlicher Intensität und Deutlichkeit aufmerksam gemacht.

Literatur

Bogumil, J.; Holtkamp, L.; Schwarz, G. (2003): Das Reformmodell Bürgerkommune: Leistungen - Grenzen - Perspektiven. Berlin

Franzke, J.; Kleger, H (2010): Bürgerhaushalte. Chancen und Grenzen. Berlin

Heinrich Mäding

Räumliche Folgen der kommunalen Finanznot und Gemeindefinanzreform[1]

1. Kommunale Finanznot

In einer aktuellen Umfrage von Ernst & Young bewertet mehr als die Hälfte der befragten 300 deutschen Kommunen (über 20.000 Einwohner) ihre Finanzlage als „schlecht" oder „sehr schlecht" (Ernst&Young 2011: 4). Dieses Gesamtbild bedarf einer dreifachen Einordnung und Relativierung:

1. Die aktuelle kommunale Finanznot in Deutschland ist Teil einer allgemeinen Finanznot des öffentlichen Sektors, von der keine der drei Ebenen (Bund, Länder, Gemeinden) ausgenommen ist. Im politischen Mehr-Ebenen-System der Bundesrepublik Deutschland agieren die Akteure der drei Ebenen in einem komplexen, asymmetrischen Entscheidungs- und Finanzierungsverbund. Konflikte im Entscheidungsverbund betreffen Kompetenzen und Politikinhalte, Konflikte im Finanzierungsverbund betreffen Geld, seine Aufbringung und Verwendung. Diese doppelte Einbettung der Kommune steht in einem

1 Der Vortrag basiert auf einer inzwischen 25 Jahre dauernden Befassung mit den deutschen Kommunalfinanzen zunächst als Professor in Konstanz, von 1992 bis 2006 als Leiter des Deutschen Instituts für Urbanistik in Berlin, zuletzt als Leiter eines Arbeitskreises der Akademie für Raumforschung und Landesplanung und der Deutschen Akademie für Städtebau und Landesplanung, der im November 2010 ein Positionspapier „Gemeindefinanzreform – Empfehlungen aus raumwissenschaftlicher Sicht" (ARL, DASL 2010) vorlegte. Da dieses Positionspapier im Wesentlichen von mir konzipiert und auf weiten Strecken auch formuliert wurde und weiterhin aktuell ist, sind Übernahmen unvermeidlich und werden auch wörtliche Übernahmen nicht einzeln als Zitate ausgewiesen.

unauflösbaren Spannungsverhältnis zum offiziellen Autonomieziel „kommunaler Selbstverwaltung".

2. Die aktuelle kommunale Finanznot in Deutschland ist nichts Neues. Die kommunale Finanzgeschichte ist seit der großen Finanzreform von 1969 durch eine zyklische Wiederkehr von Phasen der Finanznot und der Entspannung gekennzeichnet (Mäding 1998). Alle finanzpolitischen Reformmaßnahmen haben es bislang nicht auf Dauer vermocht, das Niveauziel „aufgabengerechte Finanzausstattung der kommunalen Ebene" (so schon von Mutius 1980: 116) zu sichern. Vor allem seit Mitte der 1980er Jahre sind vier ausgeprägte Zyklen der kommunalen Finanznot und Haushaltskonsolidierung erkennbar. Auch die langfristige Nachhaltigkeit der Kommunalfinanzen ist – wie die des gesamten öffentlichen Haushalts – nicht etwa nur gefährdet, sondern heute definitiv nicht gegeben (Mäding 2009).
3. Schließlich ist die Unterschiedlichkeit der Kommunen zu berücksichtigen, die nur oberflächlich bzw. künstlich auf dem Wege der statistischen Aggregation zu einer „kommunalen Ebene" zusammengefasst werden können. Schon 1986 hat der damalige Duisburger Kämmerer R. R. Klein die prägnante Formel gefunden, dass gerade bei den Kommunen Aggregatdaten „aggregierter Unsinn" seien (Klein 1986: 61).[2] Zu einer adäquaten Beurteilung der kommunalen Finanznot reicht es nämlich nicht, auf diese Aggregatdaten zu schauen, denn neben dem Niveauproblem gibt es ein (regionales) Strukturproblem der kommunalen Finanzen.[3] Durch Überschüsse in prosperierenden Gemeinden verschwinden die Defizite und damit Probleme in den finanzschwachen, armen Gemeinden nicht. Wegen der Komplexität einer solchen räumlichen Betrachtung kommt dieses Strukturziel „regionale Fairness" in der allgemeinen öffentlichen Debatte und leider auch in der politischen Problemwahrnehmung auf Landes- und Bundesebene meistens zu kurz.[4]

Einen ersten Eindruck von der regionalen Unterschiedlichkeit der kommunalen Finanzprobleme bietet die Abbildung 1 in ARL,DASL (2010) zur kommunalen Verschuldung je Einwohner 2007, also vor der jüngsten Wirtschafts- und Finanzkrise.

---

2 Es war sicherlich kein Zufall, dass dies Klein als der Duisburger Kämmerer betonte, schließlich ist Duisburg seit langem die strukturschwächste Großstadt über 500.000 Einwohner auf dem Gebiet der alten Bundesrepublik.

3 Dies betont auch Memorandum 2001, im Vorfeld der Gemeindefinanzreformkommission 2002/2003.

4 Zu den drei Begriffen Autonomieziel, Niveauziel und Strukturziel vgl. Mäding 1990.

Näheren Aufschluss gibt Tabelle 1, die auf denselben Verschuldungsdaten des Statistischen Bundesamtes und des Bundesinstituts für Bau-, Stadt- und Raumforschung (BBSR) basiert:

Tab. 1: Kommunale Verschuldung je Einwohner 2007 (in Euro)

		Min.	**Max.**	**Spannweite**	**Median**
Alte Länder	Kreisfreie Städte	347	6.741	6.394	2.385
	Landkreise	322	4.206	3.884	1.342
Neue Länder	Kreisfreie Städte	152	3.280	3.128	1.766
	Landkreise	622	2.690	2.068	1.298

Quelle: ARL, DASL 2010:2

- Sie zeigt in allen Zeilen eine erhebliche Spannweite (Sp.3) der lokalen Verschuldungslage, am stärksten bei den kreisfreien Städten der alten Länder (ca. 6.400 €), am geringsten bei den Landkreisen der neuen Länder (ca. 2.100 €).
- Sie zeigt außerdem, wie groß die Streuung um den Mittelwert (hier: der Median, Sp.4) ist: So liegt beispielsweise bei den kreisfreien Städten im Westen das Minimum bei nur einem Siebtel (14,5 Prozent) des Mittelwerts, das Maximum fast beim Dreifachen des Mittelwerts (282,6 Prozent).

In den letzten Jahren ist neben dem Finanzierungssaldo und dem Schuldenstand, dessen Wert als Indikator seit langem in der Kritik steht, die Entwicklung der Kassenkredite („Kredite zur Liquiditätssicherung") als Indikator in den Vordergrund getreten. Mehr und mehr Städte und Gemeinden können ihre laufenden Ausgaben nur noch über jährlich zunehmende Kassenkredite finanzieren. Deren Gesamtvolumen ist allein von 2008 auf 2010 von 30 auf 40 Mrd. Euro gewachsen (ARL, DASL 2010; FAZ 2011). Die Entwicklung der Kreditvolumina pro Kopf und im Zeitvergleich über 10 Jahre wird durch die Abbildung 2 in ARL,DASL (2010) belegt.

Man kann hier z. B. erkennen, dass in Niedersachsen Ost- und Nordniedersachsen besonders stark betroffen sind. Niedersachsen selbst steht mit 521 Euro pro Kopf (2007) auf Platz vier unter den westdeutschen Flächenländern (Junkernheinrich, Micosatt 2008: 108). Die Städte (und teilweise auch die Gerichte!) bewerten das Wachstum der Kassenkredite als „verfassungswidrig" (Niedersächsische Städtetag 2011: 1, 7).

2. Ursachen der kommunalen Finanzkrise

Die geschilderte Lage der Kommunalfinanzen ist das Ergebnis komplexer Verursachungszusammenhänge. Ohne deren Aufklärung ist es unmöglich, zu angemessenen Einschätzungen und Handlungsempfehlungen zu gelangen.

Die wichtigsten Ursachen werden im Folgenden nach zwei verschiedenen Dimensionen systematisiert. Nach der politischen Verantwortung lassen sich unterscheiden: sozioökonomische Rahmenbedingungen, staatliche Rahmenbedingungen und kommunale Handlungsmöglichkeiten (Mäding 2004a); nach der Fristigkeit: dauerhafte Systemeigenschaften, langfristige Trends und aktuelle Veränderungen.

Sozioökonomische Rahmenbedingungen

Die dauerhaften Systemeigenschaften unter den sozioökonomischen Rahmenbedingungen sind beispielsweise die Grundprinzipien der Sozialen Marktwirtschaft oder die internationale Einbettung der deutschen Wirtschaft in das System der Weltwirtschaft. Mit dem Markt als der zentralen Steuerungsinstitution bewirkten sie (seit dem Zweiten Weltkrieg) eine historisch einmalige Wohlstandsentwicklung in der Bundesrepublik Deutschland, dabei Wachstum und Schrumpfung von einzelnen Unternehmen und Branchen. Deren regionale Ungleichverteilung zieht die Ungleichheit in der Wirtschaftskraft und damit in der Steuerbasis der Regionen und Städte zwingend nach sich. Dies ist die Hauptursache für die regionalen Disparitäten auf der kommunalen Ebene, aber auch wichtig für das Niveau kommunaler Einnahmen insgesamt.

Die langfristigen sozioökonomischen Trends mit ihren Wechselwirkungen stellen Herausforderungen für politisches Handeln dar. Die Globalisierung verschärft den internationalen Wettbewerb der Unternehmen und – davon abgeleitet – den Standortwettbewerb der Staaten, Regionen und Kommunen. Sie führt zu einem wachsenden Gewicht transnationaler Konzerne und Unternehmensverflechtungen mit ihren besonderen Möglichkeiten zur internationalen Verlagerung der Steuerbasis und damit zur Steuerminimierung. Beides begrenzt den steuerpolitischen Handlungsspielraum des Staates (und erst recht der Kommunen) und wirkt in Richtung auf eine Absenkung der Steuerquote bzw. der Abgabenquote insgesamt. Ferne Unternehmenszentralen entscheiden zunehmend über Werksschließungen und damit auch über die Steuerbasis einzelner Gemeinden (vgl. die Debatten im Jahre 2010 um General Motors und die Opel-Standorte in Europa).

Die Verfestigung von Arbeitslosigkeit und Armut in den letzten Jahrzehnten hat die kommunalen Haushalte regional ungleich auf der Einnahmenseite (via

Einkommensteueranteil) geschwächt und auf der Ausgabenseite (via Sozialausgaben) belastet (DST 2010a).

Auch die Konsequenzen aus den regional ungleichen Prozessen des demografischen Wandels (Wachstum/Schrumpfung; Zuwanderung und Heterogenisierung; Alterung) für die Kommunalfinanzen sind per saldo negativ, aber bislang nur in Umrissen deutlich (Mäding 2004b). Sie werden aber langfristig zunehmen. Auch bei ihnen sind beide Seiten der Haushalte betroffen.

Die aktuelle Wirtschafts- und Finanzkrise hat zwar Deutschland im internationalen Vergleich unterdurchschnittlich getroffen. Sie hat aber trotzdem 2009 zu einem historisch einmaligen Umschwung des kommunalen Finanzierungssaldos um 15 Mrd. €, von +7,7 Mrd. € (2008) auf -7,2 Mrd. € (2009), wesentlich beigetragen. Die wichtigste Komponente des Defizits war der dramatische, regional ungleiche Einbruch der Gewerbesteuer (netto) um 19,7 Prozent (Anton, Diemert 2010: 79f.).

Staatliche Rahmenbedingungen

Zu den dauerhaften Systemeigenschaften bei den staatlichen Rahmenbedingungen gehören vor allem der Föderalismus und die staatsrechtliche Einordnung der Kommunen in die Länder. Der Bund beeinflusst die Kommunen u. a. über sein Steuerrecht und zahlreiche Fachpolitiken, die Länder sind für deren Verfassung, Aufgabenbündel, räumlichen Zuschnitt und finanzielle Ausstattung im einzelnen zuständig und präferieren – im Detail – dabei jeweils unterschiedliche Lösungen, die damit Quelle von räumlichen Unterschieden zwischen Ländern werden. Diese Einordnung der Kommunen in den Staat ist die Hauptursache für Autonomieprobleme der Kommunen. Sie begrenzt die Reichweite kommunaler Selbstverwaltung erheblich und ist auch ursächlich dafür, dass Bund und Länder in der Vergangenheit wiederholt finanzwirtschaftliche „Entscheidungen zu Lasten Dritter", also zu Lasten der Kommunen, getroffen haben und eine gleichwertige Beteiligung der kommunalen Ebene an kommunalrelevanten Gesetzen und Entscheidungen des Staates bislang fehlt. Die Einordnung der Kommunen in die Länder ist andererseits über den kommunalen Finanzausgleich Voraussetzung für eine regional fairere Mittelverteilung in den einzelnen Ländern.

In der Vergangenheit besaßen zahllose staatliche Einzelentscheidungen der Steuer- und Fachpolitik Bedeutung für die Kommunalfinanzen. Es ist nicht einfach z. B. für die letzten zwei Jahrzehnte seit der Wiedervereinigung plastische „Trends" abzuleiten. Doch ist es auf wenigstens zwei verschiedenen Wegen wiederholt zu einer Verschärfung der kommunalen Finanzlage durch Verstöße gegen die Konnexität gekommen: durch Einnahmenminderungen ohne adäquate

Aufgabenentlastung und durch Ausgabensteigerungen, vor allem bei den Sozialausgaben, ohne adäquate Einnahmensteigerung.

Diesen Belastungseffekten stehen allerdings auch temporäre Entlastungseffekte (z. B. über das kommunale Investitionsprogramm im Konjunkturpaket II[5]) gegenüber. Doch besteht die ganz überwiegende Auffassung in Wissenschaft und Praxis, dass die Belastungen überwiegen und wesentliche Beiträge zur aktuellen kommunalen Finanzkrise geleistet haben.

Kommunale Handlungsmöglichkeiten

Wie sind vor diesem Hintergrund die kommunalen Handlungsmöglichkeiten einzuschätzen, wobei als Wichtigstes zunächst zu berücksichtigen ist, dass die kommunalen Handlungsbedarfe und -chancen zwischen München und Hoyerswerda dramatisch divergieren?

Am 14.2.2011 veröffentlichte Focus Online die dpa-Meldung „Städtetag: Kommunen verschärfen Sparkurs" mit Ankündigungen über Sparmaßnahmen und Gebührenerhöhungen. Es dauerte keine Stunde, bis man den Leser-Kommentar finden konnte: „Die Finanznot der Kommunen ist unumstritten. Das liegt jedoch daran, dass die Verwaltungen nicht ordentlich wirtschaften können und auch die Kommunalpolitiker nichts davon verstehen." Ist da etwas dran?

Auf der Systemebene gibt es gute Argumente, die bei den Ausgaben für ein Übergewicht der expansiven über die kontraktiven Tendenzen sprechen (Mäding 1983, 1987): Der Parteienwettbewerb in der Demokratie greift gerne die wachsenden Ansprüche der Bürger auf und begünstigt so auch auf der kommunalen Ebene Versprechungskonkurrenz und eine Verlagerung der Ausgabelasten via Verschuldung auf zukünftige Generationen. Auch im Verwaltungsapparat selbst sind expansive Mechanismen angelegt, die sich auf ein breites Motivbündel stützen – vor allem auf professionell meist gut begründbare, letztlich aber perfektionistische Verbesserungswünsche, deren Umsetzung meist auf Unterstützung aus Politik und Bürgerschaft rechnen kann. Auch aus dem Standortwettbewerb werden immer wieder Argumente für Mehrausgaben generiert.

Das von einigen Wirtschaftskreisen, liberal-konservativen Politikern und Teilen der ihnen nahestehenden Presse verbreitete Bild der Kommunen, die Aufgaben erledigten, die eigentlich in private Unternehmen gehörten, wettbewerbsscheu seien (Anton, Diemert 2010: 36) und daher ineffizient arbeiteten, ist heute noch weniger zutreffend als früher. Denn ohne Zweifel haben die Kommunen in ihrer Mehrzahl in den zurückliegenden zwanzig Jahren erhebliche Anstrengungen zur Eindämmung des naturwüchsigen Ausgabenwachstums unter-

5 Zum Zukunftsinvestitionsgesetz (in Kraft 6.3.2009) vgl. Anton, Diemert 2009: 23 ff..

nommen. Durch das wellenförmige Wiederkehren immer neuer Konsolidierungsanforderungen fallen aber die objektiven Einsparmöglichkeiten und der subjektive Sparwillen der Akteure („Vergeblichkeitsfalle"[6]) heute weniger erfolgversprechend aus. Die Chancen für Effizienzsteigerungen auf der Ausgabenseite schrumpfen, die Notwendigkeit zum Leistungsabbau wächst.

Zwar besitzen und nutzen die Kommunen auf der Einnahmenseite gewisse Möglichkeiten die Steuerbasis durch Wirtschaftsförderung zu verbreitern, doch weil dies alle tun, sind die Erfolge meist begrenzt. Sie haben zudem bei Gewerbesteuer und Grundsteuer ein Hebesatzrecht, aber der Standortwettbewerb und das Bemühen, die örtliche Wirtschaft und Bürgerschaft nicht zu überfordern, begrenzen dessen Einsatz.[7] Auch bei den Gebühren und Entgelten können sozial-, kultur- und umweltpolitische Argumente gegen eine volle Kostendeckung sprechen (Memorandum 2001: 14). Bei den Zuweisungen der Länder besteht überhaupt keine kommunale Einnahmehoheit. Die Möglichkeiten zur Haushaltskonsolidierung über die Einnahmen sind also noch begrenzter als über die Ausgaben.

Zwar weisen Opposition, Rechnungsprüfung, Steuerzahlerbund und Gerichte immer wieder auch für die kommunale Ebene Fälle von Fehleinschätzungen und Fehlverhalten nach. Aber die Summen, so ärgerlich sie in jedem Einzelfalle sind, sind schon quantitativ zur Problemlösung nicht ausreichend.

Zusammenfassend ist festzuhalten, dass die Ursachen der kommunalen Finanzkrise überwiegend im Bereich der sozioökonomischen und staatlichen Rahmenbedingungen zu suchen sind, also weniger „hausgemacht" sind, und dass die kommunalen Handlungsmöglichkeiten in der Regel nicht ausreichen, um die negativen Effekte auf Einnahmen und Ausgaben durch eigene Maßnahmen vollständig zu kompensieren.

3. Räumliche Folgen der kommunalen Finanznot

„In die aktuelle Diskussion über die kommunale Finanzausstattung werden nur am Rande räumliche Auswirkungen eingebracht. [... Es] dominieren fiskalische

6 Kuban (1998): „Eine nachhaltige Konsolidierung konnte [in Duisburg] trotz drastischer Sparmaßnahmen nicht gelingen, weil jeder Konsolidierungserfolg sofort durch weitere Einnahmeverluste oder zusätzliche Ausgabeverpflichtungen aufgefressen wurde."

7 Das Hebesatzrecht ist inzwischen bei der Gewerbesteuer auch rechtlich durch Mindesthebesätze (200) beschränkt worden. In wenigen spektakulären Fällen (wie beim Umzug der Deutschen Börse von Frankfurt nach Eschborn) ist der Einfluss der Hebesatzdifferenzen belegt (Frankfurt: 460, Eschborn: 280, FAZ 6.4.2010), meist sind jedoch andere Faktoren wichtiger (vgl. Grabow et al. 1995).

Überlegungen [...] Es liegen kaum wissenschaftliche Untersuchungen vor, auf die eine raumstrukturelle Argumentation bei der jetzt anstehenden Fortentwicklung des föderativen Finanzsystems abgestützt werden könnte." (Ganser 1979: 8f.). Diese Feststellung klingt aktuell, eröffnet aber einen Aufsatz von Karl Ganser aus dem Jahre 1979. Sie ist aber auch heute noch richtig.

Die Identifizierung der „räumlichen Folgen der kommunalen Finanznot" setzt eine nähere Beschäftigung damit voraus, was wir unter „räumlichen Folgen" verstehen wollen. Was dem Raumwissenschaftler oder dem Praktiker der Raumplanung meist so selbstverständlich über die Lippen kommt, ist alles andere als ein klar abgegrenztes und strukturiertes Analysekonzept. Zwei Betrachtungsperspektiven, die allerdings nicht völlig von einander isoliert werden können, müssen unterschieden werden:

1. Raumwissenschaftliche Betrachtung interessiert sich einerseits für den Gesamtraum und die Differenzen zwischen seinen Teilräumen. Der Akzent liegt auf dem Vergleich zwischen Teilräumen unterschiedlichen Typs (z. B. städtisch vs. ländlich) und auf unterschiedlicher Maßstabsebene (z. B. großräumig vs. kleinräumig). In unserem Falle fragt raumwissenschaftliche Betrachtung also nach Differenzen (Disparitäten) in der Ausprägung von Indikatoren kommunaler Finanznot: zwischen alten und neuen Bundesländern oder zwischen kreisfreien Städten und Landkreisen, wie das anfangs bei der Verschuldung exemplarisch gezeigt wurde. Und sie fragt nach Prozessen der Veränderung dieser Disparitäten, also nach Konvergenz oder Divergenz.

   Die aktuelle kommunale Finanznot betrifft im Prinzip alle Gemeinden, aber alle unterschiedlich. Es gibt keine klare Trennungslinie zwischen großen und kleinen Gemeinden, zwischen Stadt und Land, zwischen arm und reich oder zwischen Ost und West. Jedoch wird man z. B. festhalten können, dass die Wirtschaftsmetropolen im Süden und Westen Deutschlands aufgrund ihrer Branchenstruktur (Finanzsektor, Exportindustrie) und ihrer überdurchschnittlichen Steuereinnahmen durch die Wirtschafts- und Finanzkrise von überdurchschnittlichen Steuereinbußen betroffen waren, aber trotzdem weiterhin über dem Durchschnitt blieben. Anders formuliert: für viele arme Gemeinden - nicht nur in Mecklenburg-Vorpommern oder Brandenburg, wo die Zuweisungen pro Einwohner oft doppelt so hoch sind wie die Steuereinnahmen pro Einwohner - hat sich durch diese Krise kaum etwas geändert. Verallgemeinert wirkt dieser Zusammenhang zunächst in Richtung auf eine temporäre Konvergenz auf der Einnahmenseite, allerdings nicht durch Aufholen der armen Gemeinden sondern durch Zurückfallen der reichen. Allerdings ist eine Beurteilung der finanzwirtschaftlichen Situation allein über die Einnahmeentwicklung unzureichend, die Ausgaben müssen mitbetrachtet werden.

2. Raumwissenschaftliche Betrachtung interessiert sich andererseits für die Wirkungszusammenhänge in einzelnen Teilräumen, Regionen oder Regionstypen. Diese Wirkungszusammenhänge sind nicht naturwissenschaftlich-technisch determiniert, sondern über das Handeln öffentlicher und privater Akteure mit seinen Freiräumen nur lose untereinander verknüpft. Wie werden die Kommunen (Verwaltungsspitze, Kämmerer, Gemeinderat) auf die Finanznot reagieren? Sie müssen – nicht zuletzt von Kommunalrecht und Kommunalaufsicht gedrängt – alles versuchen, ihre Haushalte wieder zu konsolidieren.[8]

In der erwähnten Befragung von Ernst & Young vom Februar 2011 unter 300 deutschen Kommunen (über 20.000 Einwohner)[9] wählen 86 % der Kommunen einen Konsolidierungsweg über Einnahmensteigerungen. Hierzu gehören das Anheben von Hebesätzen der Realsteuern (Gewerbe- und Grundsteuer), das Einführen neuer Steuern (Zweitwohnungssteuer, Übernachtungssteuer etc.) und das Anheben von Gebühren. Hierzu gehört schließlich die Veräußerung von kommunalem Vermögen („Tafelsilber"), wie es bereits in den letzten Jahren umfangreich, etwa bei Krankenhäusern und kommunalen Wohnungsbeständen, beobachtet werden konnte. Durch solche Privatisierungen haben sich einzelne Städte von ihren Schulden weitgehend befreien können (Düsseldorf, Dresden als Beispiele), doch die räumlichen Folgen sind bislang unklar: Weder zeigen sich Schwerpunkte in der räumlichen Verteilung dieser Strategie, noch sind die Konsequenzen für die Wirtschafts- oder Stadtentwicklung belegbar. Dass dabei nicht jede Privatisierung kommunalen Vermögens mit den Grundsätzen einer weitsichtigen Politik vereinbar ist, zeigt sich an aktuellen Erwägungen und Bemühungen einzelner Kommunen zur Rekommunalisierung, etwa in der Energieversorgung, der Wasserversorgung oder im Verkehrssektor (Röber 2009).

Ein zweiter Weg der Konsolidierung wird – nicht alternativ, sondern weitgehend überlappend – von den Kommunen über Ausgabesenkungen beschritten. Insbesondere im investiven Bereich, der heute schon zu 60 % Ersatzbedarf ist (Reidenbach et al. 2008: 19), wird auch zukünftig überwiegend gekürzt werden. Für die Volkswirtschaft gehen damit einerseits wichtige Nachfrageimpulse verloren, es wächst andererseits nach und nach der Investitionsrückstand (KfW 2009: 32ff.) mit allen negativen Folgen für die Qualität der kommunalen Infrastruktur. Die zunehmenden Instandhaltungsprobleme

8 Aktuelle Beispiele in einer Liste des Deutschen Städtetages vom 14.2.2011 auf seiner Homepage www.dst.de, 8.6.2011.

9 Diese Befragungen und ihre Vorläuferin 2010 sind allerdings unter raumwissenschaftlichem Gesichtpunkt insofern wenig ergiebig, als sie nur Ost-West-Unterscheidungen in einzelnen Statistiken präsentieren.

bei Stadtstraßen, Schulgebäuden, Abwassersystemen etc. führen langfristig auch zu Schäden für die betroffenen Regionen und die Volkswirtschaft insgesamt.

55 % der von Ernst & Young 2011 befragten Kommunen wollen den Weg der Leistungsbeschränkung wählen und planen Kürzungen, teils beim Sachaufwand, teils bei den Personalausgaben. Betroffen sind vor allem die soziale Infrastruktur (z.B. Kitas, Jugendzentren, Seniorenbetreuung, Integration von Migranten), Schwimmbäder, Bibliotheken und andere Kultureinrichtungen, der ÖPNV und immer häufiger sogar die Straßenbeleuchtung. Es ist zu erwarten, dass diese Maßnahmen (von der Kürzung von Zuschüssen bis zur Schließung von Einrichtungen) zu einer Verschärfung der sozialen Probleme vor allem in den Städten führen werden. Zugleich vertiefen sie räumliche Disparitäten zwischen größeren und kleineren Städten. Denn wenn Bäder oder Bibliotheken schließen, wird das infrastrukturelle Angebot in größeren Städten nur räumlich ausgedünnt, in kleineren entfällt es aber oft ganz und damit auch deren zentralörtliche Funktion für das nähere Umland.

Im Sparprozess kommt es zu einer Erosion der „freiwilligen" Aufgaben/Ausgaben (z.B. Kultur- oder Sportförderung, Beratungs- und Präventionsaufgaben)[10], der Anteil „pflichtiger" Ausgaben an allen Ausgaben wächst, die kommunale Selbstverwaltung leidet. Dieser Befund wird verstärkt, wenn die Privatisierung die (öffentliche) „Daseinsvorsorge" einschränkt und wenn die Finanzknappheit über die Tendenz zur Investorenplanung die Planungshoheit als Kernbereich der kommunalen Selbstverwaltung schwächt.

Zudem wächst – konzentriert auf einzelne Länder – der Anteil der Gemeinden mit Haushaltssicherungskonzepten (Holtkamp 2010).[11] Die erwähnten Befragungen von Ernst & Young ergaben, dass für das Jahr 2009 knapp 20 Prozent der Kommunen, für 2010 aber schon 40 Prozent ein Haushaltssicherungskonzept verabschiedet hatten (Ernst&Young 2011: 6). Zumindest für diese Gemeinden, die sich ihre Finanzplanung von der Kommunalaufsicht unter Auflagen genehmigen lassen müssen, wird man konstatieren müssen, dass sie ihren investitionspolitischen und personalpolitischen Entfaltungsspielraum fast völlig verloren haben. Die „Grundlagen der finanziellen Eigenverantwortung", die ihnen Art. 28 Abs.2 Satz 3 des Grundgesetzes seit 1994 neu sichern wollte, sind für sie nicht mehr gegeben.

---

10 Der Anteil der Ausgaben für freiwillige Aufgaben wird z.Zt. nur noch auf 7 Prozent (Tagesspiegel 19.4.2010) bis 10 Prozent (FAZ 5.3.2010) geschätzt.

11 Zu den kommunalrechtlichen Steuerungsansätzen der Haushaltskonsolidierung vgl. Geißler 2009.

Zusammenfassend wird man sagen können, dass die räumlichen Folgen der kommunalen Finanznot in den Teilräumen Gefahren für die Standortqualität, die Lebensqualität und die kommunale Selbstverwaltung bergen.

3. Schaut man schließlich auf die räumlichen Folgen der Finanznot nach Regionstypen, so werden die Disparitäten – im Zusammenspiel mit demografischen Schrumpfungsprozessen - vermutlich weiter zunehmen.[12] Vor allem in dünnbesiedelten und ärmeren Regionen steigt durch Schrumpfung und Abwanderung die Unterauslastung von Infrastruktureinrichtungen, wachsen die Durchschnittskosten öffentlicher Güter und drohen weitere Leistungseinschränkungen und Gebührensteigerungen. Damit wird die Abwanderung von Bevölkerung aus diesen Räumen durch die Finanzkrise weiter verschärft.

   Im ländlichen Raum werden die meist kleinen zentralen Orte (in ihrer überörtlichen Versorgungsfunktion, als „Raumanker“) geschwächt, städtische Haushaltskonsolidierung trifft dort die ganze Region. Die aktuelleren Ziele der Leipzig Charta und die traditionelleren der „Herstellung gleichwertiger Lebensverhältnisse“ (Art. 72 GG, ROG) leiden.

   Aber auch in städtischen Verdichtungsräumen bzw. Metropolregionen kann nicht alles beim Alten bleiben: Der Stadtumbau in Richtung einer nachhaltigeren Stadtentwicklung leidet. Quartiere mit besonderem Entwicklungsbedarf (Bund-Länder-Programm „Soziale Stadt“) können nicht weiter gefördert werden, weil Eigenmittel fehlen (vgl. zusätzlich die Einschränkung der Städtebauförderung), woraufhin sich auch innerstädtische Disparitäten weiter verfestigen können.

Abschließend bleibt zu ergänzen, dass natürlich nicht nur die kommunale Finanznot räumliche Folgen hat, sondern auch die staatliche. Denn wenn z. B. der Verteidigungsminister im Rahmen seiner Sparprogramme einzelne Standorte schließt oder wenn geplanter Straßenbau unterlassen wird, gehen davon regelmäßig massive teilräumliche Auswirkungen aus, die sich allerdings einer Systematisierung und Generalisierung weitgehend entziehen.

4. Debatten um eine Gemeindefinanzreform

Vor diesem Hintergrund steht die gegenwärtige Gemeindefinanzkommission, die seit Anfang 2010 tagt, vor erheblichen Herausforderungen. Auf der einen Seite muss eine generelle Unterfinanzierung der Kommunalhaushalte möglichst dauerhaft vermieden werden (Niveauproblem). Auf der anderen Seite müssen

12 Schon das Memorandum (2001: 6) hatte (für das Ruhrgebiet) auf die „finanzpolitische Brisanz“ von Schrumpfung, Alterung und Abwanderung hingewiesen.

die wachsenden Disparitäten zwischen Kommunen reduziert werden (Strukturproblem). Schließlich muss der Verfassungsgrundsatz der kommunalen Selbstverwaltung beachtet und gestärkt werden (Autonomieproblem). Bund und Länder haben dabei aber auch ihre eigene Haushaltssituation mit Blick auf ein voraussichtlich bescheidenes Einnahmewachstum, voraussehbare Mehrausgaben und die geltenden Verschuldungsgrenzen (Maastricht-Kriterien, neue Schuldenbremse im Grundgesetz (Fuest 2010)) zu beachten.

Diese Kommission ist nicht die erste ihrer Art. Zuletzt hatte es 2002/2003 zur Zeit der rot-grünen Bundesregierung einen Anlauf zur Reform der Gemeindefinanzen gegeben. Schon damals waren die kommunalen Steuereinnahmen das Hauptthema, konkret: die Abschaffung der Gewerbesteuer war das erklärte Hauptziel der Reform-Promotoren. Dahinter standen finanzpolitische Überlegungen zum internationalen Steuerwettbewerb und finanztheoretische, die die Mängel der Gewerbesteuer als Kommunalsteuer (u. a. Konjunkturabhängigkeit und regionale Streuung) betonten. Die Vorschläge orientierten sich einem Modell, das eine Koalition aus zwei Unternehmerverbänden, dem Bundesverband der deutschen Industrie (BDI) und dem Verband der Chemischen Industrie (VCI) in die Diskussion gebracht hatte (BDI, VCI 2001). Hauptelement der Vorschläge war die Ersetzung der Gewerbesteuer und des Gemeindeanteils an der Einkommensteuer durch eine kommunale Einkommen- und Gewinnsteuer. Zur Einschätzung ist wichtig, dass weder das Niveauproblem thematisiert wurde – vielmehr stand der Anlauf von Anfang an unter der Prämisse der sog. Aufkommensneutralität – noch das Strukturproblem. Die trotz Bund-Länder-Finanzausgleich und kommunalem Finanzausgleich sehr unterschiedliche Möglichkeit der einzelnen Kommunen, ihre Ausgabenbedarfe zu befriedigen, wurde nicht aufs Korn genommen. Dem Autonomieproblem wurde nur insoweit Rechnung getragen, als analog zum Hebesatzrecht bei den Realsteuern, ein kommunal variables Zuschlagsrecht bei der Einkommen- und der Körperschaftsteuer zugestanden wurde.[13]

Die Steuern auf Einkünfte aus Unternehmertätigkeit sollten der Betriebsstättengemeinde, die Steuern auf die sonstigen Einkünfte der Wohnsitzgemeinde zufließen. Das Stadt-Umland-Problem wurde im Vorschlag nur kurz angesprochen. In einer „angemessenen Erhöhung des Anteils der Gemeinden am Auf-

13 Zu diesem Zuschlagsrecht sei auf eine ältere Position in der Literatur verwiesen: „Wird den Gemeinden ein Zuschlagsrecht zur staatlichen Einkommensteuer delegiert, so müssen kräftige räumliche Unterschiede in den Kommunalsteueraufkommen hingenommen werden […] Das Verfahren ist unter den herrschenden Bedingungen daher noch ungünstiger zu beurteilen als die Aufrechterhaltung des Realsteuersystems.“ (Littmann et al. 1968: 55f.)

kommen der Umsatzsteuer“ zu Gunsten der Betriebsstättengemeinden wurde eine Lösungsmöglichkeit gesehen (BDI, VCI 2001: 28).

Über die nicht öffentlichen Beratungen der Kommission ist wenig bekannt geworden. Es scheint aber so zu sein, dass die räumlichen Verteilungseffekte ein wesentliches Argument zur letztlichen Ablehnung des Vorstoßes dargestellt haben. Die Kommission hatte einen Arbeitskreis „Quantifizierung“ gebildet, der u.a. eine Vergleichsrechnung zwischen dem Reformvorstellungen der kommunalen Spitzenverbände (Modell A) und dem BDI/VCI-Modell (Modell B) durchrechnete. Die Reformvorstellungen der Kommunen zielten vor allem auf die Erhaltung der Gewerbesteuer bei Einbeziehung der Selbständigen und Erweiterung der Bemessungsgrundlage um bestimmte Hinzurechnungen (Arbeitskreis Quantifizierung 2003). Die folgende Tabelle 2 zeigt zwei von fünf Modellrechnungen zum Vorschlag der Industrie.[14]

Tab. 2: Modellrechnungen 2002/2003 – Raumwirkungen für 1998 im „Modell B“ Veränderung der Steuereinnahmen in %

	Variante 1	**Variante 2****
1. Kernstädte in Agglomerationsräumen	-19	-2
2. Kernstädte in verstädterten Regionen	-5	+3
3. Städte in anderen Räumen	-1	-1
4. Umlandgemeinden	+20	+4
5. sonstige Gemeinden in ländlichen Räumen	+17	+3
DURCHSCHNITT	-13	-1

* einheitliche Zuschläge von 22,76%

** uneinheitliche Zuschläge, proportional zu den bisherigen Gewerbesteuerhebesätzen

Quelle: Mäding 2004c: 325.

In Variante 1 sind für alle Kommunen einheitliche Zuschläge zur Einkommen- und Körperschaftsteuer von knapp 23 Prozent unterstellt. Die größten Verschiebungen bei den Steuererträgen betreffen dann die Kernstädte in Agglomerationsräumen (- 19 Prozent) und die Umlandgemeinden (+ 20 Prozent). Diese Effekte waren ausschlaggebend für den massiven Widerstand der kommunalen Spitzenverbände Deutscher Städtetag und Deutscher Städte- und Gemeindebund gegen Modell B, während – natürlich – der Deutsche Landkreistag zu den Befürwortern des Modells gehörte. Wenn man allerdings die kommunalen Zuschlagssätze proportional zu den damaligen Hebesätzen der Gewerbesteuer wäh-

14 Zu den übrigen Modellen vgl. auch Mäding 2004c: 325 f.

len würde (Variante 2), würden diese Divergenzeffekte, wie man in Spalte 2 sieht, weitgehend verschwinden. Trotzdem konnten sich die Städte nicht für diese Lösung erwärmen. Wenn nämlich – was anzunehmen ist, aber keiner genau weiss – die Reaktion der Haushalte auf Hebesatzdifferenzen deutlicher ausfällt als die von Betrieben, bleibt zu befürchten, dass auch von einer aufkommensneutralen Umstellung des kommunalen Steuersystems ein kräftiger Impuls für die Bevölkerungsuburbanisierung ausgeht: ein Ergebnis das raumordnungspolitische Ziele und städtische Interessen verletzt. Die politische Zusage der Bundesregierung, nichts gegen das Votum der Städte zu beschließen, ließ die „Reform" damals im Sande verlaufen.

Daneben und danach gab es geradezu eine Lawine von Reformkonzepten zu den Gemeindesteuern, besonders zur Gewerbesteuer (Stöhr, Stange 2003; Zimmermann 2009; Rehm, Matern-Rehm 2010). Es ist unmöglich, diese verschiedenen Vorschläge hier in ihren Nuancen darzustellen, dem Gegenkonzept der kommunalen Spitzenverbände gegenüberzustellen und alle vergleichend zu bewerten. Dazu müsste auch auf steuerrechtliche Details, etwa die Unterschiede zwischen Kapital- und Personengesellschaften oder verschiedene Modelle der Verrechnung der Gewerbesteuer mit anderen Steuern, eingegangen werden. Das führte hier zu weit. Die Reformkonzepte zielen jedenfalls alle auf eine Umgestaltung bis Ablösung der Gewerbesteuer und auf die Einführung einer mit Hebesatzrecht ausgestalteten kommunalen Besteuerung der privaten Haushalte über die Einkommensteuer („Bürgersteuer").[15]

Wie gut auch immer die verschiedenen Modelle in der Diskussion unter Gesichtspunkten des internationalen Steuerwettbewerbs, der nationalen Steuersystematik, der Neutralität hinsichtlich der Rechtsformen, der gleichmäßigen Belastung von Leistungsfähigkeit usw. begründet sein mögen, hinsichtlich der räumlichen Implikationen, die sie meist nicht oder unzureichend thematisieren, leiden sie im Prinzip an demselben Manko wie das frühere BDI/VCI-Modell: sie schwächen die Städte, vor allem die größeren, kreisfreien Städte (als Gruppe, nicht unbedingt jede einzelne Stadt) in ihrer originären Steuerkraft. Die Arbeitsplatzzentralität dieser Städte (wichtig für die Gewerbesteuer) ist größer als ihre Einwohnerzentralität (wichtig für die Einkommensteuer). Nun sind diese Städte zudem bedarfsbezogen eher arm, u. a. wegen ihrer Verantwortung für die zentralörtliche Infrastruktur und wegen ihrer regelmäßig höheren relativen Belastung mit Sozialausgaben. Sie müssten also überdurchschnittliche Hebesätze bei der Einkommensteuer anwenden. Dies verschärfte die Stadt-Umland-Problematik

15 Vgl. zu dieser Option schon sehr viel früher u. a. Littmann et al. 1968; Hansmeyer, Zimmermann 1991, 1993.

und wahrscheinlich auch die Stadt-Umland-Wanderung.[16] Solche Reformvorschläge müssen daher in aller Regel mit dem Widerstand der Städte und ihrer Verbände rechnen (DST 2010b).

Diese grobe Schlachtordnung kennzeichnete auch die aktuellen Reformdebatten. Die Gemeindefinanzkommisssion (wird das Wort „Reform" gegenwärtig mit guten Gründen vermieden?) nun der schwarz-gelben Koalition hat insgesamt ein breiteres Themenspektrum, gliedert sich entsprechend in eine ganze Reihe von Arbeitsgruppen.[17] Die kommunalen Spitzenverbände, die bei dieser Kommission nun nicht mehr nur beratend "am Katzentisch" mitwirken, sondern gleichberechtigte Kommissionsmitglieder sind, haben gleich zu Beginn der Beratungen eine bessere Mitwirkungsmöglichkeit an allen Gesetzesvorhaben gefordert, die ihre Finanzsituation auf der Einnahmen- oder Ausgabenseite betreffen (FAZ 16.4.2010). Hier endet ihre Übereinstimmung allerdings schon. In den Fragen, die Konsequenzen für die räumliche Verteilung der Steuererträge haben, treten dieselben internen Konfliktlinien wie früher zutage. Erneut sollen die Berechnungen und die Verhandlungen durch die Prämisse der Aufkommensneutralität erleichtert werden. Erneut hat der Kommissionsvorsitzende, bzw. die Bundesregierung entschieden, keine Lösung gegen die Städte umzusetzen (BMF 2010).

Als aktuelles Beispiel möchte ich das „Niedersächsische Modell zur Gemeindefinanzreform" ansprechen, das auf dem Vier-Säulen-Modell der Stiftung Marktwirtschaft basiert (Stiftung Marktwirtschaft 2010). Es sieht erstens den Ersatz der Gewerbesteuer durch eine kommunale Unternehmenssteuer (mit Hebesatzrecht) und eine kommunale Beteiligung am Lohnsteueraufkommen und zweitens den Ersatz des bisherigen kommunalen Anteils an der Einkommensteuer durch eine eigene kommunale Einkommensteuer mit Hebesatzrecht vor. Die Grundsteuer und die Gemeindeanteile an der Kapitalertragsteuer und an der Umsatzsteuer werden nicht verändert.

Die vorgeschlagene kommunale Unternehmenssteuer zielt wie die bisherige Gewerbesteuer primär auf den Gewinn, bezieht aber Freiberufler und Land- und Forstwirte ein. Um zu starke Umverteilungen zwischen den Ebenen zu vermeiden, fließen vom Aufkommen 15 % an den Bund und 35 % an das jeweilige Land.

Am Lohnsteueraufkommen werden die Betriebsstättengemeinden beteiligt, um einen Anreiz zur Ansiedlung zu bieten, belastungsneutral für Unternehmen und Bürger.

---

16 So schon Memorandum 2001: 11.

17 AG Standards, AG Rechtsetzung, AG Kommunalsteuern, AK Strukturanalyse, vgl. Anton, Diemert 2010: 25 ff.

Der neue Anteil an der Einkommensteuer soll als Quellensteuer mit Hebesatzrecht und in der Summe für die Bürger ebenfalls belastungsneutral ausgestaltet werden.

Abb. 1: Modellrechnung 2011

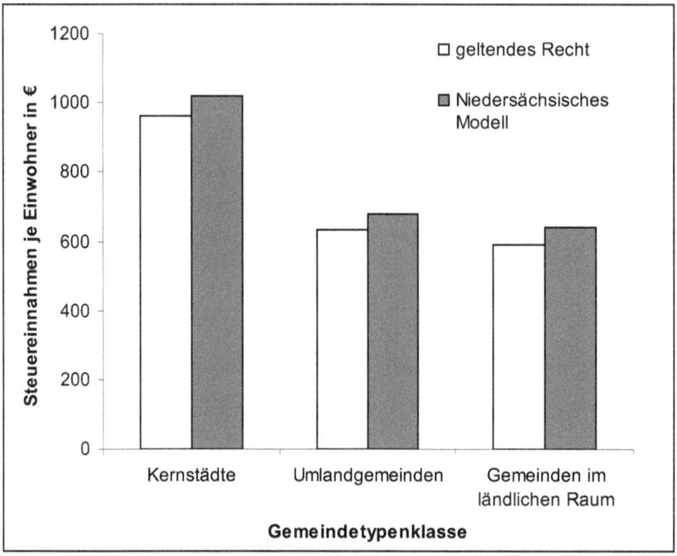

Quelle: Statistisches Bundesamt 2011: 7.

Für dieses Modell hat das Statistische Bundesamt im Auftrag des Niedersächsischen Ministeriums für Inneres und Sport Ende Januar 2011 für die 1024 niedersächsischen Gemeinden eine Vergleichsrechnung mit dem Status quo vorgelegt. Durch die zugrunde gelegten ganzzahligen Steuersätze (8 % auf den Gewinn bei der Unternehmensteuer, 2 % auf die Löhne bei der Lohnsteuer[18] und 4 % auf das zu versteuernde Einkommen bei der kommunalen Einkommensteuer) und durch die sonstigen quantitativen Annahmen kommt es nicht zur Aufkommensneutralität für die Gemeinden sondern zu einer leichten Erhöhung des kommunalen Steueraufkommens um 7.4 % und dadurch auch zu einem Übergewicht der Zahl der besser gestellten Gemeinden über die der schlechter gestellten.

Raumwissenschaftlich ist vor allem relevant, dass in den Modellrechnungen drei Gemeindetypen unterschieden werden: Kernstädte, Umlandgemeinden und

18 Dieser Satz fehlt in Statistisches Bundesamt 2011, ist aber in Stiftung Marktwirtschaft 2011:1 genannt.

Gemeinden im ländlichen Raum. Die Abbildung 1 erweckt den Eindruck, dass – im Gegensatz zu den Modellrechnungen 2002/3 – bei einheitlichen Hebesätzen alle drei Typen von Gemeinden in Niedersachsen etwa gleich profitieren würden.

Die Tabelle 3 zeigt aber gewisse Unterschiede in den errechneten Einnahmezuwächsen: Kernstädte um 6.0 %, Umlandgemeinden um 7.8 % und Gemeinden im ländlichen Raum um 8.4 %.

Tab. 3: Modellrechnung 2011- Raumwirkungen für 2006 im „Niedersächsischen Modell“

	Zunahme der Steuereinnahmen (in %)*	**Relative Zunahme (Durchschnitt = 100)**
1. Kernstädte	+ 6,0	81
2. Umlandgemeinden	+ 7,8	105
3. Gemeinden im ländlichen Raum	+ 8,4	114
DURCHSCHNITT	+ 7,4	100

*Anmerkung: * = Im Vergleich zum geltenden Recht. Quelle: Statistisches Bundesamt 2011; eigene Berechnungen*

Die Indexdarstellung (Sp. 2) macht deutlich, dass die Kernstädte relativ zurückfallen. Bei einer Betrachtung nach Gemeindegrößenklassen profitieren die kleineren Gemeinden (5.000 bis 10.000 Einwohner) besonders stark (+12,4 %) die größeren Städte (50.000 bis 100.000 Einwohner) besonders wenig (+2,9 %). Bei einer völlig aufkommensneutralen Ausgestaltung würden auch hier also die Kernstädte und größeren Städte verlieren und die anderen Gemeinden und kleineren Gemeinden gewinnen. Kommunale Reaktionen bei der Hebesatzanspannung sind nicht simuliert worden.

Inzwischen (Juni 2011) scheint die Abschaffung der Gewerbesteuer endgültig vom Tisch. Es geht nun nicht mehr um ihre Ersetzung durch einen mit Hebesatzrecht ausgestalteten Zuschlag bei der Einkommensteuer, sondern nur noch um dessen ergänzende Einführung. Die wahrscheinliche Wirkung einer solchen Lösung wäre aber, dass die im Verhältnis zu ihren Bedarfen „reichen“ Gemeinden unterdurchschnittliche Hebesätze wählen können, die „armen“ Gemeinden aber überdurchschnittliche Hebesätze festlegen müssen. Nicht in der großräumigen, aber in der kleinräumigen Perspektive ist mit einem Impuls zur mittel- bis langfristigen induzierten Verschiebung der Wohnbevölkerung von den armen zu den reichen Gemeinden zu rechnen. Da dadurch die Steuerbasis und die Finanzausgleichsbasis der armen Gemeinden schrumpfen und die der reichen Gemeinden wachsen, ist eine Tendenz zur Auseinanderentwicklung zwischen diesen Gemeindegruppen zu erwarten. Soweit in der Ausgangssituation die zentralen Orte bedarfsbezogen eher arm sind, würde auch diese Neuerung, die zunächst als Erweiterung des Handlungsspielraumes der Gemeinden positiv einzuschätzen ist, langfristig voraussichtlich zu Lasten der zentralen Orte bzw. Städte ausfallen.

5. Fazit und Empfehlungen[19]

Meine abschließenden Empfehlungen stellen Ziele einer zukunftsfähigen Stadt- und Raumentwicklung in den Mittelpunkt. Sie legen besonderen Wert darauf, dass Städte ihre raumpolitischen Aufgaben als ökonomische „Motoren“ (Entwicklungsfunktion), als Orte der sozialen Entwicklung (Ausgleichs- und Integrationsfunktion) und als Träger zentralörtlicher Funktionen (Versorgungsfunktion) selbstverantwortlich und zukunftsbezogen wahrnehmen können und dafür eine ausreichende kollektive und individuelle finanzwirtschaftliche Handlungskraft besitzen. Sie greifen primär die raumwissenschaftlich relevanten Argumente und Belange auf und sind insofern „einseitig“, sozusagen: „Abwägungsmaterial“.

Fazit

Kommunale Selbstverwaltung als verfassungsrechtlicher Grundsatz und politisches Ziel setzt eine ausreichende, d. h. aufgabenadäquate Finanzausstattung zwingend voraus. Das gilt nicht nur für die kommunale Ebene insgesamt, sondern für jede einzelne Kommune. Dadurch kommt es zum „magischen Dreieck“ aus Autonomie-, Niveau- und Strukturzielen.

Das zentrale raumstrukturelle Dilemma der Kommunalfinanzen besteht in einer Spannung zwischen Wirtschaftsordnung und politischer Ordnung. Einerseits führt die Marktwirtschaft permanent neu zu einer räumlich ungleichen Wirtschafts- und Finanzkraft und zu räumlich ungleichen Finanzbedarfen. Andererseits lassen es die Staatsziele nicht zu, dass die ungleiche Verteilung der Wirtschaftskraft unkorrigiert zu einer ebenso ungleichen Verteilung der öffentlichen Pro-Kopf-Ausgaben sowie der Lebensqualität und Lebenschancen der Bewohner einer Region führt. Der Staat muss einen Beitrag zu gleichwertigeren Lebensverhältnissen leisten. Das Gemeindefinanzsystem als wichtiger Teil des

19 Vgl. ausführlicher ARL, DASL 2010.

gesamten Finanzsystems soll zur regionalen Gleichwertigkeit bei Belastungen und Leistungen beitragen und insofern Wirtschaftsordnung und politische Ordnung versöhnen.

Der Staat kann dabei zwar die Finanzkraft via Finanzausgleich weitgehend angleichen, aber er kann nur sehr unvollkommen die durch die sozioökonomischen Trends und raumstrukturellen Merkmale (wie Einwohnerdichte) bestimmten Finanzbedarfe berücksichtigen und er kann sein Gleichwertigkeitsziel nicht ohne eine gewisse Einschränkung der kommunalen Finanzautonomie erreichen.

Empfehlungen zur Entscheidungsstruktur

1. Einerseits sollte auf Bundes- und Landesebene eine frühzeitige und dauerhafte Beteiligung der kommunalen Spitzenverbände bei der Entscheidungsvorbereitung über Regelungen zur Aufgabenverteilung und zur Finanzausstattung der Gemeinden ein größeres und verbindlicheres Gewicht erhalten. Andererseits zeigt die Erfahrung, dass ein faktisches Vetorecht der Städte Veränderungen blockiert.
2. Schließlich ist insgesamt mehr Respekt vor den freiwilligen kommunalen Aufgaben[20] und vor der kommunalen Autonomie einzufordern, etwa im Dialog zwischen der Kommunalaufsicht des Landes und der einzelnen Kommune. Auch für Haushaltssicherungskommunen sollte es dabei keine Auflagen geben dürfen, bestimmte freiwillige Ausgaben zu streichen oder bestimmte Hebesätze der Realsteuern zu realisieren.

Empfehlungen zur Einnahmeseite

3. Kurzfristig müssen die fiskalischen Probleme gelöst werden, die sich aus dem Aufschaukeln der Kassenkredite in zahlreichen Kommunen ergeben. Hierzu gehört auf der Einnahmeseite die Einrichtung kommunaler Entschuldungsfonds durch diejenigen Länder, in denen Kommunen mit hohen Kassenkreditbeständen eine nennenswerte Rolle spielen.[21]
4. Wegen der seit Anfang 2011 verfassungsrechtlich geltenden Schuldenbremse für den Staat muss die kommunale Ebene sich darauf einstellen, „von oben“

20 Vgl. etwa die Forderung des Niedersächsischen Städtetages (2011: 3) nach einem „definierten und krisenfest gewährleistetem Mindestbestand an freiwilligen Aufgaben“.

21 Vgl. die Ankündigung des Landes Hessen, es wolle „kommunale Verbindlichkeiten in einem Fonds bündeln und zur langfristtigen Tilgung einen Betrag von bis zu drei Milliarden Euro aus Landesmitteln zur Verfügung stellen“, FAZ 8.9.2010. Für Nordrhein-Westfalen haben Junkernheinrich und Lenk einen „Aktionsplan für die Wiederherstellung dauerhaft tragfähiger Gemeindefinanzen“ vorgestellt, FAZ 9.3.2011.

keine nennenswerte zusätzliche finanzielle Unterstützung, etwa durch Umverteilung von Steuererträgen, zu finden. Grundsätzlich sollte bei den Einnahmen eine Stärkung der eigenen Einnahmen im Vergleich zu staatlichen Zuweisungen das Ziel sein.

5. Bei den Steuern der Kommunen sollte insgesamt in etwa ein Aufkommensgleichgewicht der drei Steuerquellen Unternehmen, Haushalte und Grund und Boden angestrebt werden.[22] Dies setzt eine Stärkung des Grundsteueraufkommens voraus[23]
6. Nach einer generellen Stärkung der eigenen Einnahmen der Gemeinden kann das finanzwirtschaftliche Gewicht des kommunalen Finanzausgleichs reduziert werden. Er sollte zukünftig auf die Bedarfe der finanzschwächsten Kommunen konzentriert werden und sensibler auf Aufgabenwandel sowie demographiebedingte und andere Bedarfsänderungen reagieren.
7. Die kommunale Mitverantwortung auf der Einnahmenseite bezieht sich einerseits auf die Hebesätze der Steuern, andererseits auf Gebühren und Entgelte. Für eine verstärkte Nutzerfinanzierung sprechen die Vorzüge des Äquivalenzprinzips. Die Anhebung der Kostendeckungsgrade etwa mit der Zielsetzung, dadurch Umlandbürger oder Touristen finanziell besser an den zentralörtlichen Ausgaben zu beteiligen,[24] kann aber nur in begrenztem Umfang praktiziert werden, denn „externe Effekte" und soziale Rücksichtnahme veranlassen die Kommunen zu unvollständiger Kostendeckung.

Empfehlungen zur Ausgabenseite

8. Der kommunale Haushaltsausgleich für die Kommunen insgesamt und die einzelne Kommune sollte weniger durch Einnahmensteigerung als durch Ausgabensenkung angestrebt werden.

---

22 Der ARL/DASL-Arbeitskreis hat dazu 2010 im einzelnen Position bezogen. Diese Grundausrichtung teilt auch der Bertelsmann-Vorschlag (Fugmann-Heesing, Junkernheinrich 2011), der im Gegensatz zu ARL/DASL für alle „drei Säulen" ein Hebesatzrecht vorsieht und – mit größeren Einschränkungen – der Vier-Säulen-Vorschlag der Stiftung Marktwirtschaft (2010), dessen zusätzliche vierte Säule ein Anteil am Lohnsteueraufkommen (2 % der Bruttolöhne) von allen Arbeitgebern (einschließlich der öffentlichen Verwaltung!) darstellt.

23 Ähnlich betont der Arbeitskreis Strukturanalyse der Arbeitsgruppe Kommunalsteuern, „daß die Grundsteuer eine sehr gute Kommunalsteuer ist und ihre Rolle als Einnahmequelle ausbaufähig erscheint" (AG Kommunalsteuern 2010).

24 In Mannheim sollen 70 % der Besucher des Nationaltheaters keine Einwohner der Stadt sein, FAZ 6.4.2010.

9. Kurzfristig ist auf der Ausgabenseite eine Entlastung durch den Bund besonders dringlich. Anfangs standen allein die Kosten der Unterkunft für Langzeitarbeitslose im Mittelpunkt der Debatte.[25] Inzwischen hat der Bund zunächst im Rahmen der Verhandlungen der Gemeindefinanzkommission, dann im Vermittlungsverfahren zu dem Hartz-IV-Paket die schrittweise Übernahme (bis 2014) der Kosten der Grundsicherung – ohne Vorbedingungen - zugesagt: immerhin ca. 4 Mrd. € p.a. (BMF 2010)[26] Am 25. Februar 2011 stimmten Bundestag und Bundesrat dem Ergebnis des Vermittlungsausschusses zu. Langfristig muss es für die Städte, Kreise und Gemeinden darauf ankommen, eigene Steuern nur für eigene Aufgaben anspannen zu müssen und eine möglichst vollständige Entlastung von denjenigen „pflichtigen" Ausgaben, meist Sozialausgaben, zu erreichen, auf deren Höhe sie keinen oder nur einen marginalen Einfluss haben.[27] Von einer solchen Entlastung würde die regionale Fairness unter den Kommunen erheblich profitieren.
10. Die kommunale Mitverantwortung auf der Ausgabenseite betrifft ihren Einfluss auf Leistungsumfang und Effizienz der Aufgabenerfüllung. Fachpolitisch gibt es kein besseres Mittel zur kommunalen Ausgabensenkung (vor allem im Bereich der technischen, zum Teil aber auch im Bereich der sozialen Infrastruktur) als eine kompakte und geordnete Siedlungsentwicklung (Danielzyk et al. 2010). Verwaltungspolitisch sollte neben einer Effizienzsteigerung durch Verwaltungsmodernisierung eine sensible kommunale Aufgabenkritik kontinuierlich die Möglichkeiten zu Leistungseinschränkungen und Privatisierungen, zu interkommunaler Kooperation und öffentlich-private Partnerschaften auch mit zivilgesellschaftlichen Kräften jeweils am Einzelfall prüfen.

Literatur

ARL Akademie für Raumforschung und Landesplanung; DASL - Deutsche Akademie für Städtebau und Landesplanung (2010): Gemeindefinanzreform – Empfehlungen aus raumwissenschaftlicher Sicht. = Positionspapier aus der ARL 83. Hannover.

Anton, S.; Diemert, D. (2009): Kommunalfinanzen im freien Fall. Gemeindefinanzbericht 2009. In: Der Städtetag (2009)5, 5-85.

---

25 Der kommunale Anteil ist zwischen 2005 und 2010 absolut um fast 2 Mrd. Euro gestiegen. Der Bund trägt z.Zt. nicht mehr 29,1 % der Ausgaben (2005) sondern nur noch 23,6 % (2010) (FAZ 18.12.2010). Der Anteil soll allerdings für die Jahre 2011 bis 2013 auf 30,4 % angehoben werden (Raphael 2011: 26).

26 Bis 2020 wird das Volumen auf über 7 Mrd. € anwachsen. Tagesspiegel 7.2.2011 und 11.2.2011, FAZ 15.2.2011.

27 So auch eine der zentralen Forderungen von Hoffmann-Axthelm 2010.

Anton, S.; Diemert, D. (2010): Kommunale Finanzen: Kein Licht am Ende des Tunnels! Gemeindefinanzbericht 2010. In: Der Städtetag (2010)5, 5-85.
Arbeitsgruppe „Kommunalsteuern" der Kommission zur Reform der Gemeindefinanzen (2010): Zwischenbericht der Arbeitsgruppe „Kommunalsteuern" an die Gemeindefinanzkommission (Stand 1.7.2010). http://www.kreise.de/__cms1/images/stories/themen/Kreisfinanzen/zwischenbericht%20ag%20kommunalsteuern.pdf (8.01.2012).
Arbeitskreis „Quantifizierung" der Arbeitsgruppe „Kommunalsteuern" der Kommission zur Reform der Gemeindefinanzen (2003): Bericht des Arbeitskreises über die Auswirkungen von Vorschlägen zur Reform der Gewerbesteuer auf verschiedene Gemeindegruppen. Berlin, 18.6.2003.
BDI – Bundesverband der Deutschen Industrie; VCI – Verband der Chemischen Industrie (2001): Verfassungskonforme Reform der Gewerbesteuer. Frankfurt, Berlin.
BMF – Bundesministerium der Finanzen (2010): Gemeinsame Erklärung des Bundesfinanzministeriums und der kommunalen Spitzenverbände. Pressemitteilung Nr. 44 vom 4.11. 2010.
Danielzyk, R. et al. (2010): Die finanzielle Seite der Raumentwicklung. Auf dem Weg zu effizienten Siedlungsstrukturen?. Essen.
DST – Deutscher Städtetag (2010a): Sozialleistungen der Städte in Not – Zahlen und Fakten zur Entwicklung kommunaler Sozialausgaben. Berlin, Köln.
DST – Deutscher Städtetag (2010b): Die Gewerbesteuer – eine gute Gemeindesteuer. Berlin, Köln.
Ernst&Young (2011): Kommunen in der Finanzkrise: Status quo und Handlungsoptionen 2011. Ergebnisse einer Befragung von 300 deutschen Kommunen. http://www.ey.com/Publication/vwLUAssets/Umfrage_unter_deutschen_Kommunen/$FILE/E&Y%20Kommunenstudie%202011.pdf (22.09.2011).
Fuest, C. (2010): Die fiskalpolitischen Handlungsspielräume Deutschlands mit der Schuldenschranke. In: Wirtschaftsdienst (2010)11, 711-714.
Fugmann-Heesing,A.; Junkernheinrich, M.(2011): Eine nachhaltige Reform der Gemeindefinanzierung. Das Drei-Säulen-Modell der BertelsmannStiftung. Gütersloh.
Ganser, K. (1979): Kommunales Finanzsystem im Widerspruch zu Stadtentwicklung und Raumordnung? In: Die Öffentliche Verwaltung 32(1/2), 8-17.
Geißler, R. (2009): Kommunalrechtliche Steuerungsansätze der Haushaltskonsolidierung. Haushaltssicherungskonzepte im Vergleich. Potsdam.
Grabow, B. et al. (1995): Weiche Standortfaktoren. Stuttgart etc.1995
Hansmeyer, K.-H.; Zimmermann, H. (1991): Bewegliche Einkommensbesteuerung durch die Gemeinden. In: Wirtschaftsdienst 71(12), 639-644.
Hansmeyer, K.-H.; Zimmermann, H. (1993): Möglichkeiten der Einführung eines Hebesatzrechtes beim gemeindlichen Einkommensteueranteil. Archiv für Kommunalwissenschaften 32(2), 221-244.
Hoffmann-Axthelm, D. (2010): Flächenkosten und kommunale Finanzautonomie. Für eine Theorie der Stadtwirtschaft. Detmold.
Holtkamp, L. (2010): Kommunale Haushaltspolitik bei leeren Kassen. Berlin.
Junkernheinrich, M.; Micosatt, G. (2008): Kommunaler Finanz- und Schuldenreport 2008. Ein Ländervergleich. Gütersloh.

Klein, R.R. (1986): Stadtfinanzen am Ende oder kommunalfinanzpolitische Wende? In: Hesse, J.J. (Hrsg.): Erneuerung der Politik ‚von unten'? Opladen, 61-91.

KfW Bankengruppen (Hrsg.) (2009): KfW Kommunalbefragung 2009. http://www.kfw.de/kfw/de/I/II/Download_Center/Fachthemen/Research/PDF-Dokumente_KfW_Kommunalpanel/KfW-Kommunalbefragung_2009.pdf (22.09.2011).

Kuban, M. (1998): Städte können die Finanzkrise nicht mehr aus eigener Kraft meistern. In: Frankfurter Rundschau, 21.9.1998.

Littmann, K. et al. (1968): Die Gestaltung des kommunalen Finanzsystems unter raumordnungspolitischen Gesichtspunkten. Hannover.

Mäding, H. (1983): Sparpolitik: theoretische Forderungen und politische Praxis. In: Mäding, H. (Hrsg.): Sparpolitik: ökonomische Zwänge und politische Spielräume. Opladen, 11-35.

Mäding, H. (1987): Öffentlicher Haushalt und Verwaltungswissenschaft: ein Überblick. In: Mäding, H. (Hrsg.): Haushaltsplanung – Haushaltsvollzug – Haushaltskontrolle. Baden-Baden, 29-49.

Mäding, H. (1990): Aktuelle Probleme der Kommunalfinanzen in der Bundesrepublik Deutschland. In: Dams, T. (Hrsg.): Beiträge zur Gesellschafts- und Wirtschaftspolitik. Berlin, 161-176.

Mäding, H. (1998): Kommunale Haushaltskonsolidierung in Deutschland – die 80er und 90er Jahre im Vergleich. In: Mäding, H.; Voigt, R. (Hrsg.): Kommunalfinanzen im Umbruch. Opladen, 97-119.

Mäding, H. (2004a): Kommunale Haushaltskonsolidierung – Wachsen die Chancen? In: Müller, B. et al. (Hrsg.): Steuerung und Planung im Wandel. Wiesbaden, 331-346.

Mäding, H. (2004b): Demographischer Wandel und Kommunalfinanzen – einige Trends und Erwartungen. In: Deutsche Zeitschrift für Kommunalwissenschaften 43(1), 84-102.

Mäding, H. (2004c): Auf dem Wege zur Raumfinanzpolitik? Das Beispiel Suburbanisierung – Kommunalfinanzen. In: Raumforschung und Raumordnung 62(4-5), 319-328.

Mäding, H. (2009): Kommunale Daseinsvorsorge und nachhaltige Kommunalfinanzen. In: Hauff, M. v; Tarkan, B. (Hrsg.): Nachhaltige kommunale Finanzpolitik für eine intergenerationelle Gerechtigkeit. Baden-Baden, 41-51.

Memorandum zur Reform des Gemeindefinanzsystems von Vertretern der Ruhrgebietsstädte (2001). http://www.wesel.de/C125747B004CD60D/files/1._memorandum.pdf/$file/1._memorandum.pdf?OpenElement (22.09.2011).

Mutius, A. v. (1980): Sind weitere rechtliche Maßnahmen zu empfehlen, um den notwendigen Handlungs- und Entfaltungsspielraum der kommunalen Selbstverwaltung zu gewährleisten? Gutachten E zum 53. Deutschen Juristentag. Berlin.

Niedersächsischer Städtetag (2011): Existenzfragen kommunaler Selbstverwaltung – Kommunale Finanzlage im Gesamtbild. Denkschrift des Niedersächsischen Städtetages http://www.nst.de/media/custom/359_90_1.PDF?1294302614?La=1&object=med|359.90.1 (22.09.2011).

Raphael, D. (2011): Kommunen von Grundsicherung im Alter entlastet. In: Demokratische Gemeinde (2011)3-4, 25-26.

Rehm, H.; Matern-Rehm, S. (2010): Kommunalfinanzen. Wiesbaden.

Reidenbach, M. et al. (2008): Investitionsrückstand und Investitionsbedarf der Kommunen. Ausmaß, Ursachen, Folgen und Strategien. Berlin.

Röber, M. (2009): Privatisierung ade? Rekommunalisierung öffentlicher Dienstleistungen im Lichte des Public Management. In: Verwaltung und Management (2009)5, 227-240.

Statistisches Bundesamt (Hrsg.): Bericht zur Quantifizierung des „Niedersächsischen Modells zur Gemeindefinanzreform" für das Jahr 2006 (Kurzfassung). http://www.stiftung-marktwirtschaft.de/fileadmin/user_upload/Sonstige-Publikationen/20110125_Bericht_Kurzfassung.pdf (22.09.2011).

Stiftung Marktwirtschaft (2010): Verstetigung der Kommunalfinanzen. http://www.stiftung-marktwirtschaft.de/fileadmin/user_upload/Pressemitteilungen/2010/Verstetigung_der_KommunalfinanzenOkt2010.pdf (22.09.2011).

Stiftung Marktwirtschaft (2011): Anmerkungen zum „Niedersächsischen Modell zur Gemeindefinanzreform". http://www.stiftung-marktwirtschaft.de/fileadmin/user_upload/ Sonstige-Publikationen/Anmerkungen_zum__Nieders_Modell_der_Gemeindefinanzierung.pdf (22.09.2011).

Stöhr, A.; Stange, A.C. (2003): Reform der Gewerbesteuer – verfassungsrechtliche und steuersystematische Rahmenbedingungen. Stuttgart.

Zimmermann, H. (2009): Kommunalfinanzen. Baden-Baden.

Hans-Ulrich Jung

Ursachen und regionale Ausprägungen kommunaler Finanzprobleme in Niedersachsen [1]

1. Einleitung

Fragestellung und Vorgehensweise

Im Folgenden sollen Ausmaß und Struktur der kommunalen Finanzprobleme in Niedersachsen und seinen Regionen analysiert und mögliche Schlussfolgerungen für die Weiterentwicklung der regionalen Entwicklungspolitik und die Gestaltung langfristig effizienter Verwaltungsstrukturen gezogen werden. Ausgangspunkt ist eine Regionalisierung des Landes in Verdichtungsräume, sonstige Stadtregionen und ländliche Räume, die sich auch als Grundlage eines langfristig angelegten Regionalmonitoring in Niedersachsen bewährt hat (Jung 2010). Von besonderem Interesse sind regionale Entwicklungsunterschiede der demographischen und wirtschaftlichen Entwicklung, die in engem Zusammenhang stehen. In der Finanzanalyse werden schrittweise die einzelnen Komponenten der Einnahmeseite und die Ausgabenseite betrachtet und dann problemorientierte Indikatoren zur Deckung der Ausgaben sowie zur Belastung durch Zinszahlungen erarbeitet, die die Haushaltssituation zusammenfassend charakterisieren. Die regionale Finanzanalyse konzentriert sich jeweils zunächst auf die Gemeindeebene, dann auf die Landkreisebene und betrachtet abschließend beide Ebenen zusammen.

---

1 Die nachfolgenden Ausführungen sind die Aktualisierung und Erweiterung einer Analyse für den Zeitraum 2005 bis 2007, vgl. Jung (2010), S. 44-75 und 156-160.

Analyseschritte der regionalen Finanzanalyse

Die kommunale Finanzverfassung in Deutschland ist so angelegt, dass die Mehrzahl der Gemeinden in der Regel ihre Aufgaben nicht vollständig durch eigene Finanzquellen wie Steuereinnahmen, Einnahmen aus Gebühren und Entgelten u. ä. decken können, sondern auf Finanztransfers der Landesebene in Form von allgemeinen oder zweckgebundenen Zuweisungen im Rahmen des kommunalen Finanzausgleichs angewiesen sind. Der Grundgedanke der folgenden Finanzanalyse ist es, die einzelnen Stufen der (nicht unmittelbar aufgabenbezogenen) Einnahmen nachzuzeichnen und diesen allgemeinen Deckungsmitteln dann die Zuschussbedarfe, d.h. die zur Deckung der Haushalte benötigten, nicht durch aufgabenbezogene Einnahmen finanzierten Ausgaben gegenüberzustellen.

Die kommunale Ebene setzt sich aus Gemeinden bzw. Landkreisen und kreisfreien Städten zusammen. Vor diesem Hintergrund sind die Gemeindeebene mit den Gemeindehaushalten und die Kreisebene mit den Haushalten der Landkreise zunächst getrennt zu betrachten. Während die Gemeinden ihre Deckungsmittel aus den Steuereinnahmen und aus den allgemeinen Zuweisungen des Landes beziehen, hat die Landkreisebene praktisch keine eigenen Steuereinnahmen, sondern profitiert neben allgemeinen Zuweisungen des Landes von der sogenannten Kreisumlage, die die Gemeindeebene zur Finanzierung der gemeinschaftlichen Kreisaufgaben erbringt. Die kreisfreien Städte, die sowohl Gemeinde- als auch Kreisaufgaben erfüllen, finanzieren sich über die eigenen Steuereinnahmen und allgemeine Zuweisungen des Landes im Rahmen des kommunalen Finanzausgleichs.

Die folgende kommunale Finanzanalyse untersucht zunächst die einzelnen Komponenten der Einnahmeseite auf der Gemeindeebene, dann die der Landkreisebene und schließlich eine Gesamtbetrachtung beider Ebenen. Auf der Gemeindeebene können die kreisfreien Städte nicht einbezogen werden, weil Gemeinde- und Kreisfunktionen nicht voneinander zu trennen sind. Bei der Gemeindeebene werden die Samtgemeinden und ihre Mitgliedsgemeinden als Aggregat betrachtet, so dass die Finanzströme zwischen ihnen (Samtgemeindeumlage) nicht sichtbar werden. Auch auf der Landkreisebene müssen die kreisfreien Städte aus den o.g. Gründen ausgeblendet bleiben. Erst die Gesamtbetrachtung beider kommunaler Ebenen, der Gemeinde- und der Kreisebene, ermöglicht dann die Einbeziehung auch der kreisfreien Städte.

Die einzelnen Stufen von den Steuereinnahmen bis zu den allgemeinen Deckungsmitteln netto zeichnen die Schritte der Finanzanalyse der Gemeindeebene auf der Einnahmeseite vor. Um die Zufälligkeiten der jährlichen Schwankungen möglichst auszuschalten, sind in den folgenden Analysen die Daten für den Durchschnitt der Jahre 2006 bis 2008[2] zugrunde gelegt worden (Tab. 1).

- Die Steuereinnahmen bilden die finanzielle Basis der Einnahmen auf Gemeindeebene. Sie setzen sich aus den Einnahmen der Grundsteuer A und B, den Gewerbesteuereinnahmen, dem Gemeindeanteil an der Einkommensteuer sowie einem Anteil an der Umsatzsteuer und sonstigen Steuereinnahmen zusammen. Für die Grundsteuer A und B sowie die Gewerbesteuer besitzen die Gemeinden ein Hebesatzrecht, d.h. sie können in gewissem Rahmen die Höhe ihrer Einnahmen mitbestimmen.
- Die Steuereinnahmen der Gemeinden werden durch allgemeine Zuweisungen des Landes im Rahmen des kommunalen Finanzausgleichs aufgestockt.
- Von der Summe der Steuereinnahmen und der allgemeinen Finanzzuweisungen ist die Kreisumlage abzuziehen, mit der sich die Gemeinden an der Finanzierung der Kreishaushalte beteiligen. Ihre Höhe richtet sich nach der Umlagekraft der Gemeinden sowie der kreisindividuell festgestellten Bedarfssituation.
- Steuern und allgemeine Finanzzuweisungen abzüglich Kreisumlage bilden die allgemeinen Deckungsmittel brutto der Gemeindeebene. Die allgemeinen Deckungsmittel stehen grundsätzlich den Gemeinden zur Deckung der Zuschussbedarfe in den Aufgabenbereichen der Einzelpläne 0 bis 8 zur Verfügung und sind somit ein wichtiger Indikator zur Bestimmung ihrer Finanzkraft.
- Von diesen allgemeinen Deckungsmitteln brutto können die Zinszahlungen abgezogen werden, weil diese für eine Deckung der Zuschussbedarfe der Einzelpläne (EP) 0 bis 8 im Verwaltungshaushalt nicht (mehr) zur Verfügung stehen. Allgemeine Deckungsmittel brutto abzüglich der Zinszahlungen ergeben die allgemeinen Deckungsmittel netto.
- Zinsen in kommunalen Haushalten sollten überwiegend auf Kredite für Investitionsvorhaben zurückzuführen sein. Zu einem Teil enthalten die Zinsausgaben allerdings auch Zahlungen für sog. Kassenkredite, d.h. kurzfristige Überbrückungskredite. Die Zinszahlungen (insgesamt) bezogen auf die allgemeinen Deckungsmittel brutto können als Zinsquote bezeichnet werden. Diese gibt an, um welchen Teil sich die allgemeinen Deckungsmittel brutto durch die Zinsbelastungen reduzieren, und ist somit ein wichtiger Indikator der kommunalen Finanzkonstitution.

---

2 Dies sind die derzeit aktuellsten Daten der Gemeindefinanzrechnung, die vorliegen. Die NIW-Datenbanken enthalten lange Zeitreihen von Ende der 80er Jahre bis zum aktuellen Rand für alle Stadt- und Landkreise sowie Einheits- und Samtgemeinden in Niedersachsen.

Tab. 1.: *Analyseschritte der Gemeindefinanzanalyse*

			Niedersachsen, in EUR je Einwohner, 2006-2008 (Durchschnitt)
		Gemeindeebene (ohne kreisfreie Städte)	
		Grundsteuer A	7,93
	+	Grundsteuer B	127,92
	+	Gewerbesteuer (netto)	299,42
	+	Gemeindeanteil an der Einkommensteuer	252,08
	+	Gemeindeanteil an der Umsatzsteuer	29,83
	+	Sonstige Steuereinnahmen	8,20
1	=	Steuereinnahmen insgesamt	726,36
2	+	Allgemeine Zuweisungen (des Landes)	146,34
3	=	Steuern und Zuweisungen	821,71
4	-	Kreisumlage	352,02
5	=	Allgemeine Deckungsmittel brutto	519,68
6	-	Zinszahlungen	42,17
7	=	Allgemeine Deckungsmittel netto	477,51
8		nachrichtlich: Zuschussbedarfe EP 0-8	384,62
		⇨ Deckungsquote: Allgemeine Deckungsmittel netto / Zuschussbedarfe EP 0-8	(124,2 %)
		Landkreisebene	
9		Steuereinnahmen	0,56
10	+	Allgemeine Zuweisungen des Landes	158,34
11	+	Kreisumlage	353,10
12	=	Allgemeine Deckungsmittel brutto	512,00
13	-	Zinszahlungen	25,50
14	=	Allgemeine Deckungsmittel netto	486,51
15		nachrichtlich: Zuschussbedarfe EP 0-8	488,08
		⇨ Deckungsquote: Allgemeine Deckungsmittel netto / Zuschussbedarfe EP 0-8	(99,7 %)
		Gemeinde- und Landkreisebene (mit kreisfr. Städten)	
1+9		Steuereinnahmen	755,26
2+10	+	Allgemeine Zuweisungen des Landes	306,84
5+12	=	Allgemeine Deckungsmittel brutto	1.062,12
6+13	-	Zinszahlungen	66,41
7+14	=	Allgemeine Deckungsmittel netto	995,70
8+15		nachrichtlich: Zuschussbedarfe EP 0-8	905,28
		⇨ Deckungsquote: Allgemeine Deckungsmittel netto / Zuschussbedarfe EP 0-8	(110,0 %)

Quelle: *Gemeindefinanzrechnung, LSKN, Regionaldatenbank des NIW, eigene Berechnungen NIW.*

Die Kreishaushalte haben praktisch keine eigenen Steuereinnahmen, sie finanzieren sich aus allgemeinen Zuweisungen des Landes sowie der Umlage der Gemeinden.

- Die wichtigste Komponente der Einnahmen auf der Kreisebene sind die allgemeinen Zuweisungen des Landes im Rahmen des kommunalen Finanzausgleichs.
- Zu den allgemeinen Zuweisungen kommt im nächsten Schritt noch der Beitrag der kreisangehörigen Gemeinden an der Finanzierung der Kreishaushalte in Form der Kreisumlage hinzu.
- Allgemeine Zuweisungen und Kreisumlage bilden zusammen die allgemeinen Deckungsmittel brutto der Landkreisebene.
- Auch auf der Kreisebene müssen von diesen allgemeinen Deckungsmitteln brutto die Zinszahlungen abgezogen werden, um die allgemeinen Deckungsmittel netto zu erhalten.
- Die Zinsquote, d.h. die Zinszahlungen bezogen auf die allgemeinen Deckungsmittel brutto, ist auch für die Kreishaushalte ein aussagekräftiger Indikator für die finanzielle Konstitution.

In einem dritten Schritt werden die beiden Ebenen, Gemeinde- und Kreisebene, gemeinsam betrachtet. Dies ist auf der Ausgabenseite von besonderer Bedeutung, weil bei allen grundsätzlichen Festlegungen die „Aufgabenteilung im Einzelnen" zwischen Gemeinden und ihrem Landkreis durchaus unterschiedlich sein kann. Auf dieser Aggregationsstufe lassen sich dann auch die kreisfreien Städte einbeziehen, die sowohl Gemeinde- als auch Kreisfunktionen erfüllen.

- Die allgemeinen Deckungsmittel brutto der Gemeinde- und Kreisebene insgesamt setzen sich aus den Steuereinnahmen (der Gemeinden) sowie den allgemeinen Zuweisungen der Gemeindeebene und der Landkreisebene zusammen.
- Die allgemeinen Deckungsmittel netto ergeben sich auch hier durch Abzug der Zinszahlungen der Gemeinde- und der Kreisebene.

Bei der Betrachtung der Ausgabenseite werden grundsätzlich diejenigen Finanzströme in den einzelnen Aufgabenbereichen (Einzelplänen bzw. Abschnitten) ausgeblendet, die durch Gebühren und Entgelte bzw. durch zweckgebundene Zuschüsse gedeckt sind. Es bleiben diejenigen Ausgaben übrig, die durch allgemeine Einnahmen wie Steuereinnahmen und allgemeine Zuweisungen (dann noch) zu decken sind. Diese werden als Zuschussbedarfe (der Einzelpläne 0 bis 8) bezeichnet. Sie lassen sich nach den einzelnen Aufgabenbereichen (Einzelpläne) und ggf. auch weiter (Abschnitte) untergliedern. Die Zuschussbedarfe der Gemeindeebene, der Landkreisebene sowie beider Ebenen zusammen ergeben sich jeweils aus den Ausgaben abzüglich der unmittelbar aufgabenbezogenen Einnahmen.

Da kommunale Haushalte faktisch nicht (sofort) gedeckt werden müssen, bezeichnen die allgemeinen Deckungsmittel netto bezogen auf die Zuschussbedarfe die allgemeine Deckungsquote (in %). Sie gibt an, inwieweit die nicht anderweitig finanzierten laufenden Ausgaben in den einzelnen Aufgabenbereichen aus allgemeinen Deckungsmitteln des Verwaltungshaushalts gedeckt werden können. Eine Deckungsquote von über 100 % ist notwendig, um Rücklagen zur Finanzierung von Investitionsprojekten zu bilden bzw. um Investitionen zu finanzieren. Tatsächlich ist eine 100 %-Quote in den letzten Jahren vielfach nicht mehr erreicht worden.

2. Regionale Struktur- und Entwicklungsunterschiede in Niedersachsen

Grundzüge der Raumstruktur: großstädtische und ländliche Räume

Um in den nachfolgenden Analysen eine gewisse Vergleichbarkeit der siedlungsstrukturellen Ausgangsbedingungen und Standortgegebenheiten zwischen den Regionen zu gewährleisten, werden die niedersächsischen Stadt- und Landkreise nach Raumkategorien *„Verdichtungsräume"*, *„(sonstige) Stadtregionen"* und *„ländliche Räume"* differenziert (Abb. 1).

Zu den Verdichtungsräumen werden die niedersächsischen Anteile an den insgesamt 21 großen west- und ostdeutschen Agglomerationsräumen mit großstädtischen Zentren von etwa 250.000 und mehr Einwohnern sowie Verflechtungsbereichen von mindestens 1,0 Mio. Einwohnern[3] gezählt, die Region Hannover, die aus der Landeshauptstadt Hannover und dem ehemaligen Landkreis Hannover gebildet worden ist, der „Verdichtungsraum Braunschweig" mit den Zentren Braunschweig, Salzgitter und Wolfsburg sowie den Landkreisen Helmstedt, Gifhorn, Peine, Wolfenbüttel[4], der niedersächsische Teil des „Verdichtungsraums Hamburg" mit den Landkreisen Harburg, Stade und Lüneburg[5] sowie der

3 Abgrenzung in Anlehnung an Bade (1987).

4 Der zum Großraum Braunschweig zählende Landkreis Goslar wird zu Analysezwecken als Teil des ländlichen Raumes „Harz" betrachtet.

5 Die Landkreise Stade, Harburg und Lüneburg werden zum südlichen Umland des „Verdichtungsraums Hamburg" gezählt, um die Vergleichbarkeit mit anderen bundesweiten Studien zur Position der Verdichtungsräume sicherzustellen. Vgl. z.B. NIW, NORD/LB (2005).

niedersächsische Teil des „Verdichtungsraums Bremen“ mit den Landkreisen Osterholz, Verden, Diepholz und der kreisfreien Stadt Delmenhorst.[6]

Abb. 1: *Raumstruktur in Niedersachsen: Verdichtungsräume, sonstige Stadtregionen und ländliche Räume*

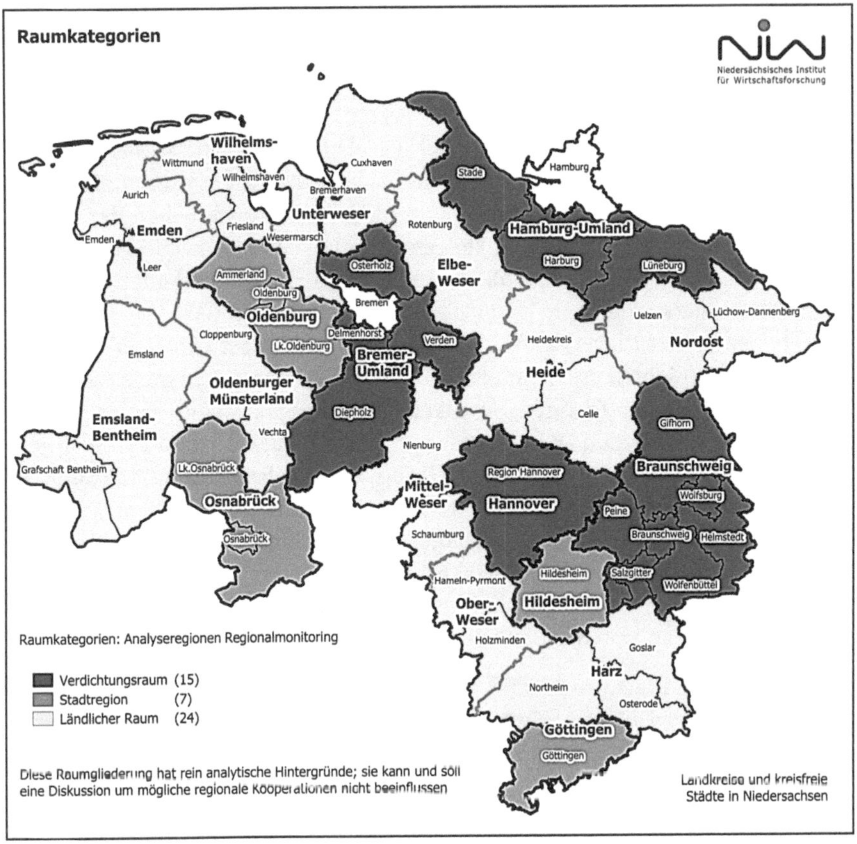

Als Stadtregionen werden die übrigen großstädtischen Zentren in Niedersachsen mit mehr als 100.000 Einwohnern und ihre Verflechtungsbereiche bezeichnet, die „Stadtregion Oldenburg“ bestehend aus der Stadt Oldenburg und den sie umgebenden Landkreisen Ammerland und Oldenburg, die „Stadtregion Osnabrück“ mit der Stadt und dem Landkreis Osnabrück, die Region Hildes-

6 Der in einem Spannungsfeld zwischen dem unmittelbaren Umland der Stadt Bremen und dem peripheren, ländlich geprägten Raum stehende Landkreis Diepholz wird hier aus analytischen Gründen dem „Verdichtungsraum Bremen“ zugeordnet.

heim (Landkreis Hildesheim einschließlich der gleichnamigen kreisangehörigen Stadt) sowie die Region Göttingen (Landkreis Göttingen einschließlich der kreisangehörigen Stadt Göttingen).

Zum ländlichen Raum werden alle übrigen kreisfreien Städte und Landkreise in Niedersachsen mit Zentren unter 100.000 Einwohnern und in der Regel niedrigerer Bevölkerungsdichte gezählt.[7]

Demographische Entwicklung

Die Einwohnerzahlen sind in Niedersachsen insgesamt von 1989 bis 2009 um etwa 11 % gestiegen, wobei sie aber bereits seit 2005 leicht schrumpfen, weil bei schwachen Wanderungsgewinnen aufgrund der Besonderheiten der Altersstruktur die Sterbefälle permanent steigen und die Geborenenzahlen tendenziell stagnieren. Die langfristige Bevölkerungsentwicklung ist innerhalb des Landes durch extrem starke regionale Unterschiede gekennzeichnet (Abb. 2). Die Bandbreite reicht auf der Ebene der Städte und Gemeinden dabei von einer Zunahme in den letzten 20 Jahren um mehr als 63 % bis hin zu Abnahmen um etwa 26 %.

Gewinner der langfristigen Bevölkerungsentwicklung sind zum einen die großstädtischen Regionen. Besonders stark sind die Zuwächse in den Verdichtungsräumen Hamburg, Bremen und Hannover. Der Raum Braunschweig hat wegen Einwohnerverlusten der Zentren eine insgesamt schwächere Entwicklung. Auch bei den mittleren Großstädten sind die langfristigen Entwicklungstrends unterschiedlich. Starke Einwohnerzuwächse verzeichnen die westniedersächsischen Stadtregionen Oldenburg und Osnabrück. In den Regionen Göttingen und Hildesheim sind die Gewinne erheblich geringer.

- Allerdings sind auch nicht alle großstädtischen Zentren in den letzten zwei Jahrzehnten gewachsen. Hamburg, Bremen und Hannover sowie Oldenburg, Osnabrück und Göttingen verzeichnen heute mehr Einwohner als zu Beginn der 1990er Jahre. Die drei Städte Braunschweig, Wolfsburg und Salzgitter haben demgegenüber ebenso wie die Küstenstandorte des ländlichen Raums Bremerhaven, Wilhelmshaven und Cuxhaven an Bevölkerung verloren.
- Die großstädtischen Räume sind durch Suburbanisierungsprozesse der Bevölkerung, d.h. Wanderungsprozesse von (überwiegend jüngeren und einkommensstärkeren) Haushalten aus den Zentren in die Umlandgemeinden geprägt. Im südlichen Hamburger Umland umfassen diese von den Stadt-

7 Die Landkreise Stade und Lüneburg, die hier als Umland des Verdichtungsraums Hamburg eingeordnet sind, sowie der Landkreis Diepholz als Teil des Verdichtungsraums Bremen haben in Teilen durchaus ländlichen Charakter, der auch eine Zuordnung zum „ländlichen Raum“ rechtfertigen würde.

Umland-Wanderungen begünstigten Räume ein weites Umfeld. Der suburbane Raum von Bremen ist deutlich enger abgegrenzt und weitet sich nur entlang der Verkehrsachsen der A 1 und der A 27 aus. Im Umfeld der Großstadt Hannover greift der von der Stadt-Umland-Wanderung begünstigte Raum nach Norden deutlich weiter aus als nach Süden und nach Westen. Im Verdichtungsraum Braunschweig konzentrieren sich die Wanderungsgewinne in ganz besonderem Maße auf das nördliche und westliche Umland.

- Auch bei den Großstädten mittlerer Größenordnung sind deutliche Suburbanisierungsprozesse zu beobachten. Dies gilt für Oldenburg ebenso wie für Osnabrück und auf – sehr viel niedrigerem Niveau – auch für Göttingen und Hildesheim.

Abb. 2: Bevölkerungsentwicklung 1989 bis 2009

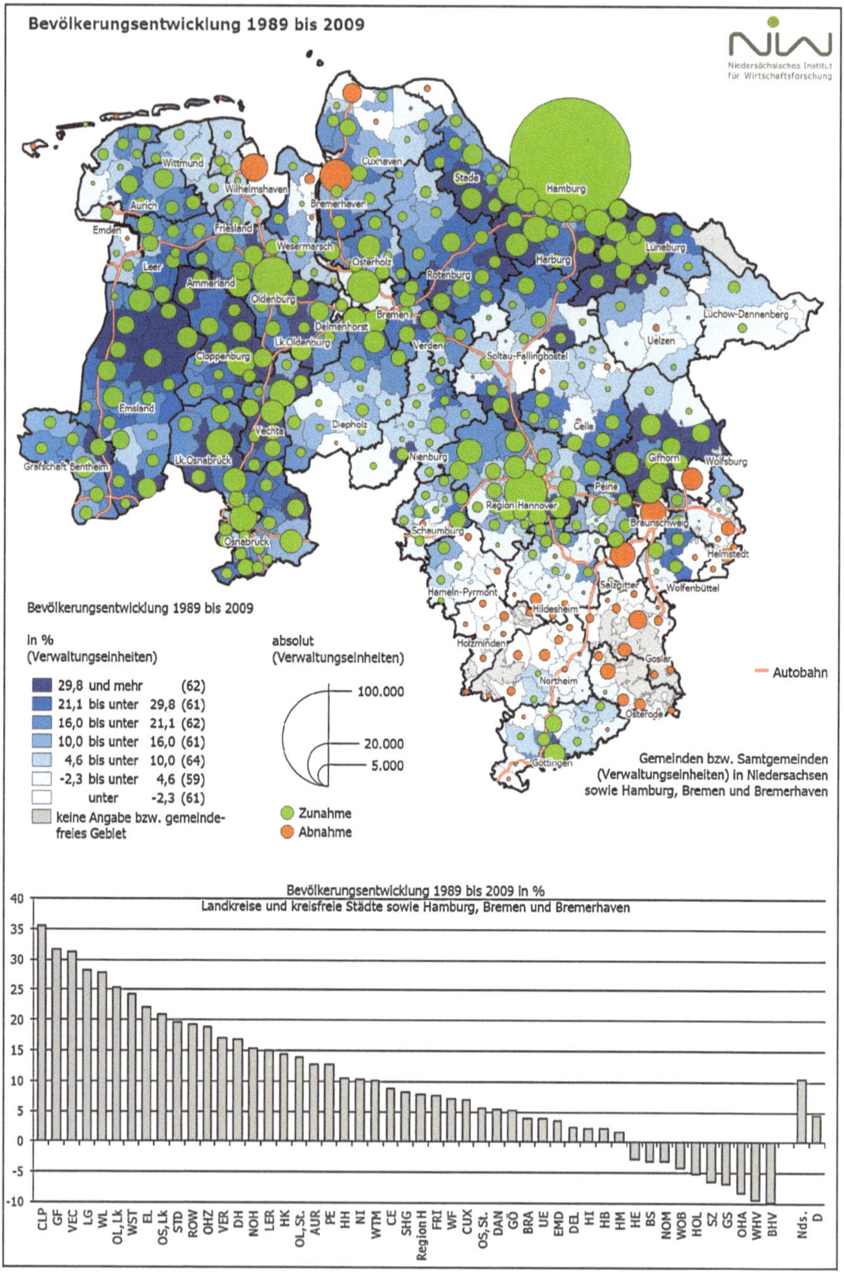

In den ländlichen Räumen des Landes ist die Bevölkerungsentwicklung in den letzten zwei Jahrzehnten ausgesprochen gegensätzlich verlaufen, stark wachsenden Regionen stehen solche mit erheblichen Einwohnerverlusten gegenüber.

- Zu den stark wachsenden ländlichen Räumen zählen vor allem die Regionen des westlichen Niedersachsen bis auf die schlechter erreichbaren Gemeinden des unmittelbaren Küstenraums.
- Weit überdurchschnittlich ist auch die langfristige Entwicklung im mittleren Elbe-Weser-Raum, wobei sich die Dynamik mit zunehmender Entfernung zur Entwicklungsachse der Autobahn A 1 abschwächt.
- Entwicklungsschwach sind das dünn besiedelte mittlere und östliche Niedersachsen abseits der großen Verkehrsachsen sowie die zentrumsfernen südlichen Teile der Landkreise Diepholz und Nienburg.
- Die ungünstigste Bevölkerungsentwicklung haben die ländlichen Räume des südlichen Niedersachsen. Die höchsten Verluste verzeichnen der Harz und sein Umland. Aber auch im Leine-Weser-Bergland, im Oberweser-Raum und im ehemaligen Grenzraum Helmstedt sind die Einwohnerzahlen rückläufig.

Wirtschaftliche Entwicklung

Die langfristige wirtschaftliche Dynamik wird im Folgenden durch die Beschäftigtenentwicklung abgebildet. Von 1989 bis 2009 ist die Beschäftigung in Niedersachsen insgesamt um 10 % gestiegen, wobei auch hier die regionalen Unterschiede erheblich sind (Abb. 3).

- Beschäftigtenzuwächse haben zum einen die großstädtischen Verdichtungsräume Hamburg, Bremen, Hannover und Braunschweig. Bei Hamburg und Braunschweig verzeichnen auch die großstädtischen Zentren Arbeitsplatzzuwächse, in Hannover, Bremen und Salzgitter sind teilweise deutliche Verluste in den Kernstädten zu beklagen.
- Ebenso wie bei der Bevölkerung ist auch eine Verlagerung von wirtschaftlichen Aktivitäten und Arbeitsplätzen in die gut erreichbaren Standorte des suburbanen Raums zu beobachten. Dies gilt in besonderem Maße für das Hamburger Umland und die Umlandgemeinden von Bremen. Im Umland von Hannover konzentrieren sich die Wachstumsprozesse vor allem auf die begünstigten Standorte im Norden und Osten entlang der Verkehrsachsen von A 2 und A 7, während im westlichen Umfeld sogar Beschäftigungsverluste festzustellen sind.

Abb. 3: Beschäftigtenentwicklung 1989 bis 2009

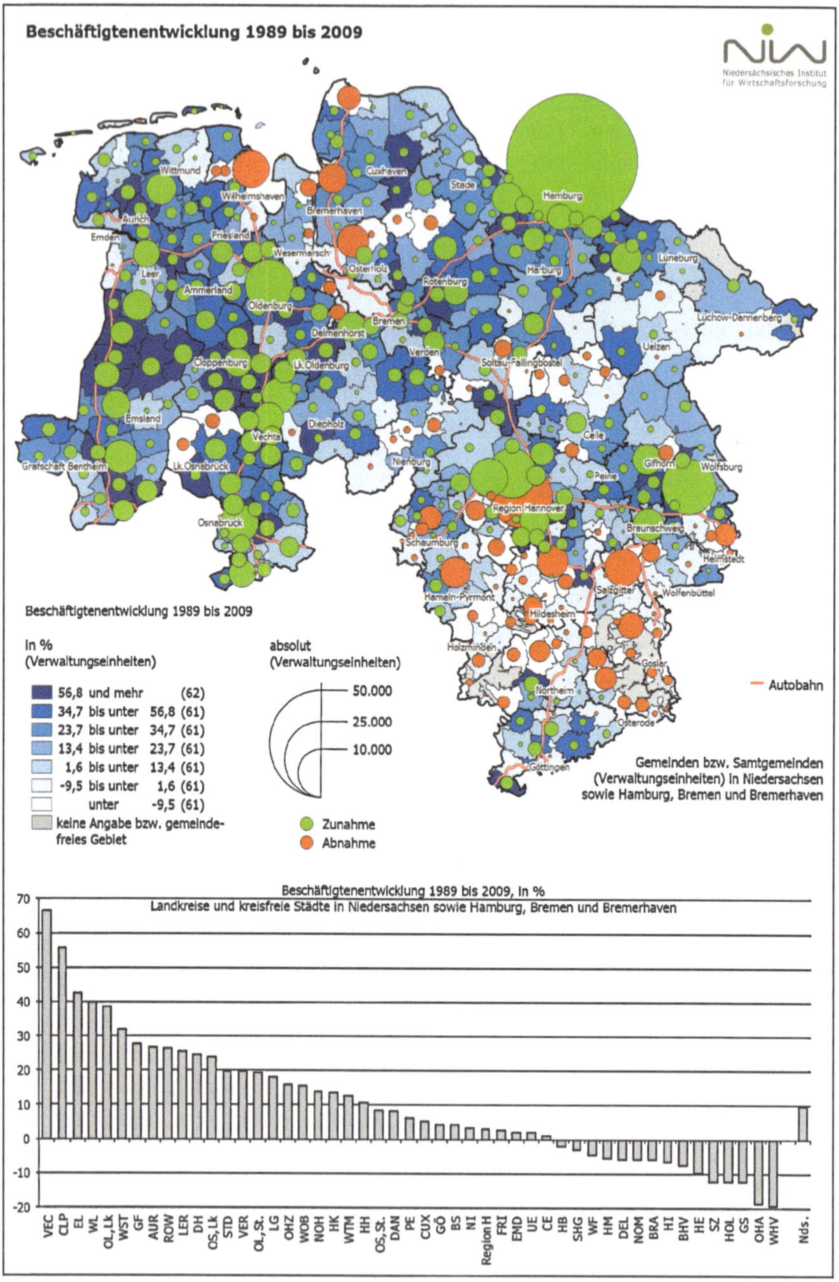

Abb. 4: *Zusammenhang zwischen langfristiger Bevölkerungs- und Beschäftigtenentwicklung in den Stadt- und Landkreisen von Niedersachsen*

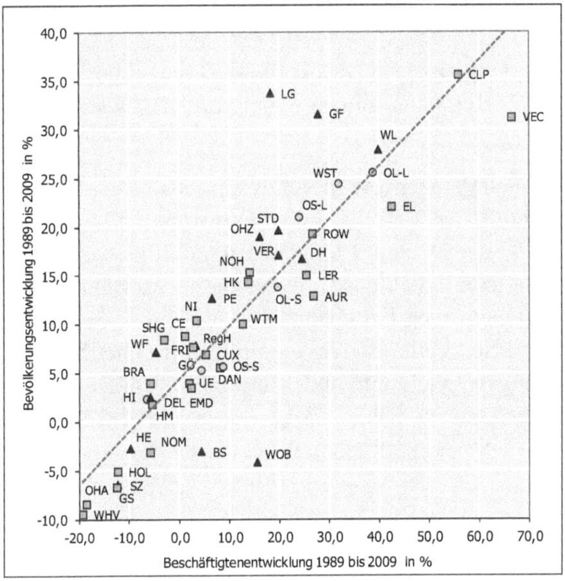

Anmerkung: Abkürzungen in Anlehnung an KfZ-Kennzeichen. Verdichtungsräume: Dreiecke, Stadtregionen: Kreise, Ländliche Räume: Quadrat. Quelle: Bevölkerungsfortschreibung des LSKN, Beschäftigtenstatistik der Bundesagentur für Arbeit, eigene Berechnungen

In der langfristigen Beschäftigtenentwicklung der ländlichen Räume gibt es innerhalb von Niedersachsen besonders starke regionale Unterschiede. Im Zeitraum 1989 bis 2009 reicht die Bandbreite auf der Ebene der Landkreise von einem Zuwachs um fast 70 % bis zu einer Abnahme um etwa 20 %.

- Die westniedersächsischen Landkreise Vechta, Cloppenburg und Emsland bilden die Spitzengruppe mit den höchsten Zuwächsen an Beschäftigten in den letzten 20 Jahren.
- Mit Abstand folgen die Landkreise Rotenburg im mittleren Niedersachsen sowie Leer und Aurich im Küstenraum.
- Überdurchschnittliche Zuwächse haben darüber hinaus der Landkreis Nordhorn im äußersten Westen, der Landkreis Wittmund an der Nordseeküste sowie der Heidekreis im mittleren Niedersachsen.
- Leichte bis mittlere Beschäftigtenverluste verzeichneten die Pendlerbereiche Nienburg, Brake, Hameln, Holzminden, Goslar, Nordenham und Cuxhaven.

- Die höchsten Beschäftigtenrückgänge hatten die kreisfreien Städte Salzgitter und Wilhelmshaven sowie die Landkreise Holzminden, Goslar und Osterode am Harz.

Zwischen der langfristigen Bevölkerungsentwicklung und der Beschäftigtenentwicklung von Regionen gibt es einen vergleichsweise engen Zusammenhang (Abb. 4).

- Auf der einen Seite stehen „Wachstumsregionen" mit starker Bevölkerungsentwicklung und hoher wirtschaftlicher Dynamik. Dazu zählen im ländlichen Raum die Landkreise Vechta, Cloppenburg und Emsland. Unter den Verdichtungsräumen hatte lediglich das südliche Hamburger Umland eine annähernd vergleichbare dynamische Entwicklung.
- Auf der anderen Seite gibt es Regionen mit schwacher bzw. sogar rückläufiger Bevölkerungsentwicklung und schrumpfenden Beschäftigtenzahlen. In den ländlichen Räumen zählen dazu vor allem die südniedersächsischen Landkreise Northeim, Holzminden, Goslar und Osterode am Harz.

3. Entwicklung der kommunalen Finanzen

Steuereinnahmen

Die Steuereinnahmen der Gemeinden, d.h. die Einnahmen aus den Grundsteuern, der Gewerbesteuer sowie dem Gemeindeanteil an der Lohn- und veranlagten Einkommensteuer und der Umsatzsteuer, stellen in der Regel die wichtigsten Einnahmequellen der kommunalen Ebene dar. Sie entscheiden wesentlich über die Finanzkraft der Gemeinden und damit auch über die Handlungsspielräume der Kommunen zur Gestaltung der Standortbedingungen durch Aufbau und Erhaltung einer modernen Infrastruktur.

Gewerbesteuereinnahmen

Das Aufkommen der Gewerbesteuer in einer Gemeinde ist in starkem Maße von ihrer Wirtschafts- und Unternehmensstruktur abhängig. Da sich die Gewerbesteuer als typische „Großbetriebssteuer" in besonderer Weise auf größere Wirtschaftsstandorte konzentriert, sind die Unterschiede zwischen steuerstarken und -schwachen Gemeinden beträchtlich. Die Gemeinden haben darüber hinaus ein Hebesatzrecht. Üblicherweise ist der Hebesatz in den größeren Städten höher als in ländlichen und gewerbeschwachen Gemeinden. Das Aufkommen der Gewerbesteuer weist erhebliche konjunkturelle Schwankungen auf, da es sich auf den

Gewerbeertrag bezieht. Durch Vorauszahlungen kann es darüber hinaus zu Überzahlungen bzw. Rückforderungen kommen. Aber auch Veränderungen in der Unternehmensstruktur wie z.B. Zu- und Abwanderungen von Betrieben oder organisatorische und rechtliche Umstrukturierungen in Konzernen können Veränderungen hervorrufen. Alles dies macht die Gewerbesteuer zu einer ergiebigen, aber schwer kalkulierbaren Einnahmequelle.

Die Gewerbesteuereinnahmen der niedersächsischen Gemeinden sind seit Langem im überregionalen Vergleich niedrig. Im Jahr 2009 sind die Gewerbesteuereinnahmen im Zuge der Wirtschaftskrise auf 274 EUR je Einwohner (82[8]) gesunken. Der Rückstand zum Durchschnitt der Bundesländer beträgt damit etwa ein Sechstel.

Bei den Gewerbesteuereinnahmen ist das Gefälle in Niedersachsen von den Verdichtungsräumen zu den ländlichen Räumen hin besonders ausgeprägt (Abb. 5).

- Die höchsten Einnahmen aus der Gewerbesteuer verzeichnen Städte und Gemeinden mit ertrags- und kapitalstarken Unternehmen oder sonstige Standorte großer Industrieunternehmen. An der Spitze in Norddeutschland stehen Hamburg, Hannover und Bremen. Derzeit hat auch Salzgitter weit überdurchschnittliche Steuereinnahmen. Standorte wie Wolfsburg oder Emden, die früher über extrem hohe Gewerbesteuereinnahmen verfügten, haben heute deutlich geringere Einnahmen. Unter den übrigen großen Städten haben Braunschweig, Osnabrück und Göttingen hohe Einnahmen aus der Gewerbesteuer, in den Städten Oldenburg und vor allem Hildesheim bleiben sie erheblich zurück.
- Im Umland der Großstädte sind die Gewerbesteuereinnahmen in der Regel deutlich geringer. Dies gilt vor allem für das niedersächsische Umland von Hamburg sowie für die Landkreise im Umland von Braunschweig und Wolfsburg. Ausgesprochen geringe Gewerbesteuereinnahmen haben hier die Landkreise Helmstedt, Peine und Gifhorn. Vergleichsweise hoch sind demgegenüber die Einnahmen in den bremischen Umlandkreisen Verden und Diepholz.[9]

---

8 Jeweiliger Bundeswert (Deutschland) = 100.

9 Sondersituation aufgrund der Erdgasförderung und -aufbereitung.

Abb. 5: Gewerbesteuereinnahmen der Städte und Gemeinden (Samtgemeinden) 2008

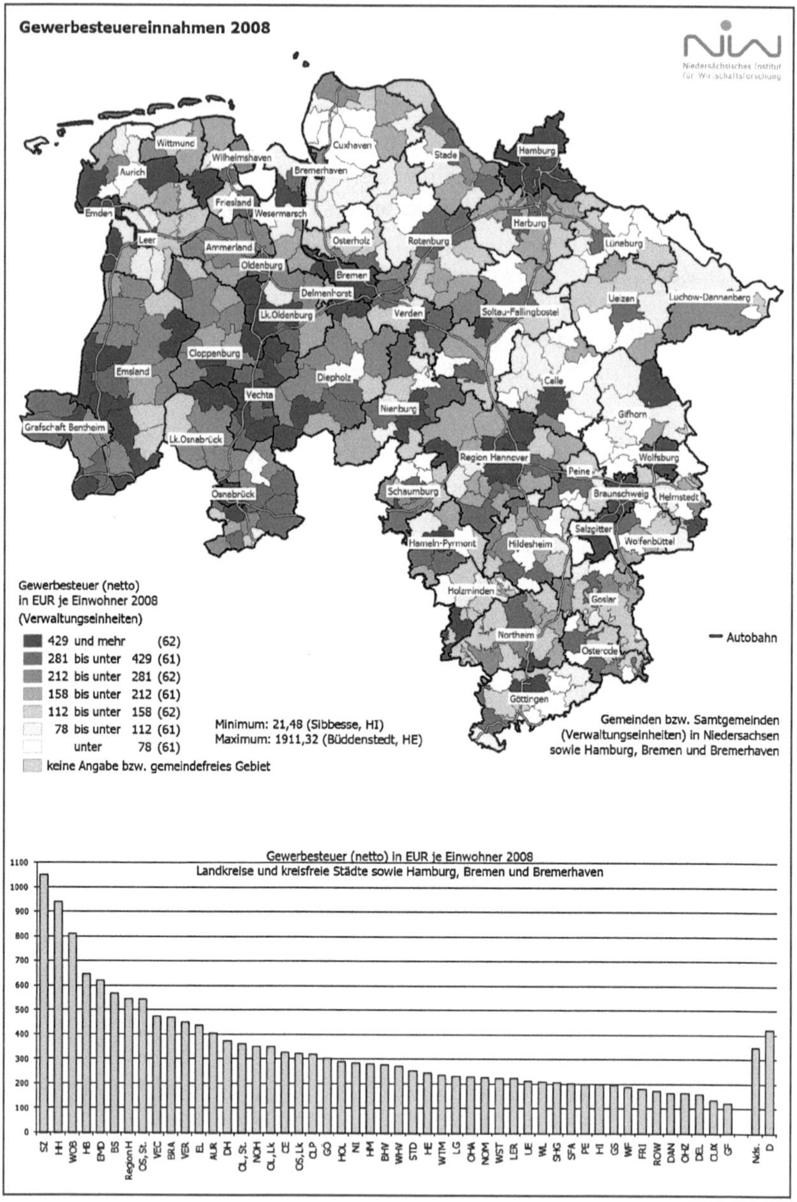

Quelle: Statistisches Bundesamt, LSKN, Kassenstatistik, eigene Berechnungen

- In den ländlichen Räumen sind die Einnahmen der Kommunen aus der Gewerbesteuer je nach Wirtschafts- und Unternehmensstruktur sehr unterschiedlich. Die höchsten Gewerbesteuereinnahmen haben derzeit stärker industriell geprägte Standorte und Regionen wie die kreisfreie Stadt Emden sowie die Landkreise Vechta, Wesermarsch, Emsland, Aurich und Grafschaft Bentheim. Die weniger industriell geprägten ländlichen Räume sowie die Räume mit großen Struktur- und Entwicklungsproblemen wie Teile des Küstenraums mit den Kreisen Wittmund, Leer, Friesland und Cuxhaven, des nordöstlichen Niedersachsen mit den Kreisen Uelzen und Lüchow-Dannenberg sowie des südlichen Niedersachsen mit den Landkreisen Holzminden, Northeim, Schaumburg und Goslar haben Gewerbesteuereinnahmen, die z.T. nur etwa die Hälfte des Landesdurchschnitts erreichen.

Gemeindeanteil an der Einkommensteuer

Der Gemeindeanteil an der Einkommensteuer richtet sich nach seinem Beitrag zum Einkommensteueraufkommen des Landes, wobei (in Westdeutschland) allerdings nur Einkommen bis zu Sockelbeträgen von 30.000 EUR bzw. 60.000 EUR berücksichtigt werden. Der Gemeindeanteil an der Einkommensteuer ist abhängig von der Bevölkerungsstruktur sowie der Zahl und Zusammensetzung der Lohn- bzw. Einkommensteuerpflichtigen, die in der Gemeinde wohnhaft sind. Das Pro-Kopf-Einkommen eines Standorts wird damit geprägt von der Altersstruktur der Bevölkerung, von der Erwerbsbeteiligung (in besonderem Maße spielen Zweitverdiener eine Rolle) sowie nicht zuletzt von dem Lohnniveau des Standortes bzw. seines wirtschaftlichen Umfeldes und den sonstigen Möglichkeiten der Einkommenserzielung.

Die Einnahmen der niedersächsischen Gemeinden aus der Einkommensteuer sind seit Langem niedriger als in den meisten Bundesländern. Im Jahr 2009 lagen sie mit 266 EUR je Einwohner[10] (85[11]) um etwa ein Sechstel unter dem Bundesdurchschnitt.

Bei dem Gemeindeanteil an der Einkommensteuer ergeben sich zwischen den niedersächsischen Städten und Einheits- bzw. Samtgemeinden Unterschiede von fast drei zu eins. Auch auf der Ebene der Landkreise ist das Gefälle noch beträchtlich (Abb. 6).

- An der Spitze stehen nicht nur die Großstädte und Standorte der großen Unternehmen mit überdurchschnittlichen Möglichkeiten zur Einkommenserzie-

---

10 Ergebnisse der Kassenstatistik, 2009.

11 Gemeindeanteil an der Einkommensteuer je Einwohner, jeweiliger Bundeswert (Deutschland) = 100, 2009.

lung. Innerhalb der großstädtischen Regionen fließen die höchsten Einnahmen den Standorten mit attraktiven Wohnlagen im Umland zu. Den höchsten Gemeindeanteil an der Einkommensteuer haben in Niedersachsen die Gemeinden des Landkreises Harburg. Es folgen die Städte Wolfsburg und Braunschweig sowie die Landkreise Stade, Verden und Osterholz. Die Einnahmen aus der Einkommensteuer je Einwohner sind auch in den Gemeinden des ehemaligen Landkreises Hannover deutlich höher als in der Landeshauptstadt. Insgesamt liegt der Gemeindeanteil an der Einkommensteuer in den niedersächsischen Verdichtungsräumen (97) knapp und in den Stadtregionen (84) deutlich unter dem Bundesdurchschnitt.

- In den ländlichen Räumen liegt der Gemeindeanteil an der Einkommensteuer (73) insgesamt um mehr als ein Viertel unter dem Bundesdurchschnitt. Allerdings ergeben sich auch hier Unterschiede zwischen den Landkreisen. Die Regionen mit hohen Pendlerverflechtungen zu den großstädtischen Räumen und günstiger Wirtschaftsstruktur profitieren von hohen Einnahmen, während in den Gemeinden der peripher gelegenen Landkreise sehr geringe Einnahmen aus der Einkommensteuer erzielt werden. Ausgesprochen niedrig sind die kommunalen Einnahmen aus der Einkommensteuer im westlichen Niedersachsen sowie in den Kreisen Uelzen und Lüchow-Dannenberg. Das geringste Niveau weisen die Gemeinden der Landkreise Wittmund, Leer und Cloppenburg auf, in denen die Einnahmen um etwa ein Drittel unter dem Landeswert liegen.

Abb. 6: *Gemeindeanteil an der Einkommensteuer in den Städten und Gemeinden (Samtgemeinden) 2008*

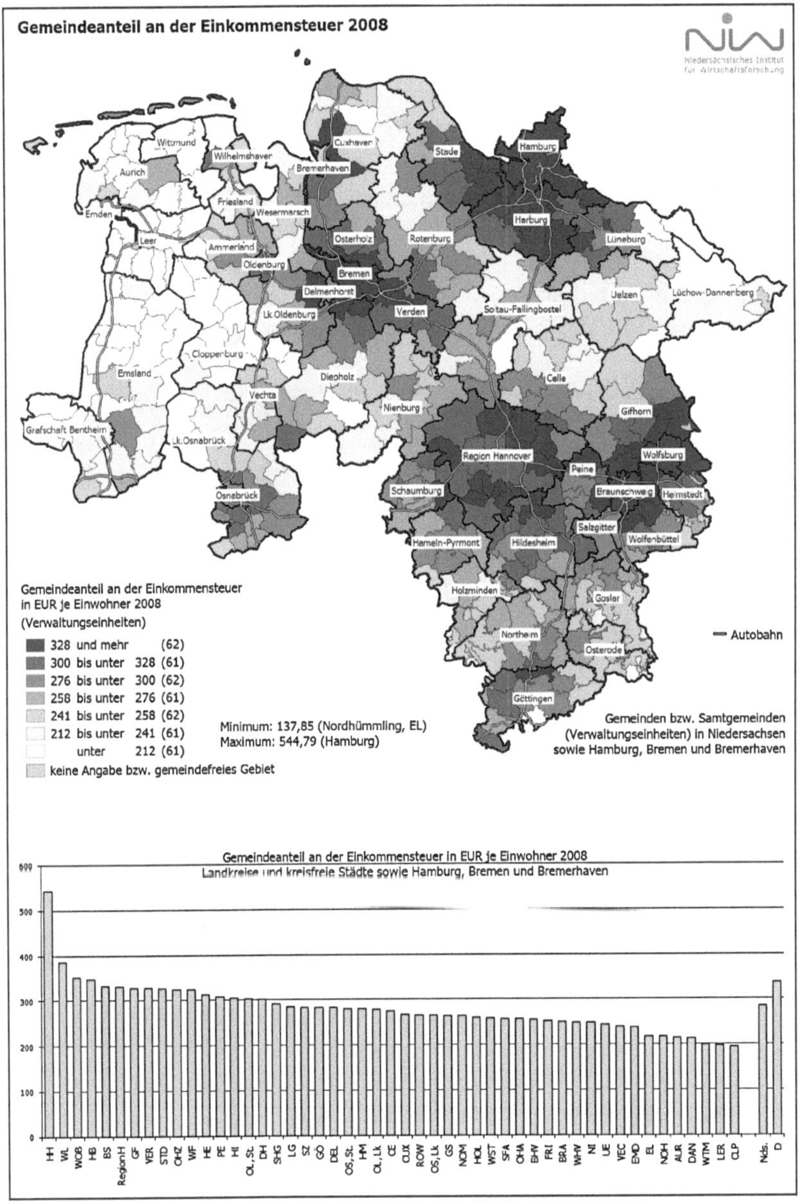

Quelle: *Statistisches Bundesamt, LSKN, Kassenstatistik, eigene Berechnungen*

Sonstige Steuereinnahmen

Die sonstigen Steuereinnahmen sind von deutlich geringerer Bedeutung (Abb. 7). Die Grundsteuer A ist als insgesamt wenig ergiebige Gemeindesteuer auf land- und forstwirtschaftlichen Grundbesitz allenfalls in ländlichen Gemeinden von Gewicht. Die Einnahmen aus der Grundsteuer A erreichten in Niedersachsen im Durchschnitt der Jahre 2006 bis 2008 etwa 8 EUR je Einwohner. Die Grundsteuer B, die auf bebaute und unbebaute Grundstücke zu entrichten ist, hat in Städten größere Bedeutung als in ländlichen Gemeinden.[12] Die Einnahmen aus der Grundsteuer B betrugen in Niedersachsen im Durchschnitt der Jahre 2006 bis 2008 etwa 128 EUR je Einwohner. Darüber hinaus profitieren die Gemeinden von einem Anteil an der Umsatzsteuer, der im Durchschnitt der Jahre 2006 bis 2008 etwa 30 EUR je Einwohner ausmachte.

Abb. 7: Steuereinnahmen insgesamt in den Stadt- und Landkreisen von Niedersachsen 2006 bis 2008 (Jahresdurchschnitt)

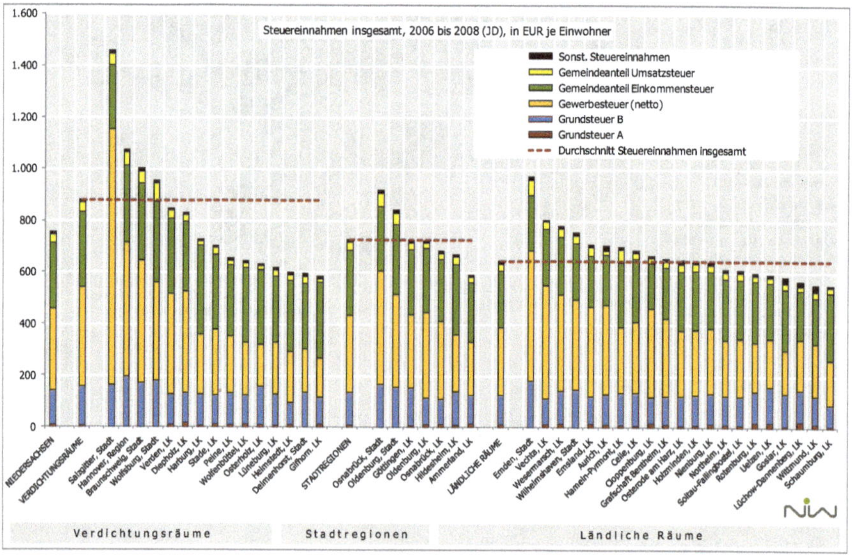

Quelle: LSKN, Gemeindefinanzrechnung, eigene Berechnungen NIW

Die Steuereinnahmen der kommunalen Ebenen insgesamt (einschließlich kreisfreie Städte) lagen damit im Durchschnitt der Jahre 2006 bis 2008 bei 755 EUR je Einwohner (Abb. 7). In den niedersächsischen Verdichtungsräumen waren sie damit deutlich höher als in den sonstigen Stadtregionen und den länd-

12 Nicht zuletzt aber auch aufgrund der städtischen Hebesatzpolitik.

lichen Räumen. Die höchsten Steuereinnahmen hatten die kreisfreien Städte sowie die Gemeinden der Region Hannover, die geringsten Steuereinnahmen verzeichneten die Gemeinden der Landkreise Uelzen, Goslar, Lüchow-Dannenberg, Wittmund und Schaumburg.

Steuereinnahmekraft

In der Steuereinnahmekraft werden die kommunalen Einnahmen der Realsteuern fiktiv mit bundesdurchschnittlichen Hebesätzen berechnet und damit vergleichbar gemacht. Die Steuereinnahmekraft in Niedersachsen lag 2009 mit 737 EUR je Einwohner[13] (89[14]) um mehr als ein Zehntel unter dem Bundesdurchschnitt. Der Rückstand zum westdeutschen Durchschnitt (109) betrug damit fast ein Fünftel.

Insgesamt ergibt sich auch aus dem Zusammenspiel der unterschiedlichen Steuereinnahmen ein Stadt-Land-Gefälle der Steuereinnahmekraft (Abb. 8).

Aber auch innerhalb der städtischen und der ländlichen Räume werden Unterschiede in der Steuereinnahmekraft deutlich.

- Die niedersächsischen Verdichtungsräume (99[15]) liegen mit ihrer Steuereinnahmekraft um etwa 1 % unter dem Bundesdurchschnitt. Die Region Hannover hat nach dem Verdichtungsraum Hamburg[16] die Spitzenposition innerhalb von Norddeutschland inne. Deutlich schwächer ist die Steuereinnahmekraft der Region Bremen insgesamt und seines Umlandes mit Ausnahme des Landkreises Diepholz. Nicht ganz so stark ist auch die Position des Verdichtungsraumes Braunschweig. Vor allem die Steuereinnahmekraft der Städte Wolfsburg und Braunschweig ist gegenüber dem Anfang des Jahrzehnts stark gesunken. Während die Region Hannover ihre Position als steuerstärkste Region in den letzten Jahren verteidigen konnte, ist die Steuereinnahmekraft in der Region Braunschweig seit Ende des letzten Jahrzehnts zurückgefallen.
- Die niedersächsischen Stadtregionen insgesamt liegen mit ihrer Steuereinnahmekraft um ein Sechstel unter dem bundesdurchschnittlichen Niveau. Sie ist dabei in den Stadtregionen Osnabrück und Oldenburg etwas höher als in den Regionen Göttingen und Hildesheim.

---

13 Ergebnisse der Kassenstatistik, 2009.

14 Jeweiliger Bundeswert (Deutschland) = 100.

15 Jeweiliger Bundeswert (Deutschland) = 100.

16 Einschließlich der schleswig-holsteinischen Umlandkreise.

Abb. 8: *Steuereinnahmekraft in den Städten und Gemeinden (Samtgemeinden) 2008*

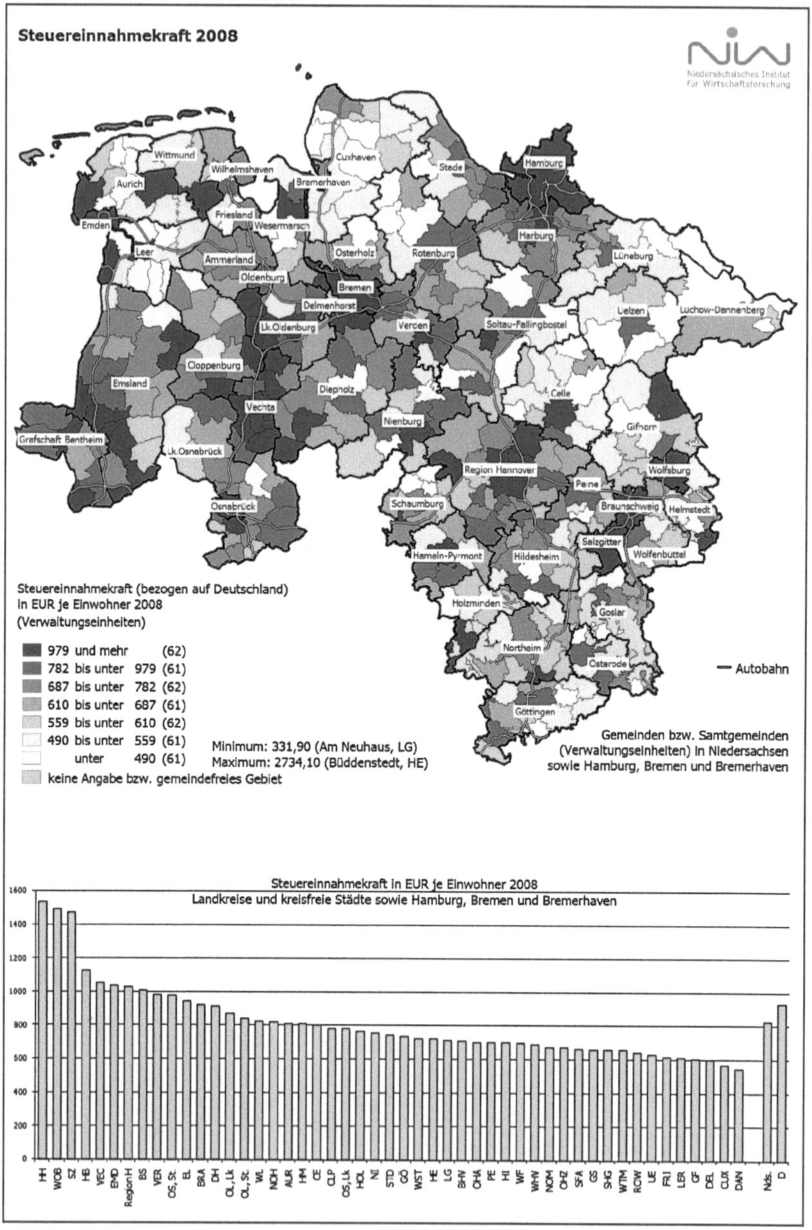

Quelle: *Statistisches Bundesamt, LSKN, Kassenstatistik, eigene Berechnungen*

- Die Steuereinnahmekraft der ländlichen Räume in Niedersachsen bleibt insgesamt um fast ein Fünftel hinter dem Bundesdurchschnitt zurück. Im Oldenburger Münsterland und im Raum Emsland-Bentheim liegt sie dabei geringfügig unter dem Bundesdurchschnitt, mit Abstand folgen der Raum Mittelweser, die Heideregion und der Raum Emden. Die geringste Steuereinnahmekraft haben die ländlichen Räume Leine-Weser-Bergland, Unterweser sowie Nordostniedersachsen.

Einnahmeseite der Verwaltungshaushalte insgesamt

Komponenten der allgemeinen Deckungsmittel auf der Gemeindeebene

Die allgemeinen Deckungsmittel auf der Gemeindeebene setzen sich aus den Steuereinnahmen[17] und den allgemeinen Zuweisungen des Landes zusammen, von denen dann die Kreisumlage als Finanzierungsbeitrag der Landkreisebene abzuziehen ist. Durch die allgemeinen Zuweisungen (des Landes) wurden die Einnahmen der Gemeindeebene in Niedersachsen im Jahresdurchschnitt 2006 bis 2008 durchschnittlich um 146 EUR je Einwohner erhöht (Abb. 9).

- In den ländlichen Räumen lagen die allgemeinen Zuweisungen mit 156 EUR je Einwohner geringfügig höher als in den Stadtregionen mit 152 EUR und in den Verdichtungsräumen mit 133 EUR je Einwohner.
- Die Zuweisungen waren im ländlichen Raum am niedrigsten im steuerstarken Landkreis Vechta (37 EUR je Einwohner) und am höchsten in den Landkreisen Leer (204 EUR) und Cuxhaven (226 EUR).
- Die Zuweisungen, deren Höhe sich an der Finanzkraft der Gemeinden bemisst, hatten somit eine deutlich ausgleichende Wirkung.

17 Die kommunalen Steuereinnahmen fallen praktisch vollständig (mit Ausnahme der bedeutungslosen Jagdsteuer) den Gemeinden zu.

Abb. 9: Komponenten der allgemeinen Deckungsmittel der Gemeindeebene in Niedersachsen 2006 bis 2008 (Jahresdurchschnitt)

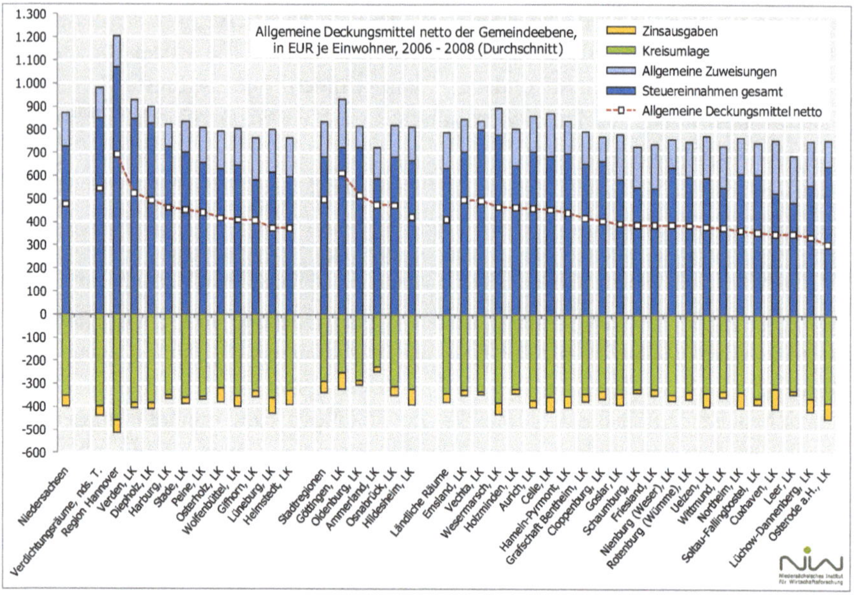

Anmerkung: Allgemeine Deckungsmittel netto auf der Gemeindeebene = Steuereinnahmen zuzüglich allgemeine Zuweisungen abzüglich Umlagen zwischen Gemeinden und Gemeindeverbänden (Kreisumlage) abzüglich Zinszahlungen (einschließlich Zinsen für Kassenkredite), in EUR je Einwohner, Jahresdurchschnitt 2006 bis 2008; Gemeindeebene: kreisangehörige Gemeinden, ohne kreisfreie Städte. Quelle: Gemeindefinanzrechnung, LSKN, Regionaldatenbank des NIW, eigene Berechnungen NIW.

Die Kreisumlage, die die Gemeindehaushalte von ihren Steuern und allgemeinen Zuweisungen an die jeweiligen Landkreise abzuführen haben, lagen im Durchschnitt der Jahre 2006 bis 2008 bei 353 EUR je Einwohner[18] (Abb. 9). Die Spannweite reichte dabei in den großstädtischen Räumen von der Region Hannover mit 455 EUR je Einwohner bis zum Landkreis Ammerland mit 225 EUR je Einwohner. In den ländlichen Räumen war die Bandbreite von dem Landkreis Aurich mit durchschnittlich 370 EUR je Einwohner bis zu den Landkreisen Schaumburg und Holzminden mit 322 EUR je Einwohner sehr viel geringer. Die Unterschiede können dabei durchaus auch die unterschiedliche Aufgabenverteilung zwischen Gemeinde- und Landkreisebene widerspiegeln.

18 Gemeinden ohne kreisfreie Städte.

Im Durchschnitt haben die niedersächsischen Gemeinden in den Jahren 2006 bis 2008 etwa 42 EUR je Einwohner an Zinsen[19] gezahlt. Die Zinsausgaben variieren auf der Gemeindeebene besonders stark[20]. Auch in der Aggregation der Gemeinden zu Kreisen werden große Unterschiede deutlich (Abb. 9).

Die allgemeinen Deckungsmittel netto der Gemeindeebene in Niedersachsen[21] lagen im Durchschnitt der Jahre 2006 bis 2008 bei 478 EUR je Einwohner (Abb. 9).

- Die Gemeinden in den Verdichtungsräumen (116[22]) hatten dabei überdurchschnittliche Deckungsmittel. Weit an der Spitze lag die Region Hannover (150) mit extrem hohen Steuereinnahmen und etwa durchschnittlichen allgemeinen Zuweisungen, wobei die hohe Regionsumlage dabei die Position der Gemeinden nur unwesentlich verschlechterte. Das hohe Niveau der Region Hannover war in besonderem Maße durch die Landeshauptstadt (195) geprägt, aber auch in den übrigen Städten und Gemeinden der Region (113) waren die Deckungsmittel überdurchschnittlich. Mit Abstand folgten die Gemeinden der Landkreise Diepholz (108) und Verden (100). Am geringsten waren die Deckungsmittel in den Landkreisen Gifhorn (82) und Helmstedt (74) sowie im Landkreis Lüneburg (77), wobei die geringeren Steuereinnahmen zum Teil durch höhere Zuweisungen kompensiert wurden.
- In den Gemeinden in den Stadtregionen (104) waren die allgemeinen Deckungsmittel nach Abzug der Zinszahlungen nur noch leicht überdurchschnittlich. Besonders hoch waren die verfügbaren Mittel im Landkreis Göttingen (126), vor allem verursacht durch vergleichsweise hohe Zuweisungen bei hohen Steuereinnahmen und einer geringeren Kreisumlage. Mit Abstand folgten die Gemeinden der Landkreise Oldenburg (110) und Ammerland (100) sowie Osnabrück (98) und Hildesheim (91). Die vergleichsweise niedrigen Deckungsmittel netto der Gemeinden des Landkreises Hildesheim waren auf eine relativ hohe Kreisumlage sowie überdurchschnittliche Zinszahlungen zurückzuführen, welche die etwa durchschnittlichen Steuereinnahmen und Zuweisungen deutlich reduziert haben.
- Den Gemeinden in den ländlichen Räumen (94) verblieben insgesamt nach Abzug der Zinszahlungen weniger Deckungsmittel je Einwohner als im Landesdurchschnitt. Die Unterschiede reichten von den Gemeinden der Landkreise Vechta (97), Wesermarsch (94) und Aurich (93) bis zu den Gemeinden in

19 Einschließlich der Zinsen für Kassenkredite.

20 Später wird die Zinsquote, der Anteil der Zinszahlungen an den allgemeinen Deckungsmitteln brutto, als Indikator für mögliche Finanzprobleme herangezogen.

21 Ohne kreisfreie Städte, aber einschließlich der Landeshauptstadt Hannover (seit 2000 keine kreisfreie Stadt mehr).

22 Allgemeine Deckungsmittel netto je Einwohner, 2006 bis 2008 (Durchschnitt), jeweiliger Landeswert = 100.

den Landkreisen Leer (73), Osterode (72) und Cuxhaven (71). Bei den Gemeinden der Landkreise Leer und Cuxhaven kompensierten sehr hohe allgemeine Zuweisungen die geringen Steuereinnahmen, im Landkreis Cuxhaven wurden die Deckungsmittel brutto durch außergewöhnlich hohe Zinszahlungen reduziert. Hohe Zinsbelastungen haben auch in den Gemeinden der Landkreise Osterode am Harz, Lüchow-Dannenberg und Uelzen die Spielräume zur Deckung der Haushalte deutlich verringert.

Komponenten der allgemeinen Deckungsmittel auf der Kreisebene

Die allgemeinen Deckungsmittel der Kreisebene setzen sich aus der Kreisumlage sowie den allgemeinen Zuweisungen zusammen. Die Kreisumlage ist bereits oben aus Sicht der zahlenden Gemeinden thematisiert worden.

Die allgemeinen Zuweisungen der Kreisebene betrugen in den Jahren 2006 bis 2008 durchschnittlich etwa 158 EUR je Einwohner (Abb. 10).

- In den Verdichtungsräumen hatte die Region Hannover (73[23]) bezogen auf die Einwohnerzahl die mit Abstand geringsten allgemeinen Zuweisungen. Ebenfalls vergleichsweise gering fielen sie in den Landkreisen Harburg (85), Verden (88), Diepholz (91) und Osterholz (92) aus. Von sehr hohen Zuweisungen je Einwohner profitierten die Kreishaushalte Peine (114), Lüneburg (117) und vor allem Helmstedt (137).
- Auch in den Kreishaushalten der Stadtregionen waren die Unterschiede der allgemeinen Zuweisungen deutlich. Sie reichten von den Landkreisen Göttingen (75) und Oldenburg (80) bis zum Landkreis Hildesheim (110).
- In den ländlichen Regionen gab es einerseits die Landkreise Vechta (69) und Cloppenburg (79) sowie Emsland (86) und Grafschaft Bentheim (88) mit ausgesprochen geringen Zuweisungen. Auf der anderen Seite konnten die Kreishaushalte Wittmund und Hameln-Pyrmont (beide 127), Heidekreis, Goslar, Wesermarsch (alle 128), Nienburg, Holzminden (beide 133) und Uelzen (144) sehr hohe allgemeine Zuweisungen verbuchen. Die mit Abstand höchsten Zuweisungen flossen in den Kreishaushalt von Lüchow-Dannenberg (174).

Im Durchschnitt zahlten die niedersächsischen Landkreise in den Jahren 2006 bis 2008 knapp 26 EUR je Einwohner an Zinsen. Damit sind die allgemeinen Deckungsmittel brutto um etwa 5,0 % verringert worden.[24] Die Zinsausgaben der Landkreise schwankten zwischen knapp 5 EUR im Landkreis Oldenburg und 74 EUR je Einwohner im Landkreis Lüchow-Dannenberg (Abb. 10).

---

23 Allgemeine Zuweisungen je Einwohner, 2006 bis 2008 (Durchschnitt), jeweiliger Landeswert = 100

24 Der Anteil der Zinszahlungen an den allgemeinen Deckungsmitteln wird hier als Zinsquote bezeichnet.

Abb. 10: Komponenten der allgemeinen Deckungsmittel der Kreisebene in Niedersachsen 2006 bis 2008 (Jahresdurchschnitt)

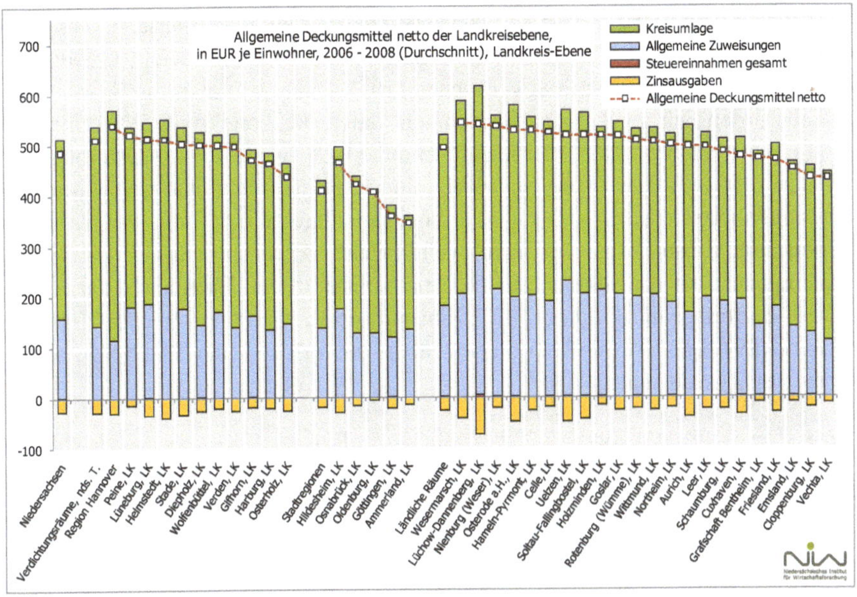

Anmerkung: Allgemeine Deckungsmittel netto der Landkreisebene = Steuereinnahmen zuzüglich allgemeine Zuweisungen zuzüglich Umlagen zwischen Gemeinden und Gemeindeverbänden (Kreisumlage) abzüglich Zinszahlungen, in EUR je Einwohner, Jahresdurchschnitt 2006 bis 2008; Landkreise ohne kreisfreie Städte; Steuereinnahmen auf Landkreisebene extrem gering (Jagdsteuer). Quelle: Gemeindefinanzrechnung, LSKN, Regionaldatenbank des NIW, eigene Berechnungen NIW

Die allgemeinen Deckungsmittel netto der Landkreise in Niedersachsen lagen im Durchschnitt der Jahre 2006 bis 2008 bei 487 EUR je Einwohner.[25] Dabei ergaben sich vergleichsweise große Unterschiede zwischen den Landesteilen (Abb. 10).

- In den Kreisen der Verdichtungsräume insgesamt waren die Einnahmen (105[26]) höher als im Landesdurchschnitt. Die Spannweite reichte dabei von der Region Hannover (111) über die Landkreise Peine (107), Lüneburg (105) und Helmstedt (105) bis zu den Landkreisen Harburg (95) und Osterholz (89).

25 Landkreise ohne kreisfreie Städte, einschließlich Region Hannover.

26 jeweiliger Landeswert = 100.

- In den Stadtregionen waren die Deckungsmittel der Kreishaushalte (84) erheblich niedriger. Das Gefälle war beträchtlich und reichte vom Landkreis Hildesheim (96) bis zu den Kreisen Göttingen (74) und Ammerland (71).
- Die Landkreise der ländlichen Räume konnten insgesamt leicht überdurchschnittliche Deckungsmittel verbuchen (102). Dabei war aber die Spannweite außerordentlich groß. Hohe Einnahmen hatten die Landkreise Wesermarsch (112), Nienburg (110), Hameln-Pyrmont (109), Celle (108), Osterode am Harz (108), Goslar (106) und Holzminden (106). Der Landkreis Lüchow-Dannenberg (111) lag aufgrund der höchsten allgemeinen Zuweisungen unter den Landkreisen sogar auf dem zweiten Rang. Ausgesprochen gering waren demgegenüber die allgemeinen Deckungsmittel in den Haushalten der Landkreise Grafschaft Bentheim (97), Emsland (93), Vechta (89) und Cloppenburg (89). Letztere profitierten vor allem nur in geringem Maße von allgemeinen Zuweisungen.

Allgemeine Deckungsmittel der kommunalen Ebenen insgesamt

Im Durchschnitt der Jahre 2006 bis 2008 lagen die allgemeinen Deckungsmittel auf der Landkreis- und Gemeindeebene bei 996 EUR je Einwohner.[27] Die allgemeinen Deckungsmittel waren dabei für die Landkreisebene etwa gleich groß wie für die Gemeindeebene. Die allgemeinen Deckungsmittel netto wiesen in der Zusammenschau von Gemeinde- und Landkreisebene trotz der Ausgleichsmechanismen noch beträchtliche regionale Unterschiede auf (Abb. 11).

- In den Verdichtungsräumen lag die Stadt Salzgitter (152[28]) weit an der Spitze. An zweiter und dritter Stelle folgten die Stadt Braunschweig (128) sowie die Region Hannover (124) mit ebenfalls weit überdurchschnittlichen Deckungsmitteln. Die geringsten Einnahmen hatten die kommunalen Ebenen in den suburbanen Landkreisen Lüneburg (89), Helmstedt (89), Gifhorn (88) und Osterholz (86).
- In den Stadtregionen lagen die kreisfreien Städte Osnabrück (118) und Oldenburg (109) an der Spitze. Mit Abstand folgten die Kreise Göttingen (98), Oldenburg (93), Osnabrück (90) und Hildesheim (89). Die geringsten Einnahmen hatten die kommunalen Ebenen des Landkreises Ammerland (82).
- In den ländlichen Räumen reichte die Bandbreite der Deckungsmitteln der Gemeinde- und Landkreisebene von den Städten Emden (125) und Wilhelmshaven (122) sowie den Kreisen Wesermarsch (102), Holzminden (99), Celle (98), Hameln-Pyrmont (97) und Aurich (96) bis zu den Landkreisen

---

27 Gemeinde- und Landkreisebene einschließlich kreisfreie Städte.

28 Jeweiliger Landeswert = 100.

Wittmund (89), Friesland (86), Leer (85), Cloppenburg (84), Osterode am Harz (84) und Cuxhaven (83).

Abb. 11: *Allgemeine Deckungsmittel netto der Gemeindeebene, der Landkreisebene sowie der kommunalen Ebenen zusammen in Niedersachsen 2006 bis 2008 (Jahresdurchschnitt)*

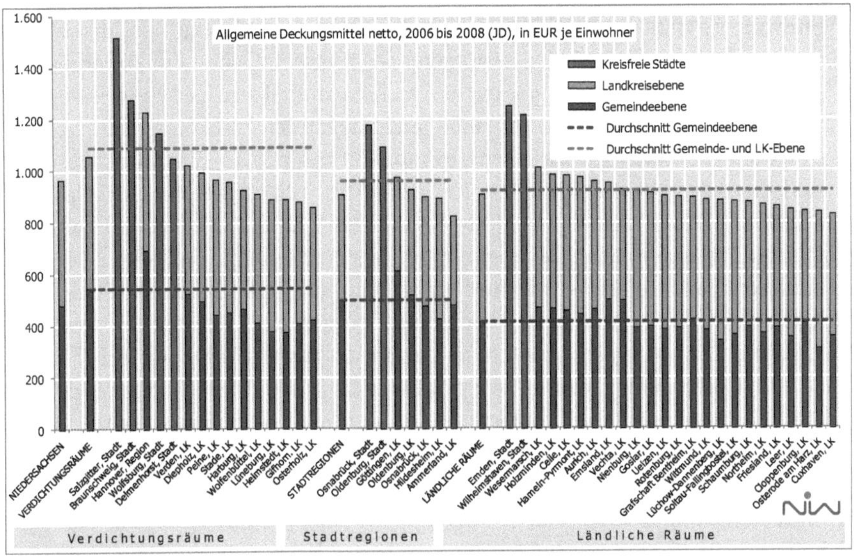

Anmerkung: Allgemeine Deckungsmittel netto = Steuereinnahmen zuzüglich allgemeine Zuweisungen zuzüglich bzw. abzüglich Umlagen zwischen Gemeinden und Gemeindeverbänden (Kreisumlage) abzüglich Zinszahlungen, in EUR je Einwohner, Jahresdurchschnitt 2006 bis 2008. Quelle: Gemeindefinanzrechnung, LSKN, Regionaldatenbank des NIW, eigene Berechnungen NIW

Die Betrachtung der Einwohnerstärke der Gebietskörperschaften und ihrer allgemeinen Deckungsmittel geht von der Frage aus, ob größere Einheiten eine tendenziell günstigere oder eine ungünstigere Einnahmesituation aufweisen. Sie ist vor allem im Zusammenhang mit der kritischen Analyse der kleinen Gebietskörperschaften von Bedeutung, bei denen aufgrund von fehlenden Größenvorteilen überdurchschnittliche Kosten und geringere Effizienz erwartet werden.

- Bei den Gemeinden [29] gibt es einen positiven Zusammenhang zwischen den allgemeinen Deckungsmitteln je Einwohner und den Einwohnerzahlen, d.h. mit steigender Einwohnerzahl nehmen auch die Einnahmen tendenziell zu

29 Einheits- und Samtgemeinden.

(Abb. 12a). Besonders bei den kleinen Gemeinden (unter 15.000 Einwohnern) ist allerdings die Streubreite ausgesprochen groß. Es gibt sehr viele Gemeinden mit sehr geringen Deckungsmitteln und einige mit ausgesprochen hohen Deckungsmitteln bis zu 800 EUR je Einwohner. Die größeren Städte zwischen 40.000 und 75.000 Einwohnern liegen mit Ausnahme der Städte Aurich und Langenhagen in einem Korridor zwischen 350 und 600 EUR je Einwohner. Hier wirkt sich auch die „Einwohnerveredelung" bei den allgemeinen Zuweisungen zur Unterstützung der zentralörtlichen Funktionen aus.

- Zwischen der Höhe der allgemeinen Deckungsmittel und der Einwohnerzahl auf der Landkreisebene gibt es einen leicht negativen Zusammenhang, d.h. in einwohnerstärkeren Landkreisen sind die Einnahmen je Einwohner tendenziell niedriger als in den kleinen Kreisen (Abb. 12b). Insbesondere den kleinen Landkreisen (unter 100.000 Einwohnern) stehen allesamt überdurchschnittliche allgemeine Deckungsmittel zur Verfügung. Vor allem bei den mittleren Landkreisen ist die Streuungsbreite ausgesprochen groß. Die Umlandkreise der Stadtregionen (Oldenburg, Ammerland, Osnabrück) und der Landkreis Göttingen sowie auch die westniedersächsischen Landkreise Vechta und Cloppenburg weisen vergleichsweise niedrige Deckungsmittel auf. Auffallend ist, dass die Landkreise der Verdichtungsräume mit Ausnahme des Landkreises Osterholz eine relativ günstige Einnahmesituation aufweisen.
- In der Zusammenschau von Kreis- und Gemeindeebene ergibt sich dann allerdings kein Zusammenhang zwischen Einwohnerstärke und den allgemeinen Deckungsmitteln.

Ausgabenseite: Zuschussbedarfe

Die durch die allgemeinen Deckungsmittel zu finanzierenden laufenden Ausgaben der kommunalen Haushalte lassen sich anhand der Zuschussbedarfe der Verwaltungshaushalte für die Einzelpläne 0 bis 8 darstellen. Die Zuschussbedarfe geben die Unterdeckung in den einzelnen Aufgabenbereichen an, d.h. die Ausgaben, die nicht durch spezifische Einnahmen wie z.B. Gebühren oder auch zweckgebundene Zuweisungen gedeckt sind und die durch allgemeine Deckungsmittel, d.h. Steuereinnahmen oder allgemeine Zuweisungen finanziert werden müssen.

Abb. 12: Zusammenhang zwischen allgemeinen Deckungsmitteln und Einwohnerstärke

a. Gemeindeebene

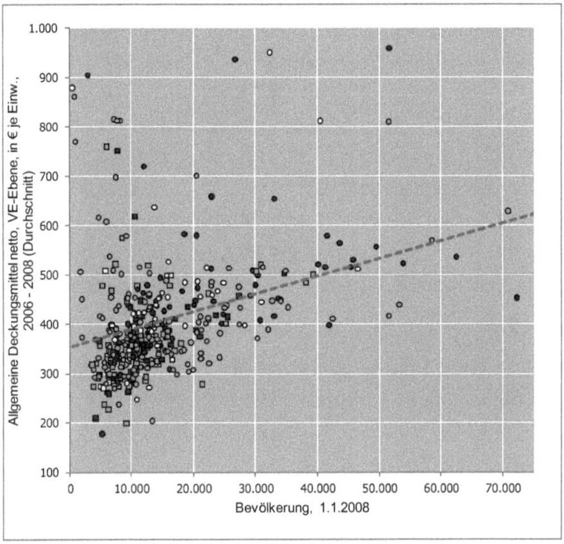

b. Landkreisebene

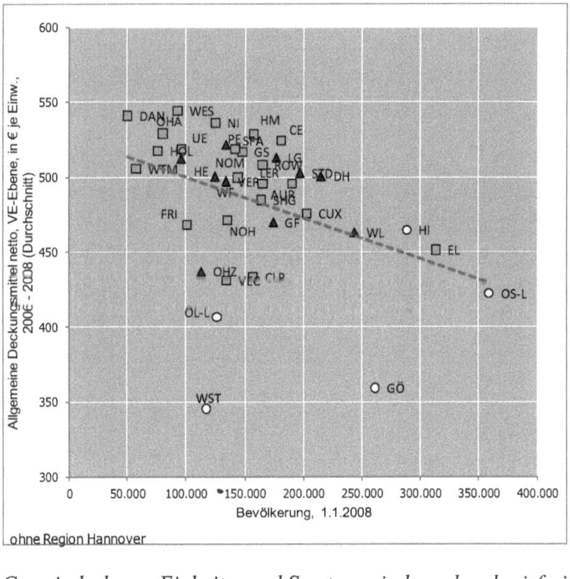

Anmerkung: a. Gemeindeebene: Einheits- und Samtgemeinden, ohne kreisfreie Städte; Kreissignatur: Einheitsgemeinde; Quadrat: Samtgemeinde; b. Landkreisebene: Dreieck: Verdichtungsräume, Kreissignatur: Stadtregionen, Quadrat: Ländliche Räume

Zuschussbedarfe der Gemeinden

Die Zuschussbedarfe der niedersächsischen Gemeindehaushalte lagen im Durchschnitt der Jahre 2006 bis 2008 bei knapp 385 EUR je Einwohner.[30] Bei den Gemeinden sind sie damit von 2000 bis 2008 um etwa 45 % gestiegen. Die Zuschussbedarfe weisen allerdings auf der Ebene der einzelnen Gemeinden extreme Unterschiede zwischen weniger als 150 EUR je Einwohner und fast 650 EUR je Einwohner auf, wobei allerdings Sonderfälle wie z.B. die ostfriesischen Inseln sowie die Landeshauptstadt auszublenden sind. Aber auch auf der Aggregatebene der Landkreise gibt es erhebliche regionale Unterschiede bei den Gemeinden (Abb. 13). In den ländlichen Räumen haben die Gemeinden (86[31]) deutlich geringere Zuschussbedarfe als in den städtischen Räumen (111).[32]

- Sehr gering sind die Zuschussbedarfe im ländlichen Raum in den Gemeinden der Landkreise Schaumburg (78), Nienburg (75), Leer (74), Grafschaft Bentheim (73), Vechta (73), Wittmund (70), Cloppenburg (66) und Rotenburg (64).
- In den großstädtischen Räumen sind die Zuschussbedarfe in den Gemeinden der Landkreise Harburg (80) und Diepholz (80) am niedrigsten.
- Vergleichsweise hohe Zuschussbedarfe verzeichnen demgegenüber in den ländlichen Räumen die Gemeinden der Landkreise Hameln-Pyrmont (101), Goslar (113) und Cuxhaven (120).
- In den großstädtischen Räumen treten vor allem die Gemeinden des Landkreises Göttingen (150) mit der Stadt Göttingen (220) und der Region Hannover (149) mit der Landeshauptstadt Hannover (190)[33] hervor.

Auf der Gemeindeebene ist der Zusammenhang zwischen der Einwohnerstärke und den Zuschussbedarfen je Einwohner leicht positiv, d.h. größere Städte und Gemeinden haben tendenziell auch höhere Zuschussbedarfe (Abb. 14a). Dies ist u.a. darauf zurückzuführen, dass größere Städte und Gemeinden in zunehmendem Maße zentralörtliche Funktionen für benachbarte Gemeinden übernehmen. Letztlich ist das auch die Begründung für die „Einwohnerveredelung" im kommunalen Finanzausgleich. Das Streuungsdiagramm macht aber auch

30 Ohne kreisfreie Städte.

31 Kreisangehörige Gemeinden in Niedersachsen = 100.

32 Ohne kreisfreie Städte, weil hier Kreis- und Gemeindeaufgaben nicht voneinander getrennt werden können.

33 Die großen selbstständigen Gemeinden, zu denen u.a. Städte wie Göttingen, Hildesheim, Celle und Lüneburg zählen, sind wegen einer abweichenden Aufgabenverteilung zwischen Gemeinde- und Landkreisebene nicht voll mit den übrigen Gemeinden zu vergleichen.

deutlich, dass vor allem bei den kleinen Gemeinden (unter 15.000 Einwohnern) die Zuschussbedarfe extrem streuen. Von Extremfällen (wie beispielsweise den Inselgemeinden) abgesehen sind Unterschiede von mehr als 1:2 festzustellen.

Abb. 13: Zuschussbedarfe EP 0-8 der Gemeinde- und Landkreisebene

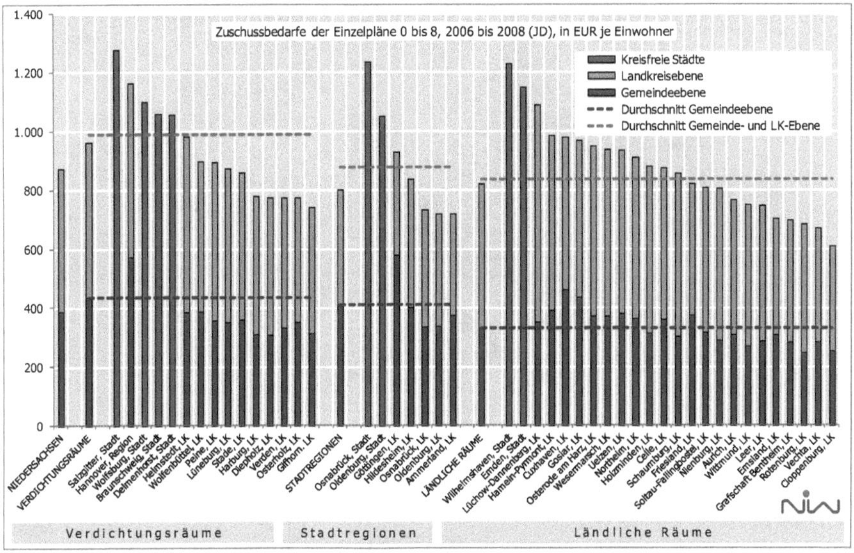

Anmerkung: Zuschussbedarfe der Einzelpläne 0-8 (Verwaltungshaushalt), in EUR je Einwohner, Jahresdurchschnitt 2006 bis 2008; Gemeindeebene: kreisangehörige Gemeinden, ohne kreisfreie Städte; Landkreisebene: Landkreise und Region Hannover; Landkreis- und Gemeindeebene: einschließlich kreisfreie Städte. Quelle: Gemeindefinanzrechnung, LSKN, Regionaldatenbank des NIW, eigene Berechnungen NIW.

Zuschussbedarfe der Landkreise

Die Zuschussbedarfe der Landkreishaushalte lagen im Jahresdurchschnitt 2006 bis 2008 bei 488 EUR je Einwohner. Damit sind sie in den letzten Jahren deutlich angewachsen, von 2000 bis 2008 um insgesamt etwa 39 %. Auch bei den Landkreishaushalten waren die Unterschiede im Jahresdurchschnitt 2006 bis 2008 ausgesprochen groß (Abb. 13).

Abb. 14: *Zusammenhang zwischen Zuschussbedarfen und Einwohnerstärke*

a. Gemeindeebene

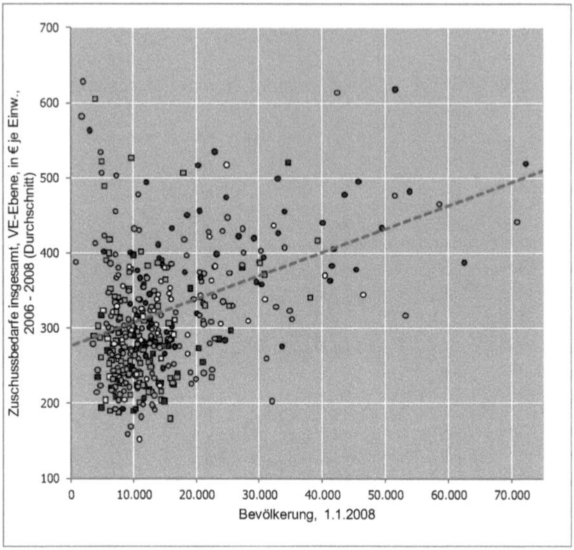

b. Landkreisebene

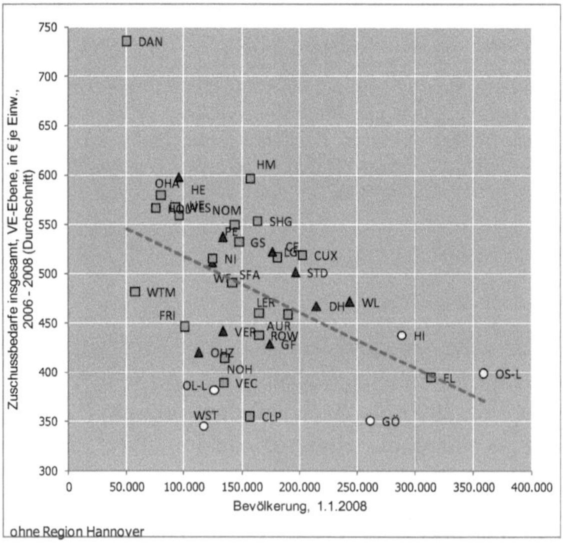

Anmerkung: a. Gemeindeebene: Einheits- und Samtgemeinden, ohne kreisfreie Städte; Kreissignatur: Einheitsgemeinde; Quadrat: Samtgemeinde; b. Landkreisebene: Dreieck: Verdichtungsräume, Kreissignatur: Stadtregionen, Quadrat: Ländliche Räume

- Die geringsten Zuschussbedarfe hatten die Landkreise Cloppenburg (73[34]), Vechta (80), Emsland (81), Grafschaft Bentheim (85) und Rotenburg (90).
- In den ländlichen Räumen waren die Zuschussbedarfe besonders hoch in den Kreishaushalten von Northeim und Schaumburg (beide 113), Uelzen (115), Osterode am Harz (119), Hameln-Pyrmont (122) und vor allem Lüchow-Dannenberg (151).
- In den städtischen Räumen ergaben sich hohe Zuschussbedarfe bei den Landkreisen Peine (110) und Helmstedt (123) sowie bei der Region Hannover (121[35]).

Zwischen der Höhe der Zuschussbedarfe und der Einwohnerstärke der Landkreise gibt es einen negativen Zusammenhang,[36] d.h. große Kreise haben in ihren Haushalten tendenziell geringere Zuschussbedarfe als Kreise mit geringen Einwohnerzahlen (Abb. 14b). Das Streuungsdiagramm zeigt aber auch eine relativ große Streuungsbreite gerade bei den mittelgroßen Landkreisen. Bei den ganz kleinen Kreisen mit weniger als 100.000 Einwohnern wird eine extreme Differenz zwischen dem Landkreis Wittmund mit sehr niedrigen Zuschussbedarfen und dem Landkreis Lüchow-Dannenberg mit extrem hohen Zuschussbedarfen deutlich. Darüber hinaus ist in vielen Fällen die Höhe der Zuschussbedarfe offensichtlich auch von den zur Verfügung stehenden Deckungsmitteln beeinflusst, d.h. die Ausgaben werden von der Höhe der Einnahmen geprägt. Damit kommen die Determinanten der Einnahmeseite wie beispielsweise Wirtschaftsstruktur und wirtschaftliche Dynamik stärker in den Blick.

Zuschussbedarfe der kommunalen Ebenen insgesamt

Die Zuschussbedarfe der kommunalen Ebenen (Stadt- und Landkreise sowie kreisangehörige Gemeinden) lagen im Durchschnitt der Jahre 2006 bis 2008 bei 905 EUR je Einwohner. In den letzten Jahren sind die Zuschussbedarfe dabei kontinuierlich leicht gestiegen, von Jahr 2000 bis zum Jahr 2008 um insgesamt 23 %.

Die regionalen Unterschiede bei den Zuschussbedarfen bleiben auch in der Zusammenschau der beiden kommunalen Ebenen erheblich (Abb. 15).

---

34 Zuschussbedarfe EP 0 bis 8 der Landkreisebene je Einwohner, ohne kreisfreie Städte, jeweiliger Landeswert = 100.

35 Der Haushalt der Region Hannover ist streng genommen nicht mit den übrigen Kreishaushalten vergleichbar, weil sich die „Aufgabenteilung“ zwischen Regions- und Gemeindeebene von den übrigen Kreisen unterscheidet und weil der Haushalt der Landeshauptstadt der Gemeindeebene zugerechnet ist.

36 Ohne Berücksichtigung der Region Hannover.

Abb. 15: Zusammenhang zwischen Zuschussbedarfen der Einzelpläne 0-8 der Gemeinde- und Landkreisebene zusammen 2006 bis 2008 (JD) und der Bevölkerungsentwicklung 2000 bis 2008

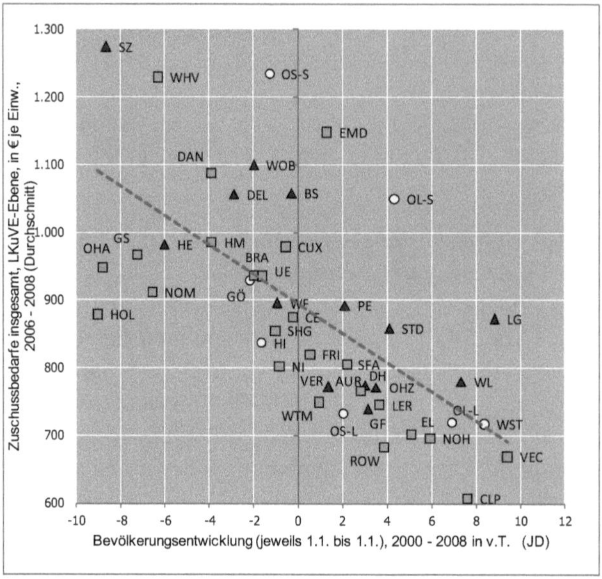

Anmerkung: Dreiecke: Verdichtungsräume; Kreissignatur: Stadtregionen; Quadrat: Ländliche Räume

- In den niedersächsischen Verdichtungsräumen lagen die Zuschussbedarfe der kommunalen Ebenen im Durchschnitt der Jahre 2006 bis 2008 mit 987 EUR je Einwohner (109[37]) um fast ein Zehntel über dem Landesdurchschnitt. Besonders hoch waren die Zuschussbedarfe in der Region Hannover (128). In der Region Braunschweig (108) waren die Zuschussbedarfe demgegenüber sehr viel niedriger. Weit an der Spitze lag hier die Stadt Salzgitter (141), mit deutlichem Abstand folgten Braunschweig (117) und Wolfsburg (121). Unter den Landkreisen gab es ein Gefälle von Helmstedt (109) über Wolfenbüttel (100) und Peine (98) zum Landkreis Gifhorn (82). Vergleichsweise niedrig waren die zur Deckung der Haushalte notwendigen Mittel im südlichen Hamburger Umland (92) sowie im Bremer Umland (90).
- In den niedersächsischen Stadtregionen lagen die Zuschussbedarfe insgesamt (97) leicht unter dem Landesdurchschnitt. Die höchsten Zuschussbedarfe

37 Landkreis und Gemeindeebene, einschließlich kreisfreie Städte, jeweiliger Landeswert = 100.

verzeichnete dabei die Region Göttingen (103). Mit deutlichem Abstand folgten die Regionen Osnabrück (98) sowie Oldenburg (94) und Hildesheim (92).

Abb. 16: *Zusammenhang zwischen Zuschussbedarfen der Einzelpläne 0-8 der Gemeinde- und Landkreisebene zusammen 2006 bis 2008 (JD) und dem Anteil der Hilfebedürftigen 2007*

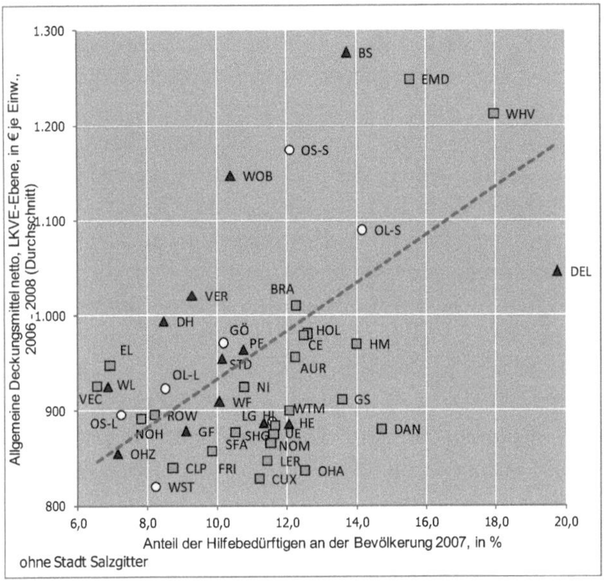

Anmerkung: Dreiecke: Verdichtungsräume; Kreissignatur: Stadtregionen; Quadrat: Ländliche Räume

- In den Kernstädten Osnabrück (136) und Oldenburg (116) waren die Zuschussbedarfe jeweils deutlich höher als in den Kreisen Osnabrück (81), Oldenburg (79) und Ammerland (79).
- In den ländlichen Räumen waren die Zuschussbedarfe der kommunalen Haushalte (92) unterdurchschnittlich, wobei die regionalen Unterschiede beträchtlich waren. Die geringsten Zuschussbedarfe wiesen die ländlichen Räume im westlichen und mittleren Niedersachsen auf, die Landkreise Cloppenburg (67), Vechta (74), Rotenburg (75), Grafschaft Bentheim (77) und Emsland (78). Mit Abstand folgten die Kreise Wittmund (83), Leer (82), Aurich (85) sowie Heidekreis (89) und Nienburg (89). Überdurchschnittliche Zuschussbedarfe hatten in den ländlichen Räumen die Kreise Northeim (101), Uelzen (103), Wesermarsch (104), Osterode am Harz (105), Goslar (107), Cuxhaven (108) und Hameln-Pyrmont (109) sowie als Extremfall in

Niedersachsen der Landkreis Lüchow-Dannenberg (120). Relativ hoch waren auch die Zuschussbedarfe der kreisfreien Städte im ländlichen Raum, Emden (127) und Wilhelmshaven (136).

Bei den Zuschussbedarfen gibt es auch einen deutlichen negativen Zusammenhang zu der Bevölkerungsdynamik (Abb. 15). Regionen mit rückläufigen Einwohnerzahlen haben tendenziell deutlich höhere Zuschussbedarfe (je Einwohner) als solche mit starken Bevölkerungszuwächsen. Ähnliche Zusammenhänge sind auch für die Zuschussbedarfe und die Beschäftigtenentwicklung festzustellen.

Darüber hinaus gibt es einen positiven Zusammenhang zwischen den Zuschussbedarfen und dem Ausmaß der sozialen Probleme in Stadt- und Landkreisen (Abb. 16). Auf der einen Seite stehen die kreisfreien Städte mit weit überdurchschnittlichen Anteilen von Hilfebedürftigen an der Bevölkerung und gleichzeitig hohen Zuschussbedarfen. Aber auch bei den Kreisen gibt es Regionen mit ausgeprägten sozialen Problemen und hohen Zuschussbedarfen, wie etwa die Landkreise Wesermarsch, Holzminden, Celle und Hameln-Pyrmont. Auf der anderen Seite haben die Kreise im westlichen Niedersachsen sowie im Umland der großstädtischen Zentren vergleichsweise niedrige Zuschussbedarfe und geringe Anteile an Hilfebedürftigen. Dies spricht dafür, dass die kommunalen Aufwendungen für soziale Sicherung die Höhe der Zuschussbedarfe in starkem Maße beeinflussen.

Finanzsituation in der Gesamtschau

Deckungsquoten

Von der Konstruktion der Kommunalhaushalte her sind die allgemeinen Deckungsmittel, d.h. die Steuereinnahmen und allgemeinen Zuweisungen (zuzüglich bzw. abzüglich der Umlagen zwischen Gemeinden und Gemeindeverbänden)[38], dafür vorgesehen, die nicht durch zweckgebundene Einnahmen gedeckten Ausgaben, die sog. Zuschussbedarfe der Einzelpläne 0 bis 8, zu decken. Überschüsse der allgemeinen Deckungsmittel sind notwendig, um durch Zuführungen vom Verwaltungs- zum Vermögenshaushalt zur Finanzierung von Investitionsvorhaben beizutragen. Die Relation zwischen den allgemeinen Deckungsmitteln netto und den Zuschussbedarfen im Einzelplan 0 bis 8 des Verwaltungshaushalts wird hier als Deckungsquote (der Zuschussbedarfe im Verwaltungshaushalt) bezeichnet und als zentraler Indikator zur Bewertung der Fi-

38 Die Zinsausgaben werden ebenfalls abgezogen, weil sie als sozusagen unabweisbare Ausgabenposition den Finanzspielraum zur Deckung der Zuschussbedarfe verringern.

nanzsituation der kommunalen Gebietskörperschaften herangezogen. Je mehr die Deckungsquote 100 % überschreitet, umso stärker kann Vorsorge für notwendige Investitionen getroffen werden. Werte unter 100 % bedeuten Einnahmedefizite, die in der Regel nur durch Kassenkredite zwischenfinanziert werden können.

Abb. 17: Allgemeine Deckungsquote netto der Landkreis- und Gemeindeebene

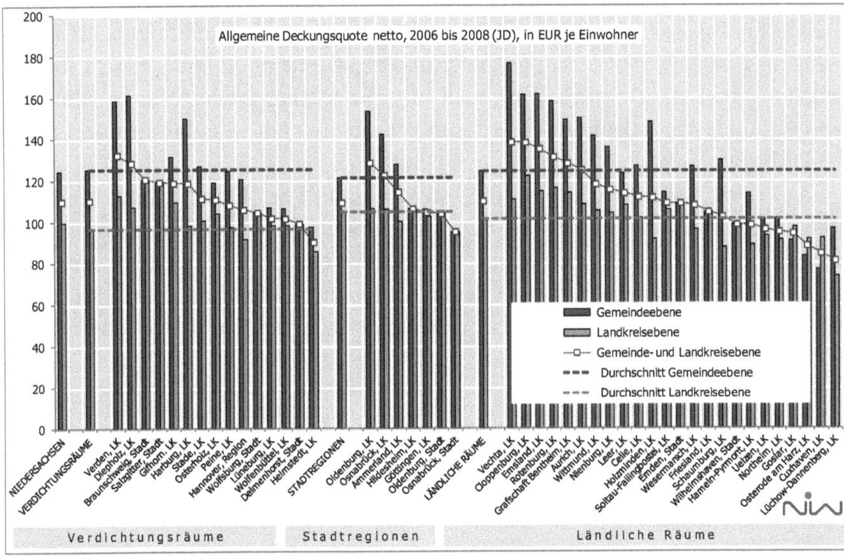

Anmerkung: Allgemeine Deckungsquote netto: Allgemeine Deckungsmittel netto bezogen auf die Zuschussbedarfe der Einzelpläne 0-8 (Verwaltungshaushalt), in %, Jahresdurchschnitt 2006 bis 2008; Gemeindeebene: kreisangehörige Gemeinden, ohne kreisfreie Städte; Landkreisebene: Landkreise und Region Hannover; Landkreis- und Gemeindeebene: einschließlich kreisfreie Städte. Quelle: Gemeindefinanzrechnung, LSKN, Regionaldatenbank des NIW, eigene Berechnungen NIW

Im Durchschnitt der Jahre 2006 bis 2008 lag die allgemeine Deckungsquote der niedersächsischen Gemeinden damit bei 124 %.

- Extrem hohe Deckungsquoten hatten in den letzten Jahren im ländlichen Raum die Gemeinden in den Kreisen Vechta, Cloppenburg, Emsland und Rotenburg, mit Abstand folgten Grafschaft Bentheim, Aurich, Wittmund und Holzminden (Abb. 17).
- In den Verdichtungsräumen hatten sehr hohe Deckungsquoten die Gemeinden der Landkreise Diepholz, Verden sowie Harburg und in den Stadtregionen die Gemeinden der Landkreise Oldenburg und Osnabrück.

- Leichte Deckungsprobleme ergaben sich demgegenüber in den Gemeinden der Landkreise Helmstedt (97 %) und Lüchow-Dannenberg (97 %). Extreme Defizite verzeichnete die Gemeindeebene der Landkreise Osterode (83 %), Goslar (91 %) und Cuxhaven (77 %).

Die Analyse der Deckungsquoten einzelner Städte und Gemeinden zeigt, dass die Deckungsquote auch im mehrjährigen Durchschnitt extrem absinken kann: Alleine zehn Gemeinden in Niedersachsen hatten im Durchschnitt der Jahre 2006 bis 2008 Deckungsquoten von weniger als 60 %. Ein einfacher Zusammenhang zwischen der Deckungsquote und der Gemeindegröße ist nicht festzustellen (Abb. 18a). Deutlich wird auch hier die extrem große Streuung der Deckungsquoten vor allem bei den kleinen Einheits- und Samtgemeinden unter 10.000 Einwohnern.

Auf der Landkreisebene lag die Deckungsquote im Durchschnitt der Jahre 2006 bis 2008 nur bei knapp 100 %. Die Haushaltssituation der Landkreise war demnach ausgesprochen ungünstig. Von den insgesamt 37 Landkreisen (einschließlich der Region Hannover) hatten lediglich 18 oder knapp die Hälfte gedeckte Haushalte (Abb. 17). Dabei schwanken allerdings die Deckungsquoten weniger als auf der Gemeindeebene.

- In den Verdichtungsräumen hatten nur die suburbanen Landkreise Gifhorn (110 %), Diepholz (107 %) und Osterholz (104 %) eine Deckungsquote von mehr als 100 %. Besondere Deckungsprobleme wiesen der Regionshaushalt Hannover (92 %) sowie vor allem der Landkreishaushalt Helmstedt (86 %) auf.
- In den Stadtregionen lagen die Kreishaushalte knapp am Ausgleich oder leicht darüber.
- Bei den Kreishaushalten der niedersächsischen ländlichen Räume war die Bandbreite demgegenüber groß. Hohe Deckungsquoten hatten die Landkreise Cloppenburg (122 %), Rotenburg (116 %), Emsland (114 %), Grafschaft Bentheim (114 %), und Vechta (111 %). Beträchtliche Deckungsdefizite wiesen die Kreishaushalte von Uelzen (93 %), Osterode am Harz (91 %), Holzminden (91 %), Cuxhaven (92 %), Northeim (91 %), Hameln-Pyrmont (89 %), Schaumburg (88 %) auf. Extreme Deckungsprobleme hatte der Kreishaushalt des Landkreises Lüchow-Dannenberg (74 %).[39]

39 Die Deckungsquote des Kreishaushalts war 2006 sogar einmalig unter die 50 %-Marke abgesunken. Die Steigerung auf knapp 92 % im Jahr 2007 war allerdings nur in geringem Maß einem Rückgang der Zuschussbedarfe und zum überwiegenden Teil der Verdoppelung der allgemeinen Zuweisungen (einmalige Landeshilfen) zuzuschreiben. Die massiven, seit vielen Jahren andauernden Finanzprobleme des Kreishaushalts sind damit noch nicht gelöst.

Abb. 18: Zusammenhang zwischen allgemeiner Deckungsquote und Einwohnerstärke

a. Gemeindeebene

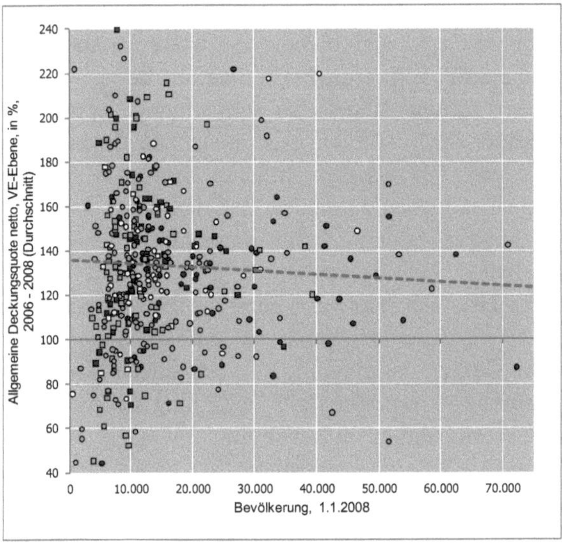

b. Landkreisebene

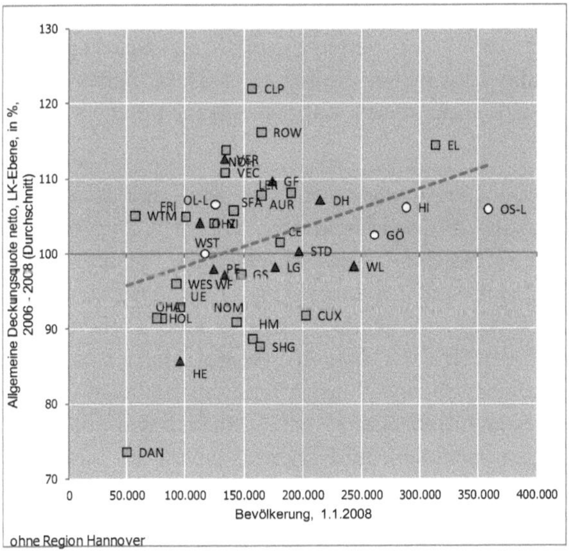

Anmerkung: a. Gemeindeebene: Einheits- und Samtgemeinden, ohne kreisfreie Städte; Kreissignatur: Einheitsgemeinde; Quadrat: Samtgemeinde; b. Landkreisebene: Dreieck: Verdichtungsräume, Kreissignatur: Stadtregionen, Quadrat: Ländliche Räume

Zwischen der Deckungsquote der Kreishaushalte und der Einwohnerstärke der Landkreise gibt es einen leicht positiven Zusammenhang. In den größeren Kreisen ist die Deckungsquote tendenziell höher als in den kleinen Kreisen, die offensichtlich größere Deckungsprobleme aufweisen (Abb. 18b). Allerdings ist auch hier auf die größere Streuung vor allem im Bereich der mittleren Landkreise hinzuweisen. Zumindest bei den sehr kleinen Kreisen (unter 100.000 Einwohner) wird aber doch deutlich, dass ihnen die Deckung ihrer Haushalte offensichtlich schwerer fällt als den größeren Kreisen. Einzig die Landkreise Wittmund und Friesland haben zumindest fast den Ausgleich geschafft. Gegenbeispiel ist der Landkreis Lüchow-Dannenberg mit extremen Deckungsproblemen im Kreishaushalt.

Die allgemeine Deckungsquote der kommunalen Ebenen zusammen lag im Jahr 2008 bei 112 %, nachdem sie bereits 2006 deutlich die 100 %-Marke überschritten hatte. Die Gefahr, dass nicht mehr ausreichend Mittel zur Bildung von Rücklagen für künftige Investitionen zur Verfügung stehen, ist mit den starken Zuwächsen an Steuereinnahmen zunächst einmal wieder gebannt. Die Investitionsdefizite der ersten Hälfte des Jahrzehnts, als starke Einsparungen auf allen Ebenen realisiert wurden, können damit aber noch lange nicht ausgeglichen werden.

In der Zusammenschau der kommunalen Ebenen wird deutlich, dass ihre finanzielle Konstitution innerhalb des Landes – entsprechend den Einnahme- und Ausgabenverhältnissen – sehr unterschiedlich ist. Bei 11 von 47 kreisfreien Städten und Landkreisen liegen die aktuellen Deckungsquoten[40] unter 100 %, darunter bei sieben Landkreisen und einer kreisfreien Stadt des ländlichen Raums (Abb. 17).

- Die höchsten Deckungsquoten weisen in den ländlichen Räumen die kommunalen Haushalte in den Landkreisen Vechta, Cloppenburg, Emsland und Rotenburg auf. Mit leichtem Abstand folgen die Landkreise Grafschaft Bentheim, Aurich, Wittmund, Nienburg und Leer. Deutliche Deckungsdefizite verzeichneten demgegenüber die Haushalte in der kreisfreien Stadt Wilhelmhaven sowie in den Kreisen Hameln-Pyrmont, Uelzen, Northeim und Goslar. Extreme Deckungsprobleme hatten offensichtlich die kommunalen Haushalte in den Landkreisen Osterode am Harz, Cuxhaven und Lüchow-Dannenberg.
- Bei den Stadtregionen sind die Deckungsquoten der Landkreise Oldenburg, Osnabrück und Ammerland deutlich überdurchschnittlich. Die kommunalen Gebietskörperschaften der Landkreise Hildesheim und Göttingen sowie die Stadt Oldenburg liegen knapp über der 100 %-Marke. Die Stadt Osnabrück verzeichnet sogar ein leichtes Deckungsdefizit.

40 Gemeinde- und Kreisebene zusammen betrachtet.

- In den Verdichtungsräumen weisen die Landkreise Verden, Diepholz und Harburg sowie die kreisfreien Städte Braunschweig und Salzgitter ausgesprochen gute Deckungsquoten auf. Die Region Hannover verzeichnet ebenso wie die Stadt Wolfsburg nur einen leicht über der 100 %-Marke liegenden Wert. Deckungsdefizite werden für die Stadt Delmenhorst und den Landkreis Helmstedt deutlich.

Zwischen der Bevölkerungsentwicklung und der Deckungsquote der kommunalen Ebenen besteht ein deutlich positiver Zusammenhang (Abb. 19). Sowohl bei den Gemeinden als auch bei den Landkreisen fällt es den dynamischen Gebietskörperschaften offensichtlich sehr viel leichter, ihre Haushalte auszugleichen. Bei den Landkreisen haben die extrem vom demographischen Wandel betroffenen Regionen durchweg Deckungsprobleme, und die wachstumsstärkeren Regionen weisen überwiegend überdurchschnittliche Deckungsquoten auf. Der Zusammenhang ist auch bei den Gemeinden festzustellen, die Streuung ist hier allerdings sehr viel größer, was darauf hindeutet, dass es weitere Einflussgrößen gibt.

Abb. 19: Zusammenhang zwischen allgemeiner Deckungsquote und Bevölkerungsdynamik

a. Gemeindeebene

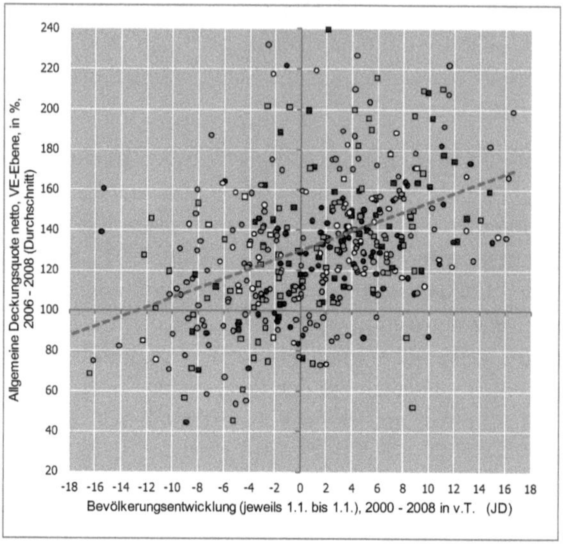

b. Landkreisebene

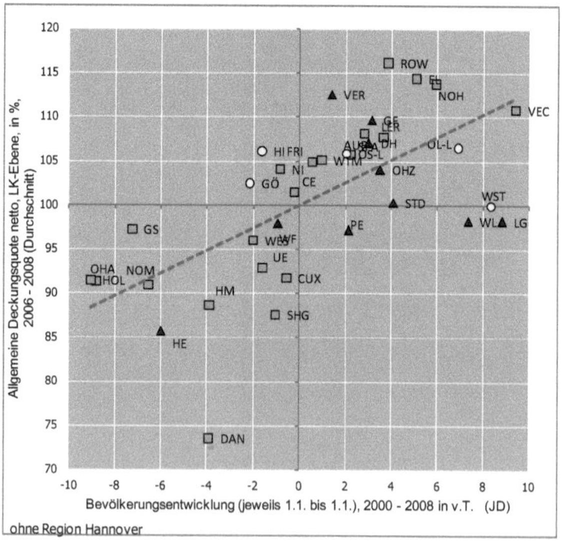

Anmerkung: a. Gemeindeebene: Einheits- und Samtgemeinden, ohne kreisfreie Städte; Kreissignatur: Einheitsgemeinde; Quadrat: Samtgemeinde; b. Landkreisebene: Dreieck: Verdichtungsräume, Kreissignatur: Stadtregionen, Quadrat: Ländliche Räume

Abb. 20: Zusammenhang der allgemeinen Deckungsquote netto der Gemeinde- und Landkreisebene zusammen 2006 bis 2008 (JD) und dem Anteil der Hilfebedürftigen 2007

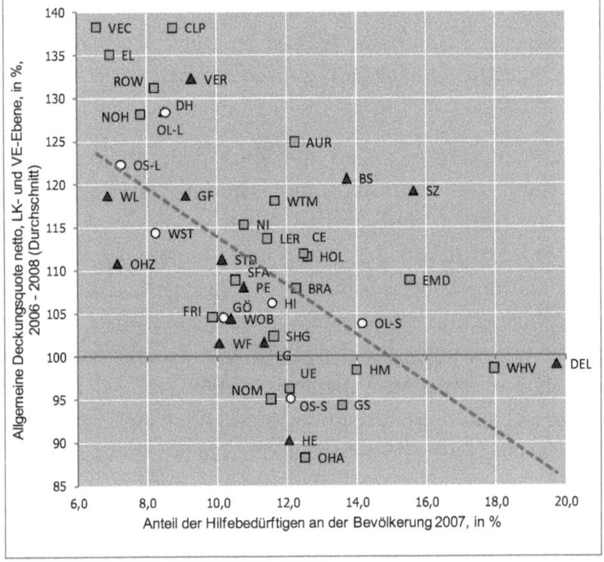

Anmerkung: Verdichtungsräume: Dreieck; Stadtregionen: Kreise; Ländliche Räume: Quadrat

Zwischen der Haushaltsdeckung und den sozialen Probleme der kommunalen Gebietskörperschaften gibt es einen negativen Zusammenhang (Abb. 20). Größere Zahlen von Hilfebedürftigen belasten die kommunalen Haushalte offensichtlich so stark, dass die Deckung ausgesprochen schwer fällt.

Zinsquoten

Der Anteil der Zinszahlungen an den allgemeinen Deckungsmitteln brutto wird hier als Zinsquote bezeichnet. Sie lag in der ersten Hälfte der 90er Jahren in den niedersächsischen kommunalen Haushalten bei knapp über 9 %. Mit der Verschlechterung der Einnahmesituation erhöhten sich die Zinsausgaben Mitte der 90er Jahre kurzfristig deutlich, um dann gegen Ende auf unter 8 % abzusinken. Nach einem vorläufigen Höchststand im Jahr 2003 sanken dann die Zinsbelastungen der kommunalen Haushalte im weiteren Verlauf des letzten Jahrzehnts kontinuierlich bis auf etwa 6 % in den Jahren 2007 und 2008.

Die Zinsquoten der Gemeinden in Niedersachsen hatten im Jahr 2003 mit 11,9 % ihren letzten Höchststand und sind danach bis auf 7,2 % im Jahr 2007 gesunken. In 2008 stiegen sie wieder auf 8,1 % an. Der Durchschnitt der Jahre 2006 bis 2008 betrug entsprechend ebenfalls 8,1 %.

Die Zinsquoten der Gemeinden weisen bereits auf der Aggregatsebene der Landkreise eine extreme Spannbreite zwischen knapp 3 % und fast 20 % auf (Abb. 21).

- In den Verdichtungsräumen sind die Zinsquoten besonders hoch in den Landkreisen Lüneburg, Helmstedt und Osterholz, ausgesprochen niedrig in den Landkreisen Verden, Harburg und Peine.
- In den Stadtregionen haben die Städte und Gemeinden der Landkreise Hildesheim und Göttingen hohe Zinsquoten, geringe Zinsbelastungen sind im Landkreis Oldenburg zu verzeichnen.
- Bei den Städte und Gemeinden des ländlichen Raums sind die Unterschiede extrem groß. Die niedrigsten Zinsquoten haben sie in den Landkreise Emsland, Leer und Schaumburg. Die mit Abstand höchsten Zinsquoten in Niedersachsen weisen die Gemeinden der Landkreise Northeim, Osterode am Harz und Cuxhaven auf.

Die Zinsquote in den niedersächsischen Landkreishaushalten lag im Durchschnitt der Jahre 2006 bis 2008 bei 5,0 % (Abb. 21). Die Spannweite reichte von 1,2 % im Landkreis Oldenburg bis zu 12,1 % im Landkreis Lüchow-Dannenberg.

- Geringe Zinsbelastungen haben in den Verdichtungsräumen die Landkreise Peine, Wolfenbüttel und Gifhorn, in den Stadtregionen die Landkreise Oldenburg, Osnabrück und Ammerland. Vergleichsweise hoch sind sie in den Landkreisen Lüneburg, Stade und Helmstedt in den Verdichtungsräumen sowie in den Landkreisen Hildesheim und Göttingen in den Stadtregionen.
- In den ländlichen Räumen weisen die westniedersächsischen Landkreise Grafschaft Bentheim, Emsland und Leer sowie die Kreishaushalte von Celle und Northeim niedrige Zinsquoten auf. Überdurchschnittlich sind die Zinsbelastungen in den Haushalte der Landkreise Aurich und Heidekreis, Uelzen, Osterode am Harz und Lüchow-Dannenberg.

Abb. 21: Zinsquoten 2006 bis 2008 (Jahresdurchschnitt) der Gemeinde- und Landkreisebene in Niedersachsen

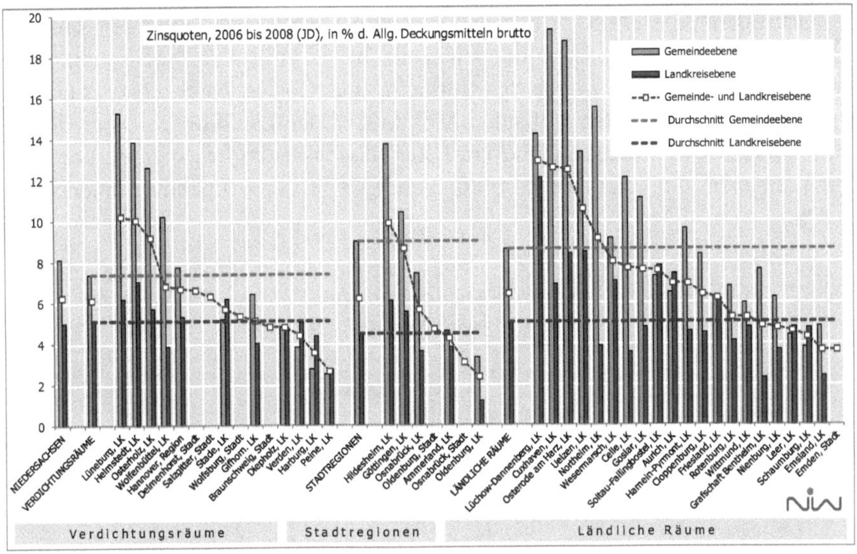

Zinsquote: Anteil der Zinszahlungen an den allgemeinen Deckungsmitteln brutto, in %, Jahresdurchschnitt 2006 bis 2008; Gemeindeebene: kreisangehörige Gemeinden, ohne kreisfreie Städte; Landkreisebene: Landkreise und Region Hannover; Landkreis- und Gemeindeebene: einschließlich kreisfreie Städte. Quelle: Gemeindefinanzrechnung, LSKN, Regionaldatenbank des NIW, eigene Berechnungen NIW

In der Zusammenschau der niedersächsischen Landkreis- und Gemeindeebene lag die Zinsquote im Jahr 2006 bis 2008 bei 6,3 %. Die Spannweite reichte von 2,4 % im Landkreis Oldenburg bis 12,9 % im Landkreis Lüchow-Dannenberg (Abb. 21). Bei den kreisfreien Städten lag sie zwischen 3,6 % in der Stadt Emden bis 6,6 % in der Stadt Delmenhorst. Zinsquoten von 10 % und mehr hatten demnach die kommunalen Gebietskörperschaften des Landkreises Hildesheim in den Stadtregionen des Landes, die Landkreise Helmstedt und Lüneburg in den Verdichtungsräumen sowie die Landkreise Uelzen, Cuxhaven und Lüchow-Dannenberg in den ländlichen Räumen.

Von besonderer Brisanz ist, dass offensichtlich in einigen Gebietskörperschaften in Niedersachsen vergleichsweise hohem Maße Kredite nicht zur Finanzierung von Investitionsprojekten, sondern zur Deckung der laufenden Ausgaben in Form von Kassenkrediten aufgenommen worden sind. Die Höhe der Zinsausgaben für Kassenkredite ist deshalb ein wichtiges Warnsignal für besonders problematische kommunale Finanzstrukturen. Die Zinsquote für Investitionskredite der Gemeinde- und Landkreisebene zusammen liegt im Landesdurchschnitt bei etwas über 4 %, die Zinsquote für Kassenkredite bei knapp 2 % (Abb. 22). Die Zinsquoten für Kassenkredite sind weit überdurchschnittlich in der kreisfreien Stadt Salzgitter sowie in den Landkreisen Göttingen, Hildesheim und Wesermarsch. Etwa doppelt so hoch wie im Landesdurchschnitt sind sie in den Landkreisen Lüneburg, Northeim und Goslar. Noch höher sind die durch Kredite finanzierten laufenden Aufgaben in den Landkreisen Osterode am Harz, Uelzen und Helmstedt. Extrem hohe Kassenkredite belasten die kommunalen Ebenen der Landkreise Cuxhaven (7,8 %) und Lüchow-Dannenberg (8,8 %).

Abb. 22: Zinsquoten für Investitions- und Kassenkredite 2006 bis 2008 (Jahresdurchschnitt) der Gemeinde- und Landkreisebene insgesamt

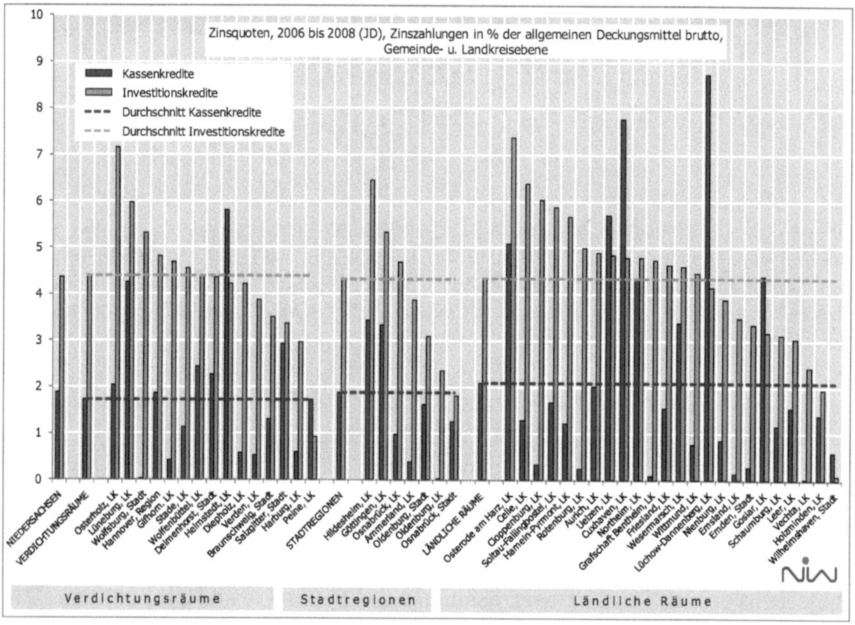

Zinsquote: Anteil der Zinszahlungen für Investitions- bzw. Kassenkredite an den allgemeinen Deckungsmitteln brutto, in %, Jahresdurchschnitt 2006 bis 2008; Gemeindeebene: kreisangehörige Gemeinden, ohne kreisfreie Städte; Landkreisebene: Landkreise und Region Hannover; Landkreis- und Gemeindeebene: einschließlich kreisfreie Städte. Quelle: Gemeindefinanzrechnung, LSKN, Regionaldatenbank des NIW, eigene Berechnungen NIW

4. Zusammenfassung der Ergebnisse und Herausforderungen für die Gestaltung zukunftsorientierter Verwaltungsstrukturen

- Das regionale Gefälle der Steuereinnahmen der Gemeindeebene wird durch unterschiedliche allgemeine Zuweisungen des Landes zu einem Teil ausgeglichen. Allerdings tragen die Gemeinden über die Kreisumlage auch in erheblichem Maße zur Finanzierung der Landkreise bei. Bei den allgemeinen Deckungsmitteln insgesamt bleiben die Einnahmeunterschiede zwischen finanzstarken und -schwachen Gemeinden deutlich erkennbar. Bei einigen strukturschwachen Regionen wird der Handlungsspielraum zusätzlich durch vergleichsweise hohe Zinszahlungen eingeschränkt.
- Auf der Landkreisebene wird ebenfalls die unterschiedliche Höhe der Kreisumlage durch die allgemeinen Zuweisungen des Landes nicht vollständig ausgeglichen, so dass beträchtliche Unterschiede in den Deckungsmitteln je Einwohner bleiben. Auch in den Kreishaushalten reduzieren sich die zur Deckung der Zuschussbedarfe notwendigen Mittel durch Zinszahlungen in unterschiedlichem Maße.
- Bei den Gemeinden ist das Gefälle auf der Ausgabenseite der Verwaltungshaushalte, d.h. in den Zuschussbedarfen der Einzelpläne 0 bis 8, noch ausgeprägter als auf der Einnahmeseite, so dass sich beträchtliche Unterschiede in den Deckungsquoten ergeben.
- Bei den Landkreisen sind die regionalen Unterschiede in den Zuschussbedarfen ebenfalls deutlich, das Gefälle in den Deckungsquoten ist aber nicht ganz so stark wie auf der Gemeindeebene.
- Insgesamt ist damit die finanzielle Konstitution der kommunalen Haushalte sehr unterschiedlich. Bei etwa einem Drittel der Kreise und etwa einem Sechstel der Einheits- und Samtgemeinden erlauben die Einnahme- und Ausgabenverhältnisse derzeit keine Bildung von Rücklagen. Die meisten kommunalen Gebietskörperschaften mit unzureichenden Deckungsquoten haben überdurchschnittliche Ausgaben. Bei niedrigen Einnahmen sind in der Regel die Ausgaben der Situation besser angepasst.
- Auf der Gemeindeebene haben die kleineren Gemeinden niedrigere Zuschussbedarfe als größere Gemeinden und Städte, wobei hier allerdings mit wachsender Größe auch die Zentralität und damit die zentralörtliche Ausstattung zunehmen.
- Von besonderer Bedeutung für die Diskussion von effizienten Verwaltungseinheiten sind die Befunde, dass auf der Kreisebene große („einwohnerstarke") Landkreise tendenziell niedrigere Zuschussbedarfe je Einwohner aufweisen. Ob der Zusammenschluss von Kreisen zu größeren Einheiten allerdings automatisch zur Realisierung von Größenvorteilen und zu niedrigeren

Zuschussbedarfen führen, darf bezweifelt werden. Die Befunde eines engen negativen Zusammenhangs zwischen Bevölkerungsdynamik und Zuschussbedarfen sprechen dafür, dass nur eine Zusammenführung von dynamischen Regionen zielführend ist, während bei einer Zusammenfassung von entwicklungsschwachen Kreisen die hohen Ausgabenniveaus wahrscheinlich kaum abgebaut werden können.

- Wachstumsstarken Kreisen und Gemeinden fällt es offensichtlich deutlich leichter, ihre Haushalte zu decken. Eine besondere Problematik stellt für die kommunalen Haushalte die Bewältigung von sozialen Problemen dar, die in der Regel aus Strukturproblemen und langfristig zurückbleibender wirtschaftlicher Dynamik entstanden sind. Hier ist vor allem die Kreisebene getroffen, weil sie in hohem Maße die Ausgaben zur sozialen Sicherung tragen muss.
- Die finanzwirtschaftlichen Probleme der kommunalen Haushalte drücken sich neben niedrigen Deckungsquoten auch in Zinszahlungen für Kredite aus, die aufgrund unzureichender Deckung früherer Haushalte (in der Vergangenheit) aufgenommen worden sind. Hier treten einzelne Kreise sowie Städte und Gemeinden durch ausgesprochen hohe Zinszahlungen hervor, die ihre derzeitigen und zukünftigen Handlungsspielräume deutlich einengen. Von besonderer Brisanz sind Zinszahlungen die nicht für Investitionen, sondern als Kassenkredite für die Finanzierung konsumtiver Ausgaben aufgenommen worden sind. Hohe Zinszahlungen von kommunalen Gebietskörperschaften für Kassenkredite sind ein ernstes Warnzeichen dafür, dass die Einnahme- und Ausgabenseite beträchtlich auseinanderklaffen.
- Leistungsfähige kommunale Strukturen sind eine Grundvoraussetzung für die Gestaltung von attraktiven Lebens- und Arbeitsbedingungen. Ausreichende kommunale Handlungsspielräume sind darüber hinaus auch eine Voraussetzung für die Mitgestaltung einer zukunftsorientierten regionalen Entwicklungspolitik. Vor diesem Hintergrund bieten die großen regionalen Unterschiede auf der Einnahme- und bzw. auch auf der Ausgabenseite großen Anlass zur Sorge. Durch die engen Zusammenhänge zwischen demographischer und wirtschaftlicher Entwicklung sowie den kommunalen Einnahmen und Ausgaben sind es gerade die entwicklungsschwächeren Gebietskörperschaften, die trotz der ausgleichenden Wirkungen der allgemeinen Zuweisungen offensichtlich über geringere finanzielle und personelle Handlungsspielräume zur Entwicklung und Umsetzung anspruchsvollerer Entwicklungsprojekte verfügen.
- Für die regionale Entwicklungspolitik bedeuten diese Ergebnisse, dass für eine Stärkung der kommunalen Handlungsfähigkeit in den schwachen Regionen vor allem die Verbesserung der Wirtschaftsstruktur und die Schaffung von Arbeitsplätzen von Bedeutung ist. Wirtschaftliche Dynamik stärkt die

Gewerbesteuereinnahmen, und die zusätzlichen Erwerbsmöglichkeiten verbessern die Einnahmen aus der Einkommensteuer, wenngleich ein Teil durch verringerte Zuweisungen kompensiert wird. Die Reduzierung von sozialen Problemen entlastet die Haushalte darüber hinaus auf der Ausgabenseite. Für die Förderung entwicklungsschwacher Regionen hat somit Wirtschaftsförderung oberste Priorität.

- Vor diesem Hintergrund ist es notwendig, in vertiefenden Analysen die Bezüge zu den spezifischen Entwicklungspfaden und -bedingungen der Städte und Gemeinden vor Ort bzw. der Regionen aufzuzeigen. In Zeitreihenanalysen lässt sich die Verschärfung oder Abschwächung von Problemen belegen. Um die Ursachen näher einzukreisen, sind Landkreisebene und Einzelgemeinden getrennt zu betrachten sowie vor allem die Ausgaben nach Aufgabenbereichen (Einzelpläne und Abschnitte) differenziert zu untersuchen.
- Die kommunalen Gebietskörperschaften müssen sich auf diese veränderten Rahmenbedingungen einstellen und die absehbaren Herausforderungen des demographischen und wirtschaftlichen Wandels sowie die möglichen Konsequenzen intensiv mit Politik, Verwaltung und den übrigen Akteuren diskutieren.
- Insgesamt muss vor dem Hintergrund der zukünftigen demographischen und wirtschaftlichen Herausforderungen und der absehbaren Entwicklungen auf der Einnahme- und Ausgabenseite in den kommunalen Gebietskörperschaften eine strategisch orientierte Entwicklungsplanung etabliert werden, die eng mit der Finanzplanung verknüpft ist.
- Die gravierenden und sich teilweise noch verschärfenden Haushaltsprobleme der kommunalen Ebenen in einzelnen Regionen des Landes, die in engem Zusammenhang zu den Besonderheiten ihrer demographischen und wirtschaftlichen Entwicklung stehen, müssen umgehend abgebaut werden, um die Handlungsfähigkeit langfristig wieder herzustellen. Nicht nur in den einwohnerschwachen und flächenmäßig sehr ausgedehnten Gemeinden und Kreisen verstärkt sich vor dem Hintergrund des absehbaren demographischen Wandels sowie der tendenziell steigenden Anforderungen von Bürgern und Unternehmen an Verwaltungsdienstleistungen und Infrastruktur die Diskussion um eine effizientere Ausgestaltung der räumlichen Organisation der öffentlichen Verwaltung. Dabei ist zwischen der Gemeindeebene und der Kreisebene zu unterscheiden.
- Bei der Anpassung der kommunalen Leistungsfähigkeit an die veränderten Rahmenbedingungen und die steigenden Anforderungen ist in erster Linie an eine Intensivierung der aufgabenspezifischen Kooperationen zwischen den Gemeinden zu denken (Hesse, Götz 2006). Verbunden mit einer Aufteilung von Aufgaben unter den Partnern ermöglichen Kooperationen die Realisie-

rung von Spezialisierungs- und Größenvorteilen. Diese Möglichkeiten der informellen und formalen Zusammenarbeit zwischen Gebietskörperschaften sind noch bei Weitem nicht ausgeschöpft.

- Aber auch Zusammenschlüsse der Mitgliedsgemeinden von Samtgemeinden zu Einheitsgemeinden sowie Zusammenschlüsse von benachbarten Einheits- und Samtgemeinden im Rahmen einer Gebietsreform werden in Niedersachsen von entwicklungs- und finanzschwachen Gemeinden zunehmend diskutiert. Die erwarteten „Einsparungen" durch Größenvorteile sind meist geringer als die zusätzlichen Einnahmen durch die „Einwohnerveredelung" im Finanzausgleich. Insgesamt bleiben die Möglichkeiten der Ausdehnung von Gemeindegebieten in dünn besiedelten ländlichen Gebieten wegen der gebotenen „Ortsnähe" von Politik und Verwaltung aber begrenzt.
- Auf der Landkreisebene lassen sich Kreisgrenzen übergreifende Kooperationsbeziehungen bei klassischen Aufgabenfeldern sowie bei den strategischen Fragen der Regionalentwicklung und Wirtschaftsförderung noch weiter ausbauen. Aber auch hier geraten vor allem kleine Kreise allein wegen ihrer Größe und der Spezialisierungsmöglichkeiten ihrer Fachverwaltungen an die Grenzen ihrer Leistungsfähigkeit. Die Diskussion um die Vor- und Nachteile von Zusammenschlüssen wird deshalb in einigen Landesteilen ebenfalls geführt. Den offensichtlich bestehenden Größen- bzw. Spezialisierungsvorteilen größerer Kreise stehen auch hier mögliche Nachteile fehlender „Ortsnähe" in der Ausgestaltung und Erbringung von Dienstleistungen gegenüber.
- Der Zukunftsvertrag zwischen dem Land Niedersachsen und den kommunalen Spitzenverbänden ist sicherlich ein erster wichtiger Schritt in die richtige Richtung. Freiwilligkeit, gepaart mit finanziellen Anreizen, führt aber eher zu einem „Flickenteppich" und nicht notwendigerweise zu systematischen, langfristig tragfähigen Lösungen. Tatsächlich sind sehr unterschiedliche Aspekte zu berücksichtigen und abzuwägen. Die Entscheidungen dürften sich nicht nur auf Organisationsuntersuchungen und in diesen abgeschätzte „Fusionsrenditen" konzentrieren. Vor dem Hintergrund der Strukturunterschiede und der relativ stabilen Entwicklungspfade von Regionen sind auch demographische, regionalwirtschaftliche und fiskalische Analysen sowie verwaltungswissenschaftliche und politökonomische Betrachtungen notwendig (Jung 2003; Bogumil, Ebinger, Grohs 2008). Letztlich geht es darum, in enger Verknüpfung mit regionalpolitischen Zielen langfristig effiziente und leistungsfähige Verwaltungsstrukturen zu schaffen, in denen Erreichbarkeit und Leistungsfähigkeit öffentlicher Infrastrukturen bzw. Leistungen in einem ausgewogenen Verhältnis stehen.
- Niedersachsen braucht vor dem Hintergrund der demographischen und wirtschaftlichen Herausforderungen eine intensive wissenschaftliche Diskussion

unterschiedlicher Fachdisziplinen zu Zielen und Leitbildern einer zukunftsorientierten „kommunalen Landschaft“, zu den Ursachen der bisherigen Schieflagen, zur Nachhaltigkeit von Modellen sowie zu den notwendigen Entscheidungs- und Umsetzungsschritten bis hin zur Akzeptanz der Bürger. Jüngste Beispiele haben nämlich deutlich gezeigt, dass die Akzeptanz der Bürger eine zentrale Voraussetzung für Veränderungen des Gebietszuschnitts und die Neuordnung kommunaler Leistungen bleibt. Vor diesem Hintergrund bedarf es einer offenen und intensiven Information und Kommunikation.

Literatur

Bade, F.-J. (1987): Regionale Beschäftigungsentwicklung und produktionsorientierte Dienstleistungen. Berlin

Bogumil, J.; Ebinger, F.; Grohs, S. (2008): Modernisierung der Verwaltungsstrukturen im Großraum Braunschweig. Gutachten im Auftrag der Industrie- und Handelskammer Braunschweig. Bochum.

Hesse, J.J.; Götz, A. (2006): Förderung der Interkommunalen Zusammenarbeit in Niedersachsen. Untersuchung im Auftrag des Niedersächsischen Ministeriums für Inneres und Sport. Berlin und Hannover.

Jung, H.-U. (2003): Die kommunale Finanzsituation in den Landkreisen Lüchow-Dannenberg, Uelzen und Lüneburg vor dem Hintergrund ihrer demographischen und wirtschaftlichen Strukturen und Entwicklungsperspektiven. Niedersächsisches Institut für Wirtschaftsforschung im Auftrag des Niedersächsischen Ministeriums für Inneres und Sport. Hannover.

Jung, H.-U. (2010): Regionalmonitoring Niedersachsen. Regionalreport 2009. Positionierung und Entwicklungstrends ländlicher und städtischer Räume. Niedersächsisches Institut für Wirtschaftsforschung im Auftrag des Niedersächsischen Ministeriums für Ernährung, Landwirtschaft, Verbraucherschutz und Landesentwicklung. Hannover.

NIW; NORD/LB (2005): Regionaler Entwicklungsbericht 2005. Wirtschaftsstandort Region Hannover. Auf dem Weg zur europäischen Metropolregion. Hannover.

Horst Zimmermann

Gemeindefinanzreform – Ansätze zur Milderung der kommunalen Finanznot oder „muddling through"?

1. Eher „muddling through" als neues System

Den Themenvorschlag für diesen Beitrag habe ich gern angenommen. Unter „muddling through" versteht man sozusagen wissenschaftlich-umgangssprachlich das, was in der Theorie der Wirtschaftspolitik mit Inkrementalismus bezeichnet worden ist. Die Diskussion wurde vor bald 60 Jahren durch das Buch von Dahl und Lindblom von 1953 angestoßen (Dahl, Lindblom 1953). Es enthielt ein Bekenntnis gegen das, was man als holistische Lösungen bezeichnete, und für ein Vorgehen mit schrittweisen Lösungen, eben den Inkrementalismus.[1]

Welche Bedeutung hat diese Unterscheidung für das Thema? Meines Erachtens ist keine große kommunale Finanzreform erforderlich, wie sie mit der Schaffung des Grundgesetzes 1949 und mit der großen Reform 1969 erfolgten. Die kommunale Finanzverfassung halte ich für im Großen und Ganzen akzeptabel. Das ist meines Erachtens auch der Tenor des Positionspapiers aus der Akademie für Raumforschung und Landesplanung und des Papiers des Niedersächsischen Städtebundes (ARL, DASL 2010; Niedersächsische Städtetag 2011). Zur Sprachregelung sei angemerkt, dass im Folgenden unter dem Begriff der Kommune sowohl die Landkreise als auch die kreisfreien Städte und kreisangehörigen Gemeinden verstanden werden. Dabei wird man bei den Aufgaben zwischen diesen verschiedenen kommunalen Trägern unterscheiden müssen, wäh-

1 Der Begriff in der Überschrift dieses Beitrags entstammt dem Aufsatz des heute noch mit der Yale University verbundenen Charles E. Lindblom: The science of „muddling through" (Lindblom 1959).

rend die Steuerreform - zum großen Bedauern des Deutschen Landkreistages - nur die Gemeindeebene betrifft.

Für ein schrittweises Reformvorgehen gibt es zwei Baustellen mit spürbarem Änderungsbedarf:

1. Zwar „sitzt“ die Aufgaben- und Einnahmenverteilung im internationalen Vergleich nicht schlecht. Das kann ich insbesondere mit einem Blick auf die Verhältnisse etwa in Russland oder der Ukraine beurteilen. Aber in Deutschland ist hier zum einen das Gewicht der Sozialausgaben ein Problem und zum anderen der Einfluss der Standards.
2. Auch die Steuerverteilung ist nach der Reform von 1969 einigermaßen zufriedenstellend. Aber es gibt doch einige Stellen mit Änderungsbedarf.

Nach diesem Überblick möchte ich jetzt ins Detail gehen.

2. Probleme bei Aufgaben und Ausgaben: Sozialausgaben und Standards

"Die Sozialausgaben fressen uns auf"

Man spricht keine neue These aus, wenn man diese scharfe Formulierung wählt: „Die Sozialausgaben fressen uns auf.“ Dies ist keineswegs vorwiegend mit Blick auf die kommunale Ebene gemeint. Für mich war seit langem schwer einzusehen, warum Deutschland über die Jahrzehnte reicher wurde und zugleich mehr Anspruchsberechtigte beobachtet wurden und insgesamt ein immer höherer Anteil der Sozialausgaben am Sozialprodukt (einschließlich der Sozialversicherungen) entstanden ist.

Aber jetzt ist die Krise des Wohlfahrtsstaates, nicht nur in Deutschland, offensichtlich. Sie entstand durch die immer größeren Erfordernisse, die Sozialausgaben zu finanzieren (Niedersächsische Städtetag 2011). Dabei ist die kommunale Ebene, hier unter besonderer Betonung der Kreisebene, besonders schlecht positioniert. Auf der Kreisebene sind besonders viele Gesetzesvorgaben ohne ausreichende Finanzierung zu vollziehen, und im Gegensatz zu den Gemeinden, die die etwas günstigere Formulierung im Art. 28 (2) GG haben, ist die Möglichkeit der Landkreise, sich dagegen zu wehren, besonders schlecht.

Die Kommission zur Reform der Gemeindefinanzen hat zwar kürzlich Vorschläge gemacht, wie die Kommunen mit bestimmten Bundesanteilen besser gestellt werden können (BMF 2011), und man kann durchaus argumentieren, dass in diesem Falle vielleicht der Bund unmittelbar einspringen sollte. Als allgemeine Marschrichtung aber ist die zusätzliche Bundesfinanzierung ein Fehler.

Im Extremfall würde sogar eine neue Bundesbehörde mit Zahlungen an Kommunen eingerichtet, obwohl dies wahrscheinlich früheren Urteilen des Bundesverfassungsgerichts widersprechen würde. Viel wichtiger wäre eine saubere Aufgabenzuordnung, bei der zwar die Erfüllung weiterhin auf der kommunalen Ebene liegt. Diese Erfüllung kann dann (wie bisher) bürgernah erfolgen, und vor allem würden Anreize gesetzt bzw. beibehalten, übermäßige Ansprüche einzudämmen, denn das bedeutet weniger Ausgaben bei gleichen Steuereinnahmen. Aber parallel dazu müssen ausreichend Finanzmittel, insbesondere eigene Steuern, zur Verfügung gestellt werden (siehe unten).

Standards: Oft überzogen?

Die Schwierigkeit, Standards für kommunale Leistungen zu reduzieren, wurde mir bewusst, als ich den hessischen Finanzminister Weimar sagen hörte: „Wenn in Hessen einige wenige Gemeinden in einem Leistungsbereich stark hinterherhinken und dies in der Presse dargelegt wird, trifft das den Ruf des ganzen Landes, und verantwortlich bin ich bzw. ist der Fachminister". – Andererseits kann man natürlich mit diesem Argument sämtliche kommunalen Leistungen mit Hilfe von Standards landesweit – und oft bundesweit – in jeder Einzelheit vereinheitlichen. Das wäre das Ende der kommunalen Selbstverwaltung.

Mit Blick auf diese beiden Positionen wird deutlich, dass eine übergreifende Reform quer über alle existierenden Standards kaum denkbar ist. Vielmehr muss man von Fall zu Fall argumentieren. Dabei ist logischerweise immer zuerst zu Gunsten der Gemeinde zu argumentieren, denn einen landesweit einheitlichen Standard kann man sich immer vorstellen. Immerhin sind Zeiten der Finanzknappheit hierfür eine größere Chance, denn weil die meisten Standards mit erhöhten Kosten für die Kommunen verbunden sind, ist ihre Absenkung eine „Stärkung der kommunalen Finanzmasse ohne zusätzliche Finanzen".

Sowohl zu den überbordenden Sozialausgaben als auch zu den Standards für kommunale Leistungen hat die erwähnte neue Kommission zur Reform der Gemeindefinanzen Vorschläge erarbeitet. Hingegen musste sie zur Frage der Gemeindesteuern erklären, dass keine Einigung zu erzielen war, so dass eine durchgreifende Reform in der nächsten Zeit nicht zu erwarten ist (BMF 2011: 48). Daher bleiben die Steuern das Hauptthema für eine Reform.

3. Steuern als Hauptthema

Der Einkommensteueranteil als der leichtere Fall

Der 1969 eingeführte Einkommensteueranteil hat sich als eine im Prinzip richtige Lösung erwiesen. Es handelt sich um eine Steuer mit breiter Bemessungsgrundlage und mit geringeren Pro-Kopf-Unterschieden zwischen den Gemeinden und im Zeitablauf als die Gewerbesteuer. Auch ist er im Zeitablauf langsam gewachsen, was man von einer guten Gemeindesteuer erhofft. Ein Nachteil ist sicherlich, dass durch die zunehmende Entlastung in den unteren Einkommensgruppen dort der Bezug zum Bürger und das Interesse der Kämmerer an diesen Bürgern geschwächt wurden.

Vor allem aber ist das Hebesatzrecht der Gemeinde nicht eingeführt worden, obwohl es bereits mit der Grundgesetzänderung 1969 vorgesehen wurde und mit einfacher Mehrheit durch den Bund eingeführt werden könnte. Das Fehlen dieses Hebesatzrechts wird besonders schmerzlich bewusst, wenn auf die zunehmenden Ansätze direkter Demokratie im Gemeindebereich geblickt wird. Eine Volksbefragung oder ein Volksentscheid sind nur sinnvoll, wenn zugleich „die Rechnung beigefügt werden kann". Sonst handelt es sich um einen Wunschzettel, wie ihn Kinder zu Weihnachten in beliebiger Länge formulieren, solange keine „Budgetbeschränkung" oder Mitfinanzierung durch das Taschengeld vorgesehen sind. Um es mit der früheren Stadtbaurätin Christiane Thalgott zu formulieren: „Der empfindlichste Körperteil des Menschen ist sein Portemonnaie." Immerhin ist mit Lars Feld ein Mitglied in den Sachverständigenrat zur Begutachtung der gesamtwirtschaftlichen Entwicklung berufen worden, das viel über die Sinnhaftigkeit kommunaler Volksbefragungen und Volksentscheide geschrieben hat und vielleicht in diese Richtung wirken kann (FAZ 2011).

Allerdings wird man sich dann immer wieder die Frage stellen müssen, wer ein solches Hebesatzrecht eigentlich wirklich eingeführt sehen will. Der Oberbürgermeister oder Kämmerer fordert so etwas allenfalls in den Sonntagsreden. Aber montags und nach dem dritten Bier wird er, wenn er katholisch ist, sich beim Gedanken an ein solches Hebesatzrecht bekreuzigen. Dann müsste man sich ja mit jeder größeren neuen Aufgabe vor dem Bürger rechtfertigen, weil dieser sich durch den erhöhten Hebesatz getroffen fühlt, der mit dieser Zusatzaufgabe verbunden ist.

Die Gewerbesteuer - der schwierigste Fall

Unbestritten ist die Gewerbesteuer aus finanzwissenschaftlicher Sicht derzeit keine ideale Gemeindesteuer. Sie unterliegt als reine Gewinnsteuer großen

Schwankungen, die die gemeindliche Finanzplanung stark behindern. Dass sie erhebliche Aufkommensunterschiede zwischen Gemeinden aufweist, ist demgegenüber nicht so wichtig, denn die Höhe der Gewerbesteuer signalisiert wirtschaftlichen Erfolg, und eine Gemeinde ist damit angehalten, ihren Unternehmen diesen Erfolg möglich zu machen. Aus dieser Sicht ist auch ungünstig, dass sie sehr große Freibeträge hat, denn damit werden die weitaus meisten Gewerbebetriebe aus ihrer Verbindung mit der Gemeinde gelöst. Außerdem hat sie heute eine schräge Verbindung zur Einkommensteuer, was den direkten Zusammenhang zwischen Gemeinde und Gewerbebetrieb seltsam gestaltet.

Nun gibt es darüber hinaus seit Jahrzehnten Angriffe der Wirtschaft und ihrer Verbände gegen die Gewerbesteuer. Ein Argument ist leicht nachvollziehbar: Die Gewerbesteuer unterliegt nicht dem Grenzausgleich so wie die Umsatzsteuer und die speziellen Verbrauchsteuern. Damit verbleibt sie wie die Einkommensteuer auf Personengesellschaften und die Körperschaftsteuer als Belastung auf den Produkten, die exportiert werden sollen. Das gilt nicht nur gegenüber Drittländern, sondern wegen der provisorischen Regelung innerhalb der EU auch dort. Daher ist verständlich, wenn die Wirtschaftsverbände einen zumindest teilweisen Ersatz der Gewerbesteuer u. a. durch einen höheren Umsatzsteueranteil für die Gemeinden ersetzt sehen möchten (siehe dazu aber unten).

Beim Vortrag im Februar 2011 hatte ich prognostiziert, dass es bei der Gewerbesteuer keine nennenswerte Änderung geben würde, und diese Prognose hat sich mit Blick auf die Ergebnisse der Kommission bestätigt. Ich kann nicht „leider bestätigt" beschreiben, denn dazu müsste man wissen, welche Reformoption letztlich gewählt worden wäre. Der Ersatz durch einen Anteil an Einkommensteuer und Körperschaftsteuer mit Hebesatzrecht hätte, was man aus früheren Untersuchungen längst wusste, zu einer deutlichen Umverteilung des Steueraufkommens insbesondere von der Kernstadt hin zum Umland geführt, und das konnte der Deutsche Städtetag aus verständlichen Gründen nicht akzeptieren, weil die Kernstädte oft ohnehin im Vergleich mit ihren Ausgabenerfordernissen weniger finanzstark sind als ihre Umlandgemeinden.

Was wünscht sich nun der Finanzwissenschaftler? Als erstes würde ich mir wünschen, dass endlich akzeptiert wird, dass es im deutschen Steuersystem irgendwo auch einen Anteil an gewinnunabhängigen Unternehmenssteuern geben darf. Deutschland liegt mit 1,7 % gewinnunabhängiger Steuern sehr weit unter dem Durchschnitt der 27 EU-Länder mit 9,3 % (Spengel et al. 2011). Was immer in Deutschland als erträglicher Anteil gewinnunabhängiger Steuern angesehen wird, sollte in Gewerbesteuer und betriebliche Grundsteuer gepackt werden. Auf der Gemeindeebene ist Gewinnunabhängigkeit ein Positivum.

Zu beachten ist nicht zuletzt, dass viele der ernsthaft diskutierten Reformoptionen wie die Wertschöpfungsteuer oder die vom Deutschen Städtetag lange favorisierte Revitalisierung der Gewerbesteuer einen hohen Anteil an Lohnsumme und damit an gewinnunabhängiger Bemessungsgrundlage enthielten.

Der Umsatzsteueranteil: Nur eine Zuweisung

Spätestens mit dieser Überschrift schaffe ich mir Ärger. In der Aufstellung zu den Gemeindeeinnahmen in meinen „Kommunalfinanzen" habe ich dem Umsatzsteueranteil eine eigene Kategorie gewidmet: „Zuweisungen" aus der Umsatzsteuer (Zimmermann 2009: 118ff.). Was der einzelnen Gemeinde aus dem Titel Umsatzsteueranteil an Einnahmen zufließt, hängt in keiner Weise mit dem regionalen Ausschnitt der Bemessungsgrundlage der Umsatzsteuer zusammen. Dies aber würde man als Basis für eine Gemeindesteuer ansehen, die in nachvollziehbarer Weise „aus eigenen Quellen fließt". Was der Gemeinde zufließt, ist eine Zuweisung nach Wirtschaftsmerkmalen, und diese sind weitgehend einer politischen Entscheidung auf Bundesebene zugänglich.

Nun ist die Frage, woher die Attraktivität dieses Umsatzsteueranteils auch in der kommunalen Familie rührt. Vor vielen Jahren sagte ein Vertreter des Deutschen Städtetages, als ich mit Studenten in Köln dorthin eine Exkursion veranstaltete: „Wir wollen sichere Einnahmen!" Das war seine Antwort auf die Frage der Studenten, warum es kein Hebesatzrecht bei der Einkommensteuer gebe. Aus dieser Sicht ist der Umsatzsteueranteil ideal. Er ist politisch sicherer als eigentliche Zuweisungen, denn er ist grundgesetzlich im Prinzip festgeschrieben und ohnehin, im Gegensatz zum kommunalen Finanzausgleich (siehe unten), der laufenden Landespolitik entzogen. Zugleich fließen die Mittel der Gemeinde zu, ohne dass sie sich damit vor den Unternehmen rechtfertigen müsste. Allerdings muss man biblisch gesprochen sagen: „Mit zunehmendem Umsatzsteueranteil wurde die kommunale Finanzautonomie schrittweise für das Linsengericht der sicheren Einnahmen geopfert". Und das sollte sich ein Kommunalvertreter, wenn er an seine Kinder und Enkel denkt, gut überlegen.

Die Grundsteuer: Vielleicht eine Hoffnung[2]

Für den Finanzwissenschaftler ist die Grundsteuer die geborene Gemeindesteuer (Zimmermann 2011). Sie liegt auf gemeindeinternen Bemessungsgrundlagen, die wenig Gestaltungsmöglichkeiten zur Steuerminderung bieten, und sie ist

2 Zahlreiche Aussagen in diesem Teil decken sich mit der Stellungnahme „Reform der Grundsteuer" des Wissenschaftlichen Beirats beim Bundesministerium der Finanzen (2011). Der Autor ist Mitglied dieses Beirats und trägt die Aussagen dieser Stellungnahme voll mit.

schwierig nach außerhalb zu überwälzen. Nach der Theorie trägt sie der Eigentümer des Bodens, während für die auf die Gebäude entfallende Steuer unterschiedliche Überwälzungspfade je nach der Situation zu erwarten sind. Außerdem variiert sie zwischen Gemeinden nicht ungewöhnlich stark, und über die Zeit variiert sie jedenfalls bei der deutschen Konstruktion nur sehr wenig.

Zugleich ist aber offensichtlich, dass die deutsche Grundsteuer in ihrer jetzigen Form hoffnungslos veraltet ist. Das liegt an der Bemessungsgrundlage, die auf den Wertrelationen von 1964 beruht und in Ostdeutschland sogar weitgehend auf denen von 1936. Damit ist sie immer in der Nähe der Verfassungswidrigkeit, und spätestens mit dem Votum des Bundesfinanzhofs vom August 2010 ist sie ernsthaft bedroht (Bundesfinanzhof 2010).

Doch zugleich gibt es Hoffnung. Die Finanzministerkonferenz der Länder hat unter den zahlreichen Vorschlägen drei Modelle ausgewählt, die bis zum Ende des Jahres 2011 in Modellversuchen getestet werden sollen. Unter ihnen hat das Modell der reinen Flächensteuer, also ohne eine Wertkomponente, hoffentlich keine Chance, denn die Unterschiede in der Besteuerung wären extrem: „Wer in einer Villa in guter Lage wohnt, würde damit nicht mehr zahlen als der Besitzer einer gleich großen Bruchbude neben der Müllkippe“ (Kistenfeger 2010). Ein zweites Modell, das Bremer Modell, würde wahrscheinlich zwar die Wertkomponente in besonders guter Form beinhalten, aber es fragt sich, ob es in allen regionalen Ausschnitten Deutschlands handhabbar ist. Vielleicht ist das Kompromissmodell (Thüringer Modell) am besten geeignet. Es besteuert den Grund und Boden nach den Bodenrichtwerten, die inzwischen einen recht guten Reifegrad erreicht haben. Für den komplizierten Vorgang der Gebäudebewertung wird auf einfache standardisierte Werte ohne Einzelbewertung abgestellt.

Es wird zu Beginn des Jahres 2012 davon abhängen, ob sich die Finanzministerkonferenz der Länder auf einen Vorschlag einigt. Dann würde das Bundesfinanzministerium eine entsprechende Gesetzesvorlage erarbeiten, und es ist zu vermuten, dass diese dann die Gremien ohne Schwierigkeit passiert, weil eben alle Länder bereits zugestimmt haben und der Bund selbst hieran inhaltlich nicht stark interessiert ist, denn die Einnahmen fließen voll der Gemeindeebene zu. Damit wäre eine bessere Grundsteuer geschaffen, und man kann dann darüber hinwegsehen, dass die Reform wieder einmal auf Druck der obersten Gerichte in Gang gekommen ist und nicht durch Einsicht der betroffenen Ebenen.

Die Zuweisungen als unverzichtbare Einnahmeart

Auf einer Skala der kommunalen Einnahmenautonomie rangieren Zuweisungen ganz unten (Zimmermann 2009: 112ff.). Sie sind als unterstützende Einnahmeart unverzichtbar, wenn in einem Land wie Deutschland der Gedanke der einigermaßen gleichmäßigen Versorgung der Bevölkerung in allen Landesteilen stark ist und die Steuereinnahmen auch nach einer Reform der Gewerbesteuer immer erhebliche Unterschiede im Pro-Kopf-Aufkommen zwischen den verschiedenen Regionen aufweisen werden. Daher haben alle fortgeschrittenen Länder mit mehreren Ebenen irgendein System des kommunalen Finanzausgleichs etabliert. In Deutschland gestaltet ihn das jeweilige Bundesland.

Der geringe Autonomiegrad dieser Einnahmen bezieht sich auf den immer vorhandenen Landeseinfluss, denn dort wird über den Schlüssel und ebenfalls über die Verteilung von Zweckzuweisungen entschieden. Dass Zuweisungen nicht im oben genannten Sinne „sichere Einnahmen“ bedeuten, zeigte sich beispielsweise in Hessen, wo 2011 aus der Finanzmasse für den kommunalen Finanzausgleich € 360 Mio. abgezogen wurden. Diese Abhängigkeit von der Landesentscheidung bedeutet zugleich, dass von Seiten der Gemeinde zur Erhöhung der Einnahmen lediglich Lobby-Arbeit bei der Landesregierung betrieben werden kann. Bei einer eigenen Steuer mit Hebesatzrecht hingegen kann die Gemeinde selbst bestimmen, wie hoch die Einnahmen sein sollen. Zufließende Zuweisungen dagegen bedeuten, wie am Beispiel des Umsatzsteueranteils aufgezeigt, für die Gemeindevertreter und den Bürgermeister, dass man die Höhe und Verwendung dieser Einnahmen nicht vor dem eigenen Bürger zu verantworten hat.

Innerhalb des gesamten Zuweisungssystems besteht in aller Regel Korrekturbedarf. Er betrifft vor allem den oft zu hohen Ausgleichsgrad, weil er die Anreize schwächt. Außerdem sollte das Volumen der Zweckzuweisungen zu Gunsten der Schlüsselzuweisungen verringert werden. Zweckzuweisungen sind ein Machtinstrument des einzelnen Ministeriums, auch wenn sich im Einzelnen natürlich jeder einzelne Verwendungszweck gut anhört.

Schuldaufnahme als kontroverse Einnahmeart

Nach der rhetorischen Regel der Steigerung hatte ich dieses Thema für den Schluss aufgespart. Von den USA über die Mitgliedstaaten der Europäischen Union bis hin zu den deutschen Kommunen ist die Verschuldung ein Problem. Zwar gibt es im Falle einer eindeutigen kurzfristigen Rezession oder Depression durchaus das alte keynesianische Argument, dass man über eine temporäre Schuldaufnahme das Schlimmste verhindern kann. Die Geschichte hat aber gezeigt, dass der hierzu komplementäre Schritt, in guten Zeiten die Schulden in gleichem Maße wieder abzubauen, fast nie gegangen worden ist. Das Ergebnis sind steigende Schuldenstände auf allen Ebenen und in den meisten Staaten.

Die hauptsächliche Ursache sind Gewöhnung und Schuldenillusion. Die Schuldenillusion bedeutet, dass man im Augenblick der Schuldaufnahme die zukünftigen Belastungen durch Zins und Tilgung geringer einschätzt als die – politischen – Vorteile der kurzfristigen zusätzlichen Ausgaben. Ich verwende hier immer die Aussage eines Marburger Kämmerers in meinem Seminar über Kommunalfinanzen: „Wir von der Verwaltung würden einen ausgeglichenen Haushalt vorlegen". Es ist die Politik, die immer wieder zusätzliche Schulden aufnimmt, und zwar nicht für seltene vielleicht vertretbare einzelne Anlässe, sondern als „kontinuierliche" Verschuldung. Als ich in einer Stadt in Norddeutschland einmal solche Vorstellungen vortrug und für strikte Schuldenbremsen plädierte, kam aus dem Publikum die Frage: „Aber wie sonst sollen wir die Ausgaben für die Sozialhilfe bezahlen?"

Die im Jahre 2009 eingeführte Schuldenbremse für Bund und Länder ist in ihrem Genauigkeitsgrad und in dieser detaillierten Verankerung in der Verfassung ein Novum. Es wird sich zeigen, ob sie in Zukunft hält oder doch wieder aufgeweicht wird. Für die kommunalen Schulden kommt jetzt die Zeit, in der die sich abzeichnende Wirkung der Schuldenbremse auf der Landesebene auf die Gemeinde herunterdividiert werden muss. Das Land ist für seine eigenen Schulden und die seiner Kommunen verantwortlich, ebenso wie der Bund für seine Schulden und die aller deutschen Gebietskörperschaften verantwortlich ist, wenn gegenüber der EU die entsprechenden Berichte geliefert werden müssen. Es wird dann erforderlich sein, die Gewohnheit zu brechen, in fast allen Gemeinden und fast allen Jahren einen gewissen Anteil der erwünschten Ausgaben über Schuldaufnahme zu finanzieren, also „kontinuierliche" Verschuldung zu betreiben.

Allerdings ist darauf zu verweisen, dass sowohl auf Länderebene als auch auf Gemeindeebene letztlich eine wirksame Schuldenbremse bedeutet, dass in stärkerem Maße Hebesatzrechte für die bestehenden Steueranteile vorgesehen werden müssen. Das gilt insbesondere für die Länder, weil sie nur bei der winzigen Grunderwerbsteuer die Hebesätze festlegen können. Wenn also die Schuldenbremse bei einem Land greift, kann dieses nicht, um die Ausgaben hochzuhalten, irgendeine Steuer erhöhen. Bei der Gemeinde ist es etwas anders, weil ja immerhin das Hebesatzrecht für Grundsteuer und Gewerbesteuer besteht. Unter diesem Aspekt wäre es aber dringend nötig, den wichtigen Einkommensteueranteil auch mit einem Hebesatzrecht zu versehen, wie es seit 1969 im Prinzip möglich ist. Dann würde beispielsweise eine große Investition, wenn sie denn in der Gemeinde als unbedingt erforderlich angesehen wird, mit einer entsprechenden Steuererhöhung finanziert. Dann kann und muss der Bürger simultan über die – immer wünschenswerte – Ausgabe und die – immer unerfreuliche – zusätzliche Steuer befinden. Das Ergebnis würden wir als Ökonomen dann als allokativ effizient bezeichnen.

4. Schlussbemerkung

Der Durchgang durch die einzelnen Elemente des kommunalen Haushalts in Deutschland hat gezeigt, dass keine allumfassende Reform im Sinne eines Wechsels des Gesamtsystems, etwa zu dem eines eher unitarischen Staates, nötig ist, um die erkannten Schwachstellen zu beseitigen. Im Sinne der Überschrift ist also intelligentes „muddling through" statt eines holistischen Ansatzes angezeigt.

Vielleicht ist eine übergreifende abschließende Bemerkung hier angezeigt. Viele der Reformvorschläge zielen darauf, den Kommunen mehr Eigenverantwortung als bisher zu geben. Das wird dort zwar in Sonntagsreden begrüßt, im politischen Geschäft aber nicht unbedingt forciert. Hier müssen die übergeordneten Ebenen, einschließlich des Bundesverfassungsgerichts, „Verantwortungszwang" auferlegen, wie ich es nennen möchte (Zimmermann 2009: 294ff.). Das kommt dem Bürger und den Unternehmen zugute, und deren Wohl hat Zweck und Ziel jeder Reform zu sein.

Literatur

ARL - Akademie für Raumforschung und Landesplanung; DASL - Deutsche Akademie für Städtebau und Landesplanung (2010): Gemeindefinanzreform – Empfehlungen aus raumwissenschaftlicher Sicht. = Positionspapier aus der ARL 83. Hannover.

BMF – Bundesministerium der Finanzen (2011): Gemeindefinanzkommission – Ausgangslage und Ergebnisse. In: Monatsbericht des BMF August 2011, 39-51.

Bundesfinanzhof (2010): BFH hält allgemeine Neubewertung des Grundvermögens für Zwecke der Grundsteuer für erforderlich. Pressemitteilung Nr. 68 vom 11.8.2010.

Dahl, R.A.; Lindblom, C.E. (1953): Politics, Economics and Welfare. Chicago, 1953.

FAZ (2011): Wirtschaftsweiser will Volk befragen zur Euro-Rettung. In: Frankfurter Allgemeine Zeitung 20.1.2011, 9.

Kistenfeger, H. (2010): Villa kostet soviel wie Bruchbude. In: Focus 2010(33), 17.

Lindblom, C.E. (1959): The science of „muddling through". In: Public Administration Review 19, 79-88.

Niedersächsischer Städtetag (2011): Existenzfragen kommunaler Selbstverwaltung - Kommunale Finanzlage im Gesamtbild. Denkschrift des Niedersächsischen Städtetages. Hannover.

Spengel, C.; Heckemeyer, J.H.; Zinn, B. (2011): Reform der Grundsteuer: Ein Blick nach Europa. In: Der Betrieb 2011(01), 13.

Wissenschaftlicher Beirat beim Bundesministerium der Finanzen (2011): Reform der Grundsteuer. Stellungnahme des Wissenschaftlichen Beirats beim Bundesministerium der Finanzen. In: Monatsbericht des BMF Januar 2011, 41-48.

Zimmermann, H. (2009): Kommunalfinanzen. Berlin.

Zimmermann, H. (2011): Die Grundsteuer als geborene Gemeindesteuer. In: Hansmann, M. (Hrsg.): Kommunalfinanzen in der Krise. Berlin, 194-212.

Ulrike Hardt

Kommunale Kassenkredite und Entschuldungsfonds Möglichkeiten und Grenzen zur Lösung kommunaler Finanzprobleme – Eine erweiterte Betrachtung –

1. Einführung

Schulden öffentlicher Haushalte sind in der Bearbeitungsphase dieses Vortrags – – von Juli bis September 2011 – fast täglich Gegenstand in den Medien gewesen. Dabei ging es weniger um Kommunalverschuldung als vielmehr um jene Kredite, die von Staaten aufgenommen worden sind. Der nun vorgelegte Beitrag setzt deshalb ebenfalls hier an und ordnet die Kommunalverschuldung und insbesondere die aufgelaufenen Kassenkredite in das Verschuldungsspektrum der Euro-Staaten, der Bundesrepublik Deutschland und ihrer Ebenen ein und differenziert schließlich nochmals zwischen Ländern sowie – innerhalb des Landes Niedersachsen – zwischen dem Land und seinen Kreisgebieten. Die Gegenüberstellung macht die Bedeutung der Kreditaufnahme für die Ebenen und Regionen sichtbar; sie zeigt, dass die kommunalen Kassenkredite kein gesamtstaatliches Kreditproblem begründen, dass sie aber gleichwohl die öffentliche Aufgabenerfüllung in bestimmten Regionen bedrohen.

Die Betrachtung im Kontext des Euro-Raumes erlaubt aber nicht nur eine Einschätzung der Dimensionen, sondern sie macht vor allem eine kritische Auseinandersetzung mit den unterschiedlichen Verschuldungsregeln bzw. Schuldengrenzen auf den Ebenen möglich. Dabei wird deutlich, dass es zum einen „geeigneter" Verschuldungsregeln bedarf, um eine ungehemmte Ausweitung der Kreditaufnahme zu verhindern, dass es gleichzeitig aber darauf ankommt, einen

Verzicht auf nicht tragbare Kreditaufnahme möglich zu machen und bei einem Verstoß gegen die Regeln über Sanktionen gegen „Kreditsünder" zu verfügen.

Der Beitrag gliedert sich in drei Hauptabschnitte:

- Zunächst geht es um eine empirische Bestandsaufnahme der Verschuldungstätigkeit im Euro-Raum, in der Bundesrepublik Deutschland, ihren föderativen Ebenen sowie in Niedersachsen und seinen Regionen. Dabei zeigt sich, dass die öffentlichen Haushalte in sehr unterschiedlichem Maße von „Schuldenkrisen" betroffen sind.
- Anschließend werden einige Überlegungen zur Begründung von Kreditaufnahme sowie zur Begrenzung und zum Abbau von Schulden auf den Ebenen angestellt.
- Schließlich werden drei Beispiele für kommunale Entschuldungsfonds (Sachsen-Anhalt, Rheinland-Pfalz und Niedersachsen) vorgestellt und die Entschuldungskonzepte grundsätzlich diskutiert.

2. Empirische Bestandsaufnahme

Kreditaufnahme im Euro-Raum

Gegenstand des europäischen Vergleichs sind jene Mitglieder des Euro-Raums, die Euro-Münzen und -Banknoten bereits am 1. Januar 2002 eingeführt haben und für die Daten über Kreditaufnahme und Wertschöpfung seit 1995 – dem gewählten Beginn der Beobachtungsperiode – vorliegen. Die später beigetretenen Mitglieder Slowenien, Malta, Zypern, die Slowakei und zuletzt Estland bleiben hier ausgeklammert.

Zu beachten ist überdies, dass die Schuldendefinition nach dem Maastricht-Vertrag, die dem europäischen Vergleich zugrunde liegt, etwas weiter angelegt ist als die der deutschen Finanzstatistik.[1] Daten der EU weichen deshalb von jenen des statistischen Bundesamtes ab. In der Regel sind Letztere etwas niedriger als die von Eurostat. Für die Darstellung der Grundsatzproblematik sind diese Differenzen aber weniger entscheidend.

Um das Ausmaß der Verschuldung deutlich zu machen, greifen viele Medien oft auf das absolute Verschuldungsniveau zurück. In der Bundesrepublik Deutschland liegt es derzeit bereits bei mehr als zwei Billionen Euro – einer Summe, die das Vorstellungsvermögen der Mehrzahl der Betrachter schon erheblich übersteigen dürfte. Zum staatenübergreifenden Vergleich sind solche Beträge aber auch gar nicht geeignet. Es liegt auf der Hand, dass bevölkerungsreiche und vor allem wirtschaftsstarke Staaten mehr Kredite verkraften können

1 Zur Umrechnung vgl. Statistisches Bundesamt, Fachserie 14, Reihe 5, 2009, S. 17.

als kleine bzw. wirtschaftsschwache. Dass aber auch das Schuldenniveau je Einwohner im europaweiten Vergleich kein geeigneter Beurteilungsmaßstab ist, zeigt Abbildung 1: Danach haben Spanien und Portugal im Jahr 2010 die niedrigsten Schuldenstände aller Vergleichsstaaten ausgewiesen, die Zweifel an ihrer Kreditwürdigkeit konnten damit jedoch keineswegs ausgeräumt werden. Der Schuldenstand aller öffentlichen Haushalte Deutschlands lag im oberen Mittelfeld, ist aber auf den Kapitalmärkten kaum als problematisch eingestuft worden.

Abb. 1: Bruttoverschuldung des Staates 2010, in EUR je Einwohner

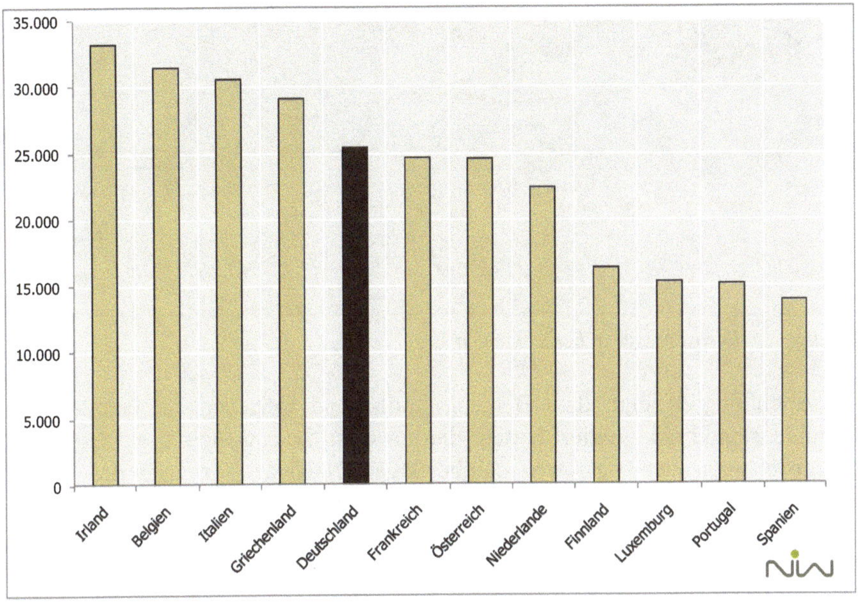

Quelle: Eurostat, eigene Berechnungen

Ein ganz anderes Bild zeigt sich, wenn Schuldenstand oder Finanzierungssaldo – also jener Teil der jährlichen öffentlichen Ausgaben, die durch Kredite finanziert worden sind – auf die jeweilige Wirtschaftsleistung bezogen werden. Hinter diesem Bezug steht die These, dass eine höhere Wirtschaftsleistung auch die Fähigkeit stärkt, Steuereinnahmen zu generieren, mit denen dann Zins- und gegebenenfalls sogar Tilgungsleistungen erbracht werden können.

Abb. 2: Konsolidierter Bruttoschuldenstand des Staates in Prozent des BIP

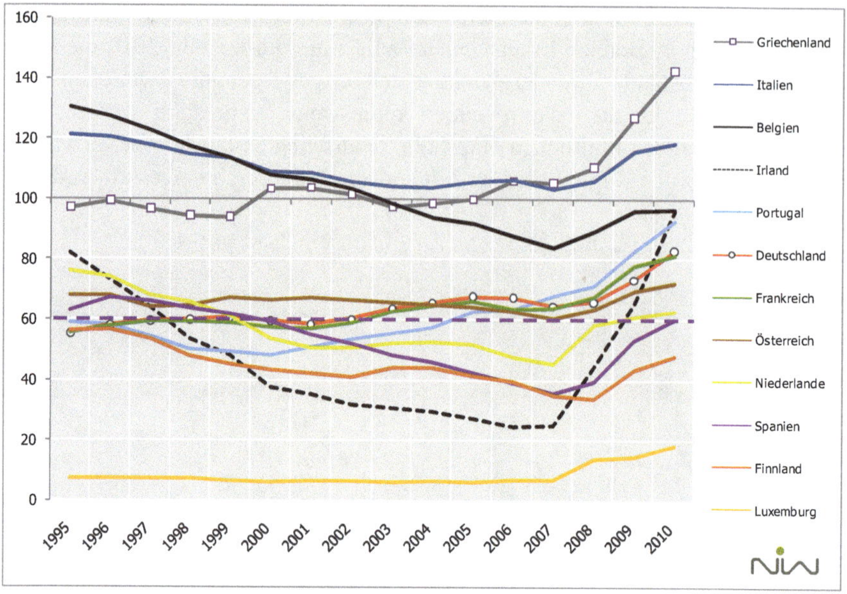

Quelle: Eurostat, eigene Berechnungen

Abbildung 2 zeigt, dass Belgien, Italien und Griechenland bereits 1995 Schuldenstände akkumuliert hatten, die auf dem Niveau ihrer gesamten Wirtschaftsleistung oder sogar weit darüber lagen. Nach den Kriterien des Maastricht-Vertrages von 1992 hätten diese Staaten zum damaligen Zeitpunkt nicht an der Einführung des Euro teilnehmen dürfen. Während Belgien seine relative Schuldenlast jedoch bis 2007 immer weiter verringern konnte, ist sie in Griechenland nahezu kontinuierlich angewachsen; insbesondere nach 2007 kam es nochmals zu einem steilen Anstieg. Die Graphik veranschaulicht aber auch, dass es in der gesamten Beobachtungsperiode nur wenige Staaten gab, die das Schuldenstandskriterium des Maastricht-Vertrages, nach dem der Schuldenstand 60 % des Bruttoinlandsprodukts nicht überschreiten darf, überhaupt dauerhaft einhalten konnten; im Jahr 2010 waren es – nach überall starkem Anstieg infolge der „Finanzkrise“ – nur noch drei. Das größte Wachstum der Quote hatte dabei Irland aufgrund zusätzlicher Kreditaufnahme zur Bankenstützung und vor allem aufgrund des rapiden Einbruchs der Wirtschaftsleistung zu verzeichnen. Aber auch Deutschland hat das 60 %-Kriterium nur für kurze Zeit Anfang der 2000er Jahre einhalten können.

Abb. 3: Nettofinanzierungssaldo des Staates in Prozent des BIP

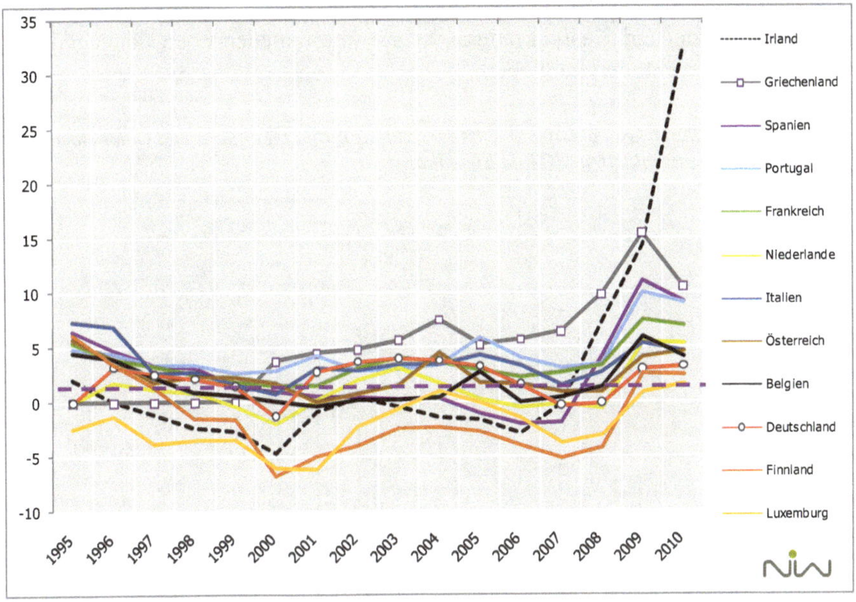

Quelle: Eurostat, eigene Berechnungen

Abbildung 3 macht deutlich, dass fast alle Staaten bis kurz vor der vollständigen Euro-Einführung 2002 bemüht waren, ihre Finanzierungsdefizite in Relation zur Wirtschaftsleistung abzusenken, und sich dem Konvergenzkriterium, nach dem die jährliche Nettokreditaufnahme 3 % des Bruttoinlandsprodukts nicht überschreiten darf, zumindest anzunähern. Danach stieg die Quote jedoch in fast allen Staaten wieder an, um ab 2004/2005 nochmals leicht abzusinken. In Deutschland konnte das 3 %-Kriterium 2001 (aufgrund der vorangegangenen Erlöse aus der Versteigerung der UMTS-Lizenzen, die teilweise zur Schuldentilgung eingesetzt wurden) sowie 2007 und 2008 (aufgrund der guten konjunkturellen Lage) eingehalten werden. Im Jahr 2009 konnte dies allein Luxemburg leisten, 2010 ist es keinem Staat mehr gelungen. Zu diesem Ergebnis haben die Kommunen mit ihrer Kreditaufnahme allerdings nicht beigetragen.

Kreditaufnahme in der Bundesrepublik Deutschland und ihren föderativen Ebenen

Richtet man den Blick auf die Kreditaufnahme der Ebenen in der Bundesrepublik Deutschland (Abb. 4), so wird unmittelbar klar, dass es vor allem der Bund, aber auch die Länder waren, die durch ihre Kreditaufnahme den Anstieg des gesamtstaatlichen Schuldenstandes verursacht haben. Der Schuldenstand aus Kreditmarktschulden und Kassenkrediten ist auf kommunaler Ebene dagegen seit 1995 nahezu unverändert geblieben.

Abb. 4: Kreditmarktschulden und Kassenkredite von Bund, Ländern und Gemeinden/GV in Deutschland, in EUR je Einwohner

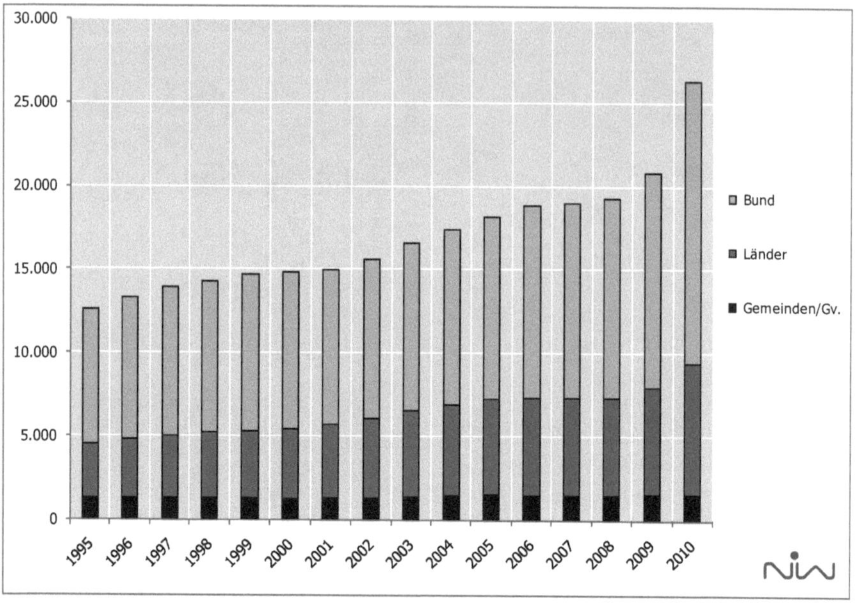

Quelle: Destatis, eigene Berechnungen

Das Bild allein der Kreditmarktschulden in Abbildung 5 ähnelt dem der Gesamtverschuldung auf den Ebenen sehr stark; das kann bereits als Hinweis auf die gesamtstaatlich geringe Bedeutung der Kassenkredite gewertet werden. Wiederum geht der größte Teil der Kreditmarktschulden auf das Konto des Bundes. Ganz anders bei den Kassenkrediten in Abbildung 6: Insgesamt auf deutlich niedrigerem Niveau als die Kreditmarktschulden sind sie sehr viel stärker angewachsen als die fundierten Schulden und das vor allem auf kommunaler Ebene. Gemessen an der Gesamtverschuldung sind Kassenkredite für Bund und Länder eher unbedeutend geblieben, auch wenn ihr Gewicht in den letzten Jahren für den Bund etwas gestiegen ist.

Abb. 5: *Kreditmarktschulden von Bund, Ländern und Gemeinden/GV in Deutschland, in EUR je Einwohner*

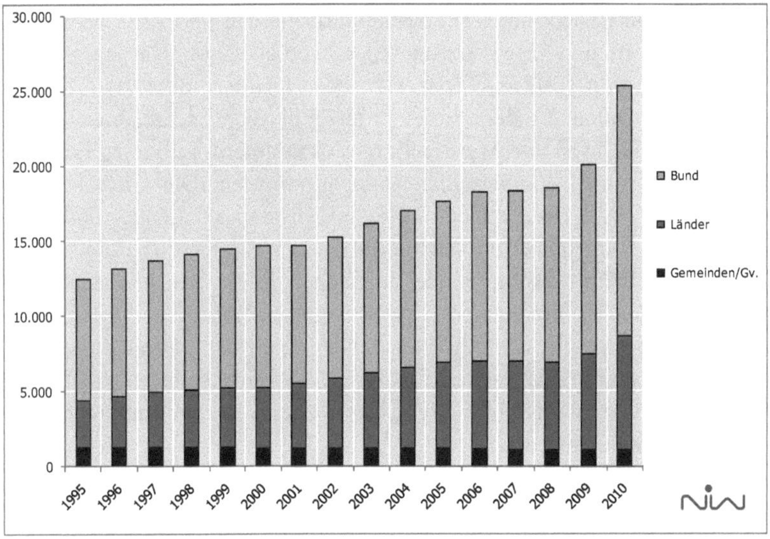

Quelle: *Destatis, eigene Berechnungen*

Abb. 6: *Kassenkredite von Bund, Ländern und Gemeinden/GV in Deutschland, in EUR je Einwohner*

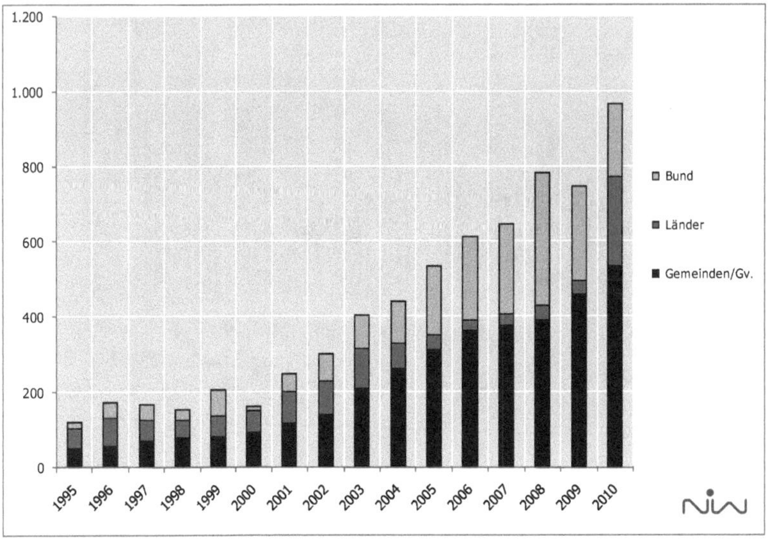

Quelle: *Destatis, eigene Berechnungen*

Verlagert man die Betrachtung von der gesamtstaatlichen auf die Ebene der Länder und ihrer Kommunen, so ist die Einschätzung weiter zu differenzieren. Abbildung 7 zeigt die Bedeutung von Kreditmarktschulden und Kassenkrediten in den Flächenländern und ihren kommunalen Gebietskörperschaften in vier ausgewählten Jahren von 1995 bis 2010. Hier wird sichtbar, dass die Gesamtverschuldung in fast allen Ländern im Zeitablauf gewachsen ist; Ausnahmen finden sich allein in Sachsen und Mecklenburg-Vorpommern. In beiden Ländern sind zwischen 2005 und 2010 Schulden abgebaut worden. Die Graphik lässt aber vor allem die großen Unterschiede im Schuldenstand der Länder und ihrer Kommunen erkennen. Im Jahr 2010 reichte die Spanne der Kreditvolumina von etwas mehr als 2.000 Euro je Einwohner in Sachsen bis rund 14.000 Euro je Einwohner im Saarland. Gerade hier – ebenso wie in Nordrhein-Westfalen – haben auch die Kassenkredite ein erhebliches Niveau erreicht. Die öffentlichen Haushalte in Niedersachsen rangierten im Mittelfeld. Aber selbst in hoch verschuldeten Ländern hatten Kassenkredite in der Gesamtverschuldung aller Ebenen noch eher marginale Bedeutung.

Abb. 7: Kreditmarktschulden i.w. S. und Kassenverstärkungskredite, Länder und Gemeinden /GV in Deutschland, in EUR je Einwohner, 1995, 2000, 2005 und 2010

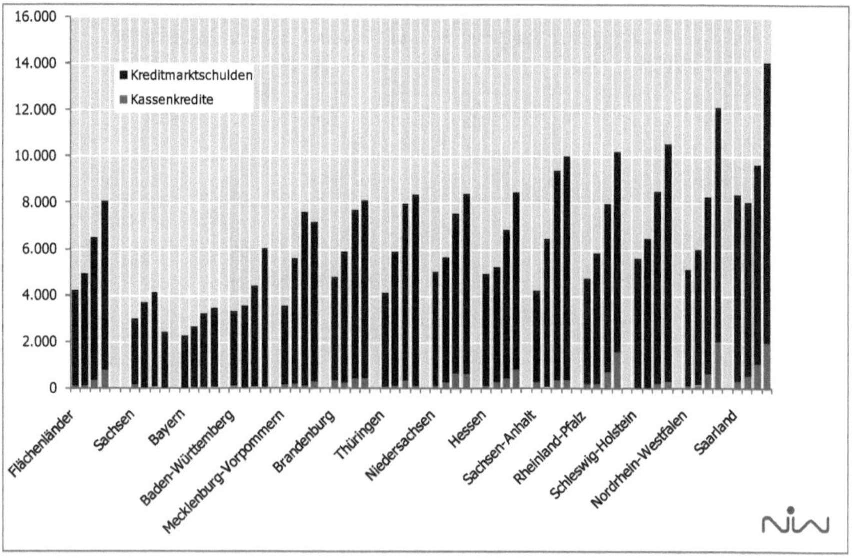

Quelle: Destatis, eigene Berechnungen

Abb. 8: *Kreditmarktschulden i.w. S. und Kassenverstärkungskredite, Gemeinden/GV in Deutschland in EUR je Einwohner, 1995, 2000, 2005 und 2010*

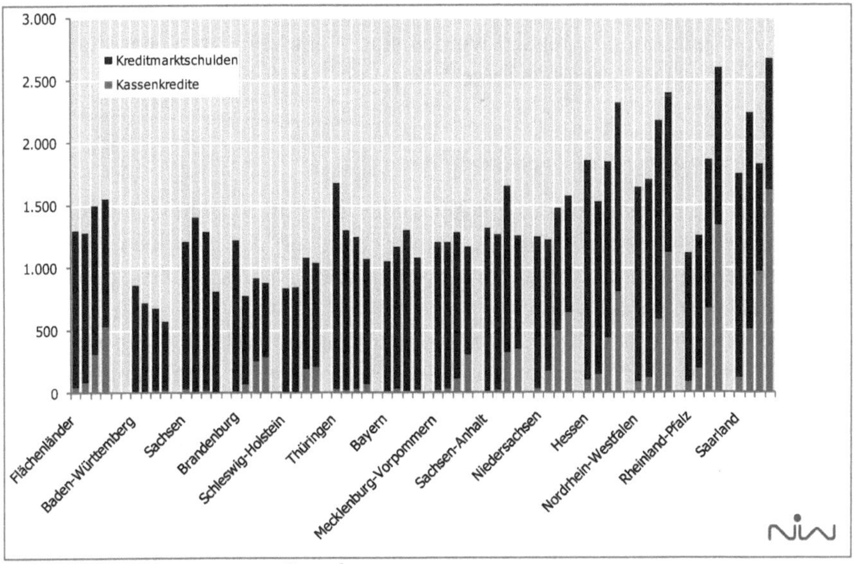

Quelle: *Destatis, eigene Berechnungen*

Ganz anders stellt sich das Bild beim Blick auf die kommunale Ebene allein dar (Abbildung 8): Für den Durchschnitt der Kommunen in den Flächenländern ist festzustellen, dass das Wachstum des Schuldenstandes ausschließlich auf die Zunahme der Kassenkredite zurückzuführen ist. Während die Kreditmarktschulden von 1.253 Euro je Einwohner im Jahr 1995 auf 1.017 Euro je Einwohner im Jahr 2010 zurückgedrängt worden sind, haben sich die Kassenkredite von 50 Euro auf 533 Euro je Einwohner erhöht und damit mehr als verzehnfacht. An dieser Entwicklung hatten die Kommunen in den Flächenländern allerdings in sehr unterschiedlichem Ausmaß Anteil. Während in Baden-Württemberg, Sachsen, Thüringen und Bayern die Aufnahme von kommunalen Kassenkrediten nach wie vor kaum eine Rolle gespielt hat und der Schuldenstand deshalb immer noch sehr niedrig ist, sind die Kassenkredite im Saarland, in Rheinland-Pfalz und in Nordrhein-Westfalen geradezu explosionsartig angewachsen. Im Saarland und in Rheinland-Pfalz haben die aufgelaufenen Kassenkredite die Kreditmarktschulden inzwischen überholt. Insbesondere im Saarland, aber auch in Nordrhein-Westfalen, haben Kassenkredite die fundierten Schulden teilweise „ersetzt“; Letztere sind massiv abgebaut worden. Ein ähnliches Bild zeigt sich auch für Niedersachsen, wenn auch auf niedrigerem Niveau. Eingehendere Untersuchungen müssten prüfen, ob diese Veränderungen allein mit einer Verschiebung der Ausgabenstrukturen aus dem investiven in den konsumtiven Bereich zu erklären sind, oder ob Kassenkredite nicht auch zunehmend zur Finanzierung von Investitionen genutzt worden sind – ein Vorgang, der in der Mehrzahl der Bundesländer rechtlich (eigentlich) nicht zulässig ist.

Kommunale Kassenkredite in Niedersachsen

So wie sich die Kommunen der Flächenländer in ihrem Verschuldungsverhalten unterscheiden, haben auch die Kommunen innerhalb der einzelnen Länder in sehr unterschiedlichem Ausmaß zu Kassenkrediten gegriffen. Dies sei am Beispiel Niedersachsens illustriert.

Abbildung 9a/b stellt die Kassenkredite in den Kreisgebieten – also in kreisfreien Städten und Landkreisen einschließlich ihrer Gemeinden – zunächst den jeweiligen Einnahmen der Verwaltungshaushalte gegenüber. Die linke Säule bildet die Kassenkredite, die rechte die gesamten laufenden Einnahmen ab. Für die Landkreisgebiete ist anhand der Einfärbung der Säulen zu erkennen, ob die entsprechenden Mittel auf der Gemeinde- oder der Landkreisebene vereinnahmt worden sind. Der Vergleich von Kassenkrediten und Einnahmen des Verwaltungshaushalts erfolgt vor allem deshalb, weil die Niedersächsische Gemeindeordnung daraus eine Schuldenbegrenzungsmöglichkeit für die Kommunalaufsicht ableitet. Nach § 94 Abs. 2 der NGO bedürfen Kassenkredite einer Genehmigung, wenn sie ein Sechstel der im Haushaltsplan veranschlagten laufenden Einnahmen überschreiten. Für die Landkreise gilt Entsprechendes.[2] Dass die Option, Kassenkredite nicht zu genehmigen, gerade in den letzten Jahren nicht konsequent genutzt worden ist, belegt Abbildung 9a/b eindrücklich. Sie zeigt aber auch, dass die Problematik der Kassenkredite nicht plötzlich und unerwartet über die Kommunalebene hereingebrochen ist, sondern sich im Zeitablauf nach und nach aufgebaut hat, und vor allem, dass nicht alle Kreisgebiete davon gleichermaßen betroffen waren.

Im Jahr 1995 waren Kassenkredite in der Mehrzahl der Kreisgebiete noch unbedeutend und vermutlich nicht einmal genehmigungsbedürftig. Ein gewisses Gewicht hatte die Aufnahme von Kassenkrediten nur in einigen kreisfreien Städten wie insbesondere Salzgitter, Emden und Wilhelmshaven. Gerade die letztgenannten beiden Städte haben die Problematik in den folgenden Jahren jedoch begrenzen können.

2 In anderen Flächenländern wie etwa Rheinland-Pfalz und Nordrhein-Westfalen haben solche Beschränkungen früher ebenfalls existiert, hier sind sie aber inzwischen abgeschafft worden.

In den Jahren 2000 und 2005 sind die Kassenkredite dann auch in einigen Landkreisen und ihren Gemeinden stark angewachsen. Besonders intensiv haben Landkreise und Gemeinden im Osten Niedersachsens Kassenkredite genutzt und im Zeitablauf auch nicht mehr abgebaut. Zu nennen sind hier vor allem die Landkreise Cuxhaven, Lüchow-Dannenberg und die Harz-Regionen, während in Westniedersachsen in weit geringerem Umfang auf Kassenkredite zurückgegriffen wurde. In jenen Regionen, in denen sie verstärkt genutzt worden sind, wurden sie überwiegend von Gemeinden (z.B. im LK Cuxhaven), in einigen Fällen (insb. in Lüchow-Dannenberg) aber auch von Landkreisen aufgenommen.

Bis zum Jahr 2009 haben sich die Finanzierungsprobleme weiter verschärft. Angesichts der 2008 unvermittelt hereingebrochenen Finanzkrise verwundert dies zunächst nicht. Bemerkenswert ist allerdings, dass es wiederum in jenen Regionen zur Aufnahme zusätzlicher Kassenkredite gekommen ist, die schon vorher massiv überschuldet waren.

Die Gegenüberstellung von Kassenkrediten und Einnahmen des Verwaltungshaushalts zeigt das Ausmaß der Haushaltsschwierigkeiten noch nicht einmal in vollem Umfang. Es wird erst dann ersichtlich, wenn die aufgelaufenen Kassenkredite mit den allgemeinen Deckungsmitteln verglichen werden. Allgemeine Deckungsmittel sind jene Mittel, die den kommunalen Gebietskörperschaften nicht unmittelbar aufgabenbezogen zufließen und die eingesetzt werden, um die Deckungslücken zwischen Ausgaben einerseits und erzielten Gebühren, Erstattungen oder zweckgebundenen Zuweisungen andererseits in den einzelnen Fachaufgaben zu schließen. Im Wesentlichen handelt es sich um Steuereinnahmen und Gelder aus dem kommunalen Finanzausgleich. Allein sie könnten auch für den erforderlichen Schuldendienst – also Zins- und Tilgungsleistungen – verwendet werden. Die Gegenüberstellung mit den aufgelaufenen Kassenkrediten wird in Abbildung 10a/b vorgenommen.

Hier zeigt sich, dass in den beiden Hauptproblemfällen – Cuxhaven und vor allem Lüchow-Dannenberg – die Kassenkredite bereits im Jahr 2000 die Gesamtbeträge der allgemeinen Deckungsmittel nahezu erreicht bzw. im letzteren Fall sogar erheblich überschritten hatten. In den Jahren 2005 und 2009 standen jeweils 11 von 46 Kreisen und kreisfreien Städten vor einer solchen Situation. In Lüchow-Dannenberg haben die Kassenkredite 2009 in ihrem Volumen mehr als das Doppelte der in diesem Jahr verfügbaren allgemeinen Deckungsmittel erreicht. Praktisch vorstellbar wird die Dimension, wenn man sich klarmacht, dass ein kompletter Ausgleich der aufgehäuften Kassenkredite hier die Einstellung aller nicht vollständig kostendeckenden Leistungen für mehr als zwei Jahre erfordern würde. Eine entsprechende Forderung wird natürlich niemals gestellt werden, dennoch macht das Bild deutlich, wie weit die betroffenen Landkreise und ihre Gemeinden vom Haushaltsausgleich entfernt sind.

Abb. 9a: *Vergleich der Kassenverstärkungskredite und der Einnahmen des Verwaltungshaushalts der kreisfreien Städte, der Landkreise und ihrer Gemeinden, Niedersachsen, in EUR je Einwohner*

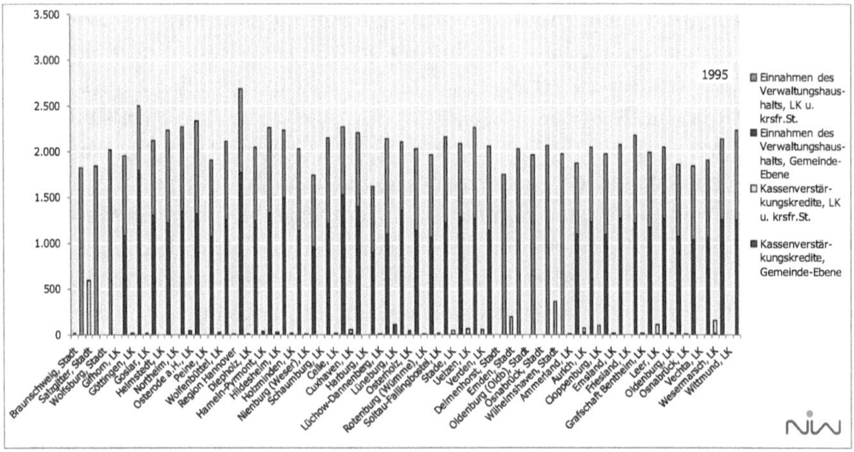

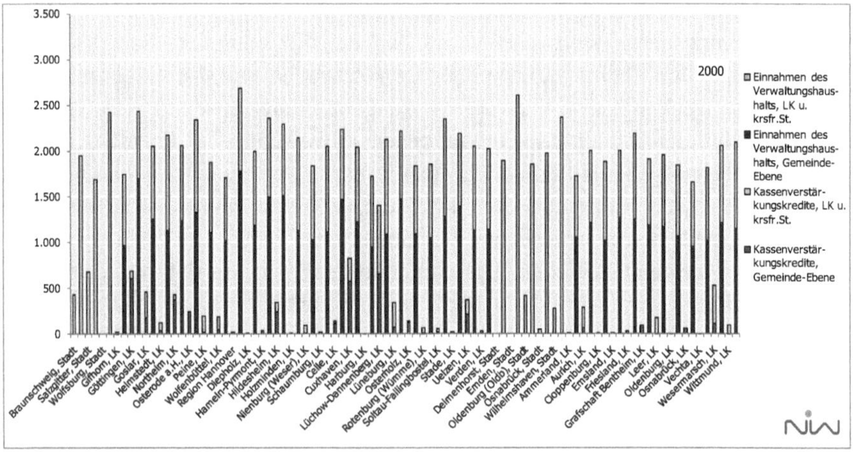

Quelle: *LSKN, eigene Berechnungen*

Abb. 9b: *Vergleich der Kassenverstärkungskredite und der Einnahmen des Verwaltungshaushalts der kreisfreien Städte, der Landkreise und ihrer Gemeinden, Niedersachsen, in EUR je Einwohner*

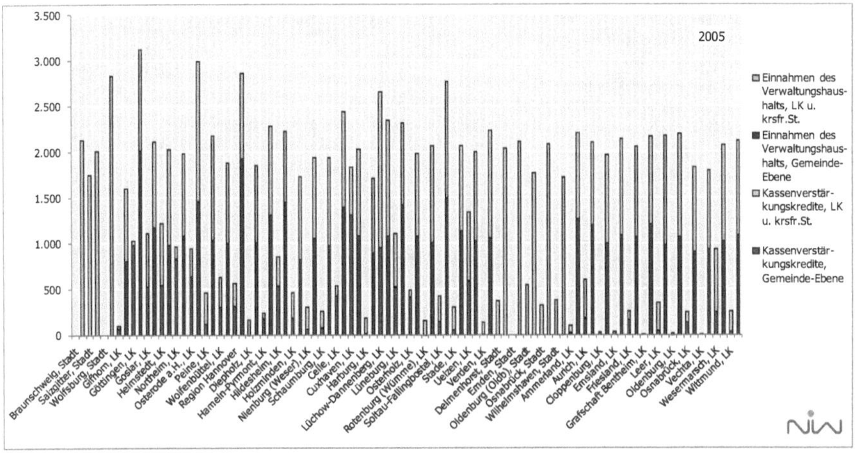

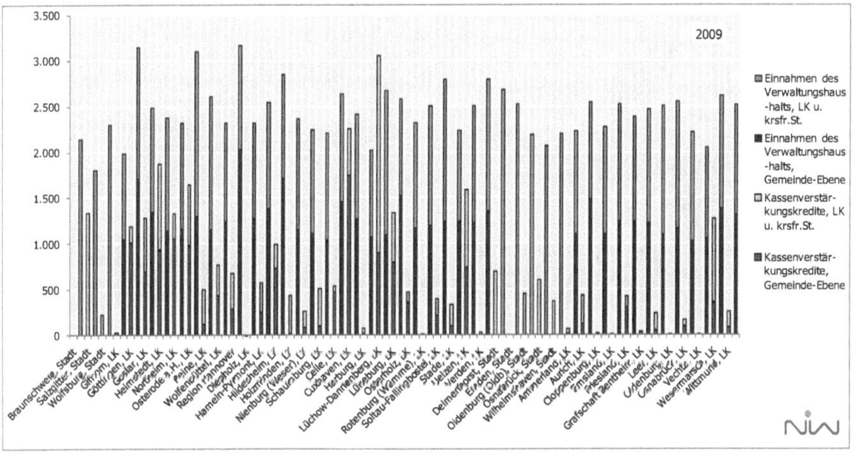

Quelle: *LSKN, eigene Berechnungen*

Abb. 10a: *Vergleich der Kassenverstärkungskredite und der Allg. Deckungsmittel brutto des Verwaltungshaushalts der kreisfreien Städte, Landkreise und ihrer Gemeinden, Niedersachsen, in EUR je Einwohner*

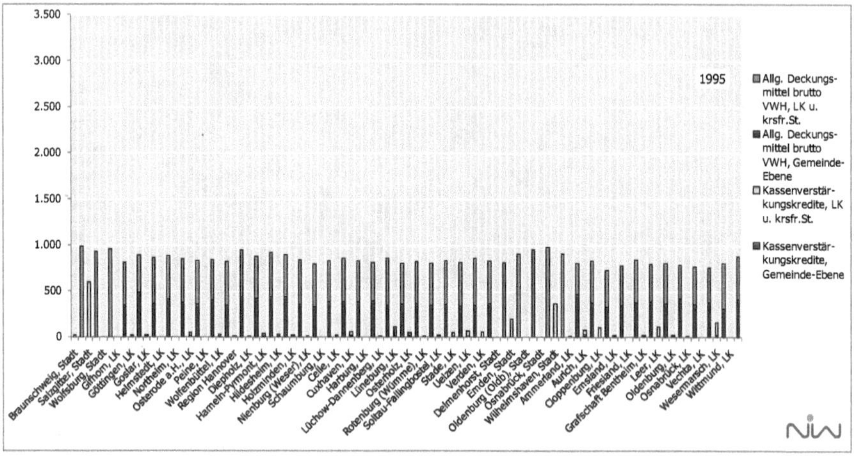

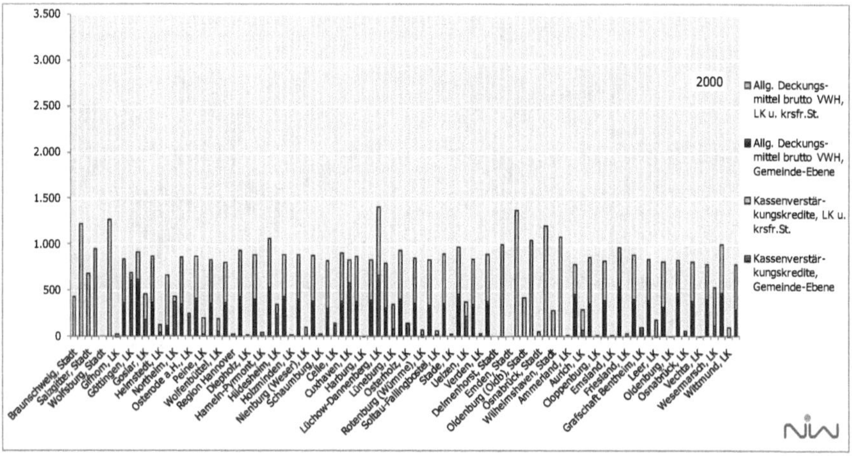

Quelle: *LSKN, eigene Berechnungen*

Abb. 10b: Vergleich der Kassenverstärkungskredite und der Allg. Deckungsmittel brutto des Verwaltungshaushalts der kreisfr. Städte, Landkreise und ihrer Gemeinden, Niedersachsen, in EUR je Einwohner

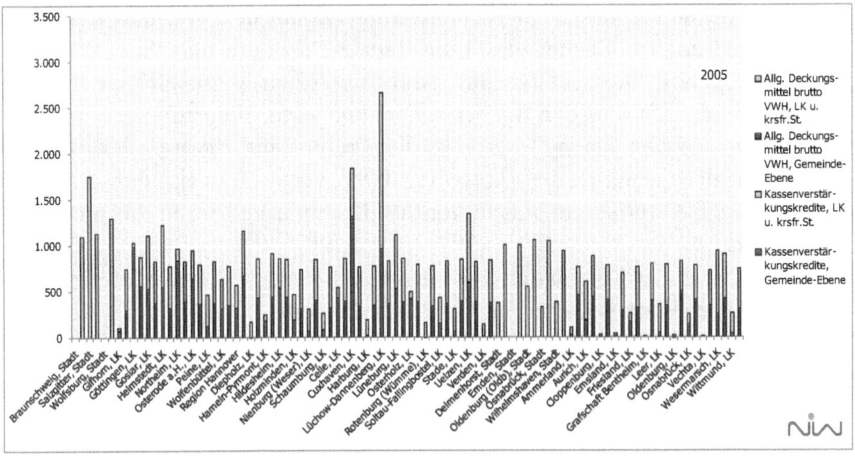

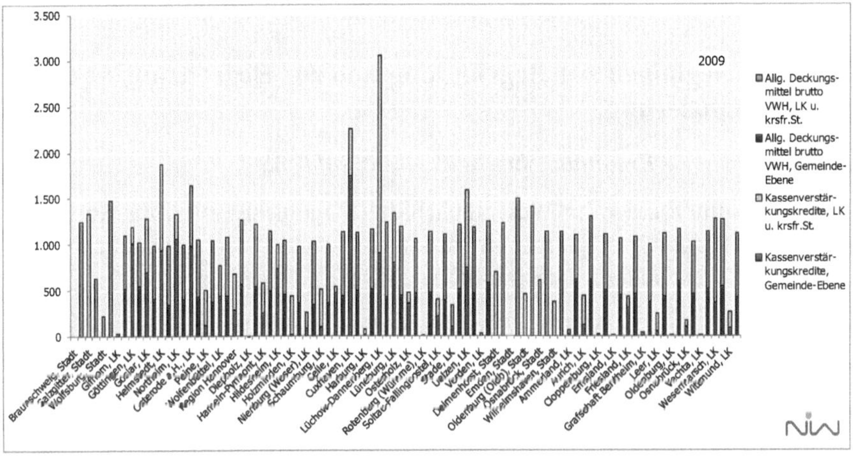

Quelle: LSKN, eigene Berechnungen

Zwischenergebnisse

Die empirische Bestandsaufnahme hat folgende Ergebnisse erbracht:

- Die Verschuldung und die jährliche Kreditaufnahme unterscheiden sich nicht nur zwischen den Staaten des Euro-Raumes, sondern auch innerhalb der Bundesrepublik Deutschland, und zwar zum einen zwischen den Ebenen, zum anderen zwischen den Bundesländern und ihren Gemeinden.
- Die Hauptschuldenlast in Deutschland liegt beim Bund, die Verschuldung der Kommunalebene nimmt sich, gemessen daran, vergleichsweise gering aus.
- Kassenkredite werden vor allem von der Kommunalebene in Anspruch genommen.
- Das Volumen der Kassenkredite ist insgesamt stark gewachsen, die kommunalen Gebietskörperschaften in den Bundesländern waren aber in höchst unterschiedlichem Maße daran beteiligt.
- Innerhalb der Bundesländer haben sich die einzelnen kommunalen Gebietskörperschaften ebenfalls sehr unterschiedlich mit Kassenkrediten belastet. Dies konnte am Beispiel des Landes Niedersachsen gezeigt werden.

3. Überlegungen zur Begründung und zur Begrenzung von Kreditfinanzierung

Begründungen für Kreditaufnahme und deren Problematik

In der Literatur werden im Wesentlichen drei Argumentationen zur Rechtfertigung öffentlicher Kreditaufnahme diskutiert[3], denen sich gedanklich unterschiedliche Verschuldungstypen zuordnen lassen:

- Es kann erstens im Vollzug der öffentlichen Haushalte dazu kommen, dass geplante Ausgaben früher anfallen als die zur Finanzierung eingeplanten Einnahmen tatsächlich in die Kassen fließen. In diesem Fall wird implizit von einem in der Planungsperiode ausgeglichenen Haushalt ausgegangen, in dem die Einnahmen ausreichen, um die vorgesehenen Ausgaben zu decken. Kreditaufnahme nähme in diesem Fall die Form eines „Überziehungskredits“ bzw. „Kassenverstärkungskredits“ an, der kurzfristig aus den erwarteten Einnahmen wieder abgebaut werden soll und kann. Auf die Möglichkeit, solche Kassenkredite aufnehmen zu können, ist letztlich jede Ebene und jeder öffentliche Haushalt angewiesen, der einen reibungslosen Ablauf der Aufgabenwahrnehmung garantieren will.

3 Vgl. u.a. Sachverständigenrat zur Begutachtung der gesamtwirtschaftlichen Entwicklung 2007; Vesper 2007: 7ff.

- Zweitens führen konjunkturelle Schwankungen regelmäßig dazu, dass auch über die Planungsperiode hinaus dann kein Haushaltsausgleich erreicht werden kann, wenn gleichzeitig eine stabile Haushaltspolitik gewährleistet oder sogar antizyklische Finanzpolitik betrieben werden soll. Die Finanzierung zusätzlicher Ausgaben aus Kreditaufnahme soll dann in der Rezession das Wiederanspringen der Konjunktur unterstützen. Das Eintreten für antizyklische Haushaltspolitik unterstellt aber gleichzeitig, dass der Haushaltsausgleich zumindest mittelfristig erreicht wird, dass also in Boomphasen Kredite getilgt werden. Diese Form der Kreditaufnahme kommt vor allem für den Bund, mit Einschränkungen auch für die Länder in Frage. Von den Kommunen wird antizyklisches Verhalten hingegen kaum erwartet. Die stark schwankenden Einnahmen lassen es kaum zu, aus Gemeindeindividueller Sicht sind außerdem die Abflusseffekte viel zu groß, als dass man sich konjunkturelle Effekte von der eigenen Haushaltspolitik erhoffen könnte. Überdies verbieten es die haushaltsrechtlichen Vorschriften sogar weitgehend. Stabilisierung der kommunalen Ausgaben könnte deshalb nur über die Glättung der Einnahmen, also durch übergeordnete Ebenen erfolgen.
- Zum Dritten wird Kreditaufnahme mit dem Ziel der intergenerativen Lastverschiebung begründet. Wenn mit der Verschuldung Investitionen – speziell in langlebige Infrastruktureinrichtungen – finanziert werden, von deren Nutzung kommende Generationen noch profitieren, so sollen sie über Zins und Tilgung auch an den Kosten des Aufbaus beteiligt werden. Was mitunter als Problem der Kreditaufnahme herausgestellt wird, dass nämlich kommende Generationen über höhere Steuern mit für den Schuldendienst aufkommen müssen, wird hier also letztlich bewusst angestrebt. Dieses Argument ist für alle Ebenen von Bedeutung, von größter Relevanz wäre es aber vor allem für die kommunale Ebene, weil hier ein beträchtlicher Teil der Infrastrukturinvestitionen vorgenommen wird.

Aus den genannten Begründungen ließen sich nun schon Grenzen für die öffentliche Kreditaufnahme ableiten. Einmal davon abgesehen, dass diese Grenzen aber auf Dauer nicht ausreichen dürften, um ein Ausufern der Kreditfinanzierung zu verhindern, wirft schon die konkrete Bestimmung der maximalen Kreditaufnahme schon einige Probleme auf:

- Im Fall der Kassenkredite stellt sich – gerade auch angesichts ihres Wachstums auf der kommunalen Ebene – unweigerlich die Frage, was wirklich als Überbrückungskredit und was als dauerhafte Finanzierung angelegt ist. Für Bund und Länder ist diese Frage zumindest insoweit geklärt, als die Gesamthaushalte schon in der Planung in Einnahmen (einschließlich der aufzunehmenden Kredite) und Ausgaben übereinstimmen müssen. Die kommunalen

Gebietskörperschaften hatten dagegen bisher die Möglichkeit, Soll-Fehlbeträge einzuplanen, die über die Planungsperiode hinaus mit Kassenkrediten zu decken waren. Solche Fehlbeträge sind im Zeitablauf kumuliert und mit immer neuen, zum Teil exponentiell wachsenden Kassenkrediten abgelöst worden. Wenn solche Vorgänge eingeschränkt werden sollen, müssen nicht nur entsprechende Verbote durchgesetzt werden, sondern die Haushaltsplanungen müssen auch an Qualität gewinnen. Einhaltbare Planungen vorzulegen, ist in den letzten Jahren sicherlich schwieriger geworden; die Ausschläge der wirtschaftlichen Entwicklungen haben sich verstärkt. Allein die Abweichungen der Steuerschätzungen von den tatsächlich erzielten Steuereinnahmen sind deutlich gewachsen. Plan und Umsetzung in Einklang zu bringen stößt insofern auf vielerlei Unwägbarkeiten. Zuweilen musste in der Vergangenheit aber auch der Eindruck entstehen, dass Planungen mehr oder minder bewusst an der Einnahmerealität vorbei gestaltet worden sind und wachsende Kassenkredite einfach in Kauf genommen worden sind, und zwar besonders dann, wenn ihr Volumen schon auf ein hohes Niveau angeschwollen war.[4] Die Abgrenzung von erforderlichen Kassenkrediten zur Überbrückung von Liquiditätsengpässen und solchen zur langfristigen Finanzierung speziell laufender Ausgaben stellt deshalb in der Zukunft eine besondere Herausforderung – vor allem für die Kommunalaufsicht – dar.

- Zur Beantwortung der Frage, wann konjunkturpolitisch motivierte Verschuldung zur Finanzierung auch laufender Ausgaben erlaubt sein soll, ist zunächst zu klären, was eine konjunkturelle Normallage ist und wie man sie bestimmen kann. Vesper sieht hier einen großen Ermessensspielraum, „da die Elemente des Gleichgewichts bzw. Ungleichgewichts kaum operationalisierbar sind“ (Vesper 2007: 3). Die Ableitung aus der Auslastung des Produktionspotenzials, wie sie bisher vorgenommen worden ist und auch (modifiziert) nach Maßgabe des Begleitgesetzes zur zweiten Föderalismusreform[5] weiter angewendet wird, ist denn auch nicht unumstritten. Die gilt besonders für die Länderebene. Für die Kommunalebene ist die Identifikation eines gesamtwirtschaftlichen Gleichgewichts indessen weniger interessant, da die Finanzierung laufender Ausgaben aus Krediten ohnehin nicht angestrebt wird.
- Die Begründung von Krediten aus dem Ziel der intergenerativen Lastverschiebung legt es nahe, die Kreditgrenze bei der Summe der zukunftswirksamen Investitionen festzulegen; darauf waren Art. 115 GG für den Bund und die entsprechenden Regelungen in den Landesverfassungen bisher auch ausgerichtet. Damit war die Auseinandersetzung darum, was als „kreditwürdige

4 Kommunalpolitiker sprechen in solchen Fällen oft von der „Vergeblichkeitsfalle“.

5 Gesetz vom 10. August 2009, BGBl. Jg. 2009 Teil I Nr. 53, S. 2702.

Investition" zu gelten hat, aber keineswegs ausgestanden. So ist bereits in den 70er Jahren die Frage diskutiert worden, ob nur Sachinvestitionen oder auch – traditionell den konsumtiven Ausgaben zugeordnete – „Investitionen in Humankapital" Kreditfinanzierung begründen könnten.[6] Wenn ja, würden die Kreditspielräume, insbesondere der Länder, erheblich erweitert. Aktuell geht es allerdings vielmehr um eine stärkere Begrenzung. So hat der Sachverständigenrat zur Begutachtung der gesamtwirtschaftlichen Entwicklung 2007 gefordert, dass der Investitionsbegriff auf die Nettoinvestitionen beschränkt, Abschreibungen also in Abzug gebracht werden müssten, weil nur dann die Kreditaufnahme dem Zuwachs an öffentlichem Vermögen entspreche (Sachverständigenrat 2007: Ziff. 27). Die Neuregelungen des Art. 115 sehen sogar vor, dass der Bund ab 2016 außer konjunkturpolitisch motivierten, „ausnahmsweise" gestatteten Krediten nur noch Kredite in Höhe von 0,35 % des BIP aufnehmen , die Länder ab 2020 gar keine strukturellen Defizite mehr ausweisen dürfen. Die Kommunalebene wird durch diese „Schuldenbremse" allerdings nicht unmittelbar berührt.

Selbst wenn die genannten Begrenzungen eingehalten würden, könnte damit langfristig aber immer noch nicht mit Sicherheit verhindert werden, dass durch die Kreditaufnahme wachsende Haushaltsbelastungen entstehen. Wie zu erklären ist, dass es bei kontinuierlicher Kreditaufnahme fast zwangsläufig dazu kommen muss, dass nach einer gewissen Zeit die Nettokreditaufnahme nicht einmal mehr ausreicht, um die fälligen Zinsen zu zahlen, soll im folgenden Abschnitt erläutert werden, der sich mit den Verschuldungsregeln auf den Ebenen beschäftigt.

Verschuldungsgrenzen auf den Ebenen und ihre Wirkungen

Für die Ebenen innerhalb der europäischen Union waren nach dem zum Ende der Beobachtungsperiode geltenden Recht folgende Verschuldungsgrenzen maßgeblich:

- Der EU selbst ist Kreditaufnahme am Kapitalmarkt grundsätzlich nicht erlaubt.
- Für die Mitgliedstaaten der EU gilt, dass der Schuldenstand aller öffentlichen Haushalte 60 % des BIP nicht überschreiten darf und die Nettokreditaufnahme eines Jahres auf maximal 3 % des BIP begrenzt ist. Für die Bundesrepublik sind damit die Schulden von Bund, Ländern und Gemeinden einschließ-

6 Zu dieser Thematik vgl. etwa Wissenschaftlicher Beirat beim Bundesministerium der Finanzen 1980.

lich ihrer Sondervermögen und der Sozialversicherungsträger sowie weitere Schuldformen (insbesondere Münzumlauf und Platzhaltergeschäfte) gemeint. Welche der angesprochenen Ebenen bei einer drohenden Verletzung der genannten Kriterien die Kreditaufnahme einschränkt, um im Gesamtergebnis die Einhaltung doch noch möglich zu machen, ist aus europäischer Sicht unerheblich.

- Der Bund unterlag bisher den Kreditbegrenzungen des Art. 115 Abs. 1 GG, nach dem die „Einnahmen aus Krediten … die Summe der im Haushaltsplan veranschlagten Investitionen nicht überschreiten“ durften. Ausnahmen konnten zur Abwehr einer Störung des gesamtwirtschaftlichen Gleichgewichts gemacht werden, Sonderregelungen waren nach Abs. 2 überdies für die Sondervermögen des Bundes (etwa den Fonds Deutsche Einheit) zugelassen.
- Die Länder haben in ihren Verfassungen ähnliche Regelungen festgeschrieben. Nach Art. 109 Abs. 2 GG sind sie wie der Bund außerdem dazu verpflichtet, dem gesamtwirtschaftlichen Gleichgewicht Rechnung zu tragen. So schreibt etwa Art. 71 der Niedersächsischen Verfassung im September 2011 noch vor, dass Kredite „die für eigenfinanzierte Investitionen, Investitionsförderungsmaßnahmen und zur Umschuldung veranschlagten Ausgaben nicht überschreiten“ dürfen. „Ausnahmen sind nur zulässig zur Abwehr einer nachhaltigen Störung des gesamtwirtschaftlichen Gleichgewichts oder zur Abwehr einer akuten Bedrohung der natürlichen Lebensgrundlagen.“
- Für die Kommunalebene sind die Regelungen zur Kreditaufnahme in den Gemeinde- und Landkreisordnungen der Länder niedergelegt. Dabei wird – anders als für Bund und Länder – üblicherweise zwischen Krediten und Kassenkrediten unterschieden. So regelt die Niedersächsische Gemeindeordnung in § 92 Abs. 1, dass Kredite nur für Investitionen, Investitionsfördermaßnahmen und zur Umschuldung aufgenommen werden dürfen. Nach Abs. 2 bedarf der Gesamtbetrag der Kreditaufnahmen der Genehmigung der Kommunalaufsichtsbehörde. Sie ist zu versagen, „wenn die Kreditverpflichtungen mit der dauernden Leistungsfähigkeit der Gemeinde nicht in Einklang stehen.“ Die Aufnahme von Liquiditätskrediten wird in § 94 Abs. 1 NGO gesondert geregelt. Danach „können die Gemeinden Liquiditätskredite bis zu den in der Haushaltssatzung festgesetzten Höchstbeträgen aufnehmen…“ Abs. 2 bestimmt, dass der jeweils festgelegte Höchstbetrag erst genehmigungspflichtig ist, „wenn er ein Sechstel der im Finanzhaushalt veranschlagten Einzahlungen aus laufender Verwaltungstätigkeit übersteigt.“ Diese Regelung ist schon für doppische Haushalte formuliert; nach kameralem Denken sind damit die Einnahmen des Verwaltungshaushalts gemeint.

Ziel dieser Schuldenbegrenzungen ist (bzw. war) es, die Handlungsfähigkeit der öffentlichen Haushalte dauerhaft zu sichern. Dazu sollte verhindert werden, dass ein immer größerer Anteil der Einnahmen für die aus der Kreditaufnahme resultierenden Zinslasten zu verwenden ist; die Zins-Steuer-Quote war zu stabilisieren. Dies kann allerdings nur unter bestimmten Bedingungen gelingen.

Welche Zins-Steuer-Quote noch als akzeptabel angesehen wird, ist zwar letztlich politisch festzulegen. Ist eine solche Grenze aber einmal definiert, kann sie nur dann eingehalten werden, wenn die Zinslasten nicht stärker steigen als das Bruttoinlandsprodukt und die daraus abschöpfbaren Steuereinnahmen. Das ist dann der Fall, wenn der öffentliche Schuldenstand – bei konstanter Steuerquote am BIP und stabilem Zinsniveau – prozentual höchstens mit der Wachstumsrate des nominalen Bruttoinlandsprodukts zunimmt.[7] Bei der Formulierung des Vertrags von Maastricht wurde dies anvisiert. Dabei wurde eine Steuerquote von 24,5 % und eine Durchschnittsverzinsung der Staatsschuld von 7,25 % unterstellt; bei einer Nettokreditaufnahme von 3 % des BIP hätte sich die Zins-Steuer-Quote bei 17,8 % stabilisieren lassen, wenn das nominale BIP jährlich um 5 % gewachsen wäre. Ehrgeizigere Budgetziele hätten eine noch stärkere Begrenzung erfordert. Dass aber schon die den Konvergenzzielen entsprechenden Annahmen in Deutschland zumindest nicht dauerhaft, sondern nur in Ausnahmesituationen erfüllt werden können, muss nicht weiter erläutert werden. Steigende Zins-Steure-Quoten sind also letztlich immer toleriert worden: Von den vereinnahmten Steuereinnahmen musste ein immer größerer Teil für Zinszahlungen bereitgestellt werden, sofern das Zinsniveau nicht massiv abgesunken ist. Dies ist aktuell der Fall, kann aber nicht als mittel- und langfristige Normalsituation angesehen werden. Deshalb ist eine weitere Eindämmung der Kreditaufnahme über die Maastricht-Grenzen hinaus , wie sie mit der Einführung der Schuldenbremse für den Bund ab 2016 und die Länder ab 2020 vorgenommen worden ist, durchaus folgerichtig. Ob sie eingehalten wird, bleibt abzuwarten. Bedenklich erscheint allerdings, dass -wie oben gezeigt-, nicht einmal die Maastricht-Grenzen eingehalten, vorgesehene Defizit Verfahren bislang „erfolgreich" verhindert worden sind, und das nicht zuletzt von Deutschland und Frankreich.

Immerhin haben die Konstrukteure der Maastricht-Kriterien einen unmittelbaren Zusammenhang zwischen Nettokreditaufnahme und Wirtschaftsentwicklung herzustellen versucht. Die verfassungsrechtlichen Schuldengrenzen des Bundes und der Länder waren bisher weit weniger strikt. Mit der Bindung der Nettokreditaufnahme an die Investitionstätigkeit der staatlichen Haushallte war zwar auch die Erwartung verbunden, dass öffentliche Investitionen Grundlage

7 Zur ausführlichen Ableitung vgl. Hardt, Hiersemenzel, Keppler 1996: 25 ff. sowie Sachverständigenrat zur Begutachtung der gesamtwirtschaftlichen Entwicklung 2007: 41 ff.

der wirtschaftlichen Entwicklung sind, dass sie Wachstum und zusätzliche Steuereinnahmen generieren, somit wachsende Zinsausgaben gleichsam selbst finanzieren. Dass sich die vermuteten Zusammenhänge in der Realität nicht unbedingt bestätigen, hat sich in den vergangenen Jahren gezeigt: Nicht jede staatliche Investition ist wachstumsrelevant, auch öffentliche Investitionen können sich als Fehlgriff erweisen. Gerade in weit entwickelten Volkswirtschaften könnte man sogar die These verfolgen, dass der gesamtwirtschaftliche Ertrag öffentlicher Investitionen jeweils im Verlauf von Zyklen langer – insbesondere technologisch geprägter – Wellen abnimmt. Gleichmäßiges wirtschaftliches Wachstum müsste dann mit stetig steigenden Investitionen und Kreditaufnahmen erkauft werden.

Mit Blick auf die Verschuldungsbegründung aus der Abwehr von Störungen des gesamtwirtschaftlichen Gleichgewichts wird die Vermutung eines Zusammenhangs zwischen Kreditfinanzierung und Wachstum, vor allem aber auf eine Stabilisierung der Zins-Steuer-Quote weiter ausgehöhlt. Voraussetzung für eine Stabilisierung der Zins-Steuer-Quote wäre ein symmetrischer Verlauf der Konjunkturzyklen und somit die Möglichkeit, Kredite im Abschwung im folgenden Aufschwung wieder zurückzuzahlen; notwendig wäre überdies eine konstante Steuerpolitik.

Dass diese Bedingungen seit langem nicht mehr gegeben sind, ist bekannt. Dass in Bund und Ländern mittelfristig nicht einmal mittel- oder gar langfristig die Kopplung zwischen Nettokreditaufnahme und Investitionen eingehalten worden ist, belegen die Abbildungen 11 und 12. Für den Bund (Abbildung 11) stellt sich danach heraus, dass Kreditaufnahme und Investitionstätigkeit schon seit Beginn der Beobachtungsperiode auseinandergedriftet sind. Letztlich sind nur zwei Jahre – 2001 und 2007 – identifizierbar, in denen die Nettokreditaufnahme die Investitionstätigkeit deutlich unterschritten hat. Im Jahr 2001 sind die außerordentlichen Einnahmen aus der Versteigerung der UMTS-Lizenzen zum Schuldenabbau verwendet worden, 2007 hat der starke konjunkturelle Aufschwung zumindest eine Rückführung der Neuverschuldung erlaubt. Mit dem Beginn der „Finanzkrise“ 2008 sind die Pläne des Bundes zum Abbau der Nettokreditaufnahme allerdings ein weiteres Mal gescheitert.

Abb. 11: Nettokreditaufnahme und Investitionen in Mio. Euro des Bundes

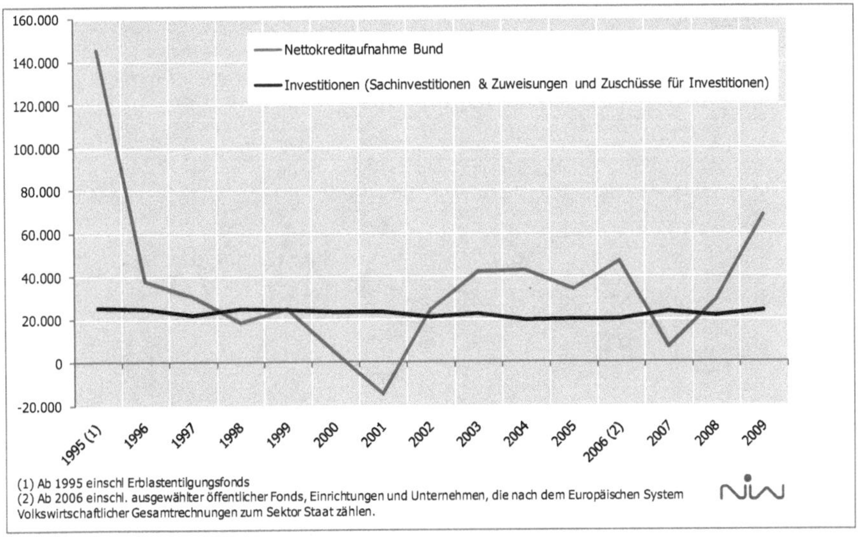

Quelle: Statistisches Bundesamt, FS 14, Reihe 5 2009, Finanzberichte des Bundes, eigene Berechnungen

Das Land Niedersachsen hat zwischen 1995 und 2000 das Ziel, die Nettokreditaufnahme die Summe eigenfinanzierter Investitionen nicht übersteigen zu lassen, nahezu erreicht (Abbildung 12). Danach kam es allerdings zu heftigen Abweichungen, die sich zum Teil aus konjunkturellen, zum Teil aber auch aus steuerpolitischen Entscheidungen des Bundes erklären. Von einer Kongruenz zwischen investiven Ausgaben und Kreditaufnahme konnte kaum noch die Rede sein. Allein in den Jahren 2006 und 2007 wurde die Neuverschuldung erheblich reduziert, die Investitionstätigkeit nach starkem Einbruch kurzfristig wieder ausgeweitet. Schon 2008 klaffte indessen wieder eine große Lücke zwischen Kreditaufnahme und Investitionen, 2009 ist sie weiter gewachsen.

Für die Staaten der Euro-Zone, den Bund und die deutschen Länder muss damit festgehalten werden, dass zwar Schuldengrenzen existieren, dass sie aber zum ersten nicht auf realistischen Annahmen beruhen und dass sie darüber hinaus nicht eingehalten worden sind. Auf diese Weise kann die zunehmende Belastung der öffentlichen Haushalte nicht verhindert werden.

Abb. 12: Nettokreditaufnahme und Investitionen in Mio. € in Niedersachsen 1980 bis 2011

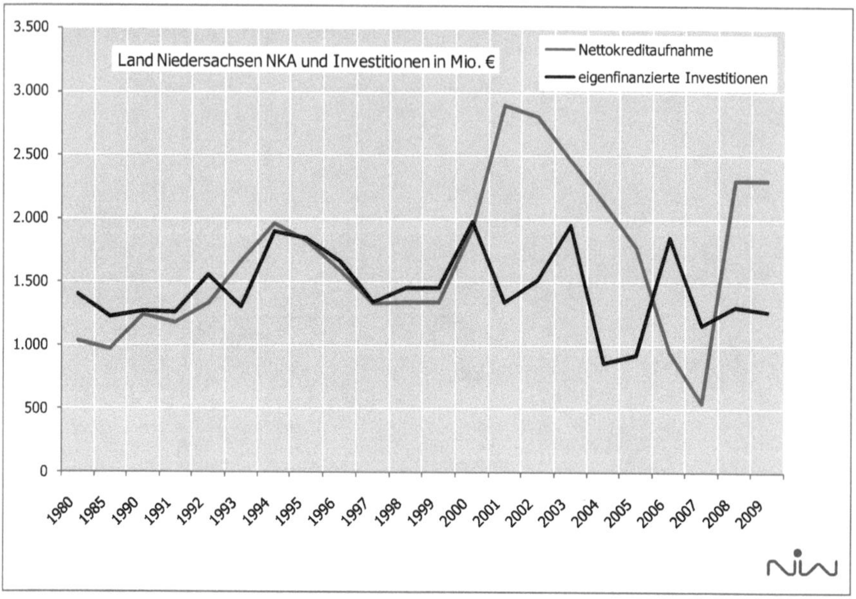

Quelle: Niedersächsisches Finanzministerium, eigene Berechnungen

Auf der kommunalen Ebene sind die Schuldengrenzen dagegen – bevor es zur Ausweitung der Kassenkredite kam – weitgehend eingehalten worden. Während für Bund und Länder nie eine Differenzierung zwischen fundierter Schuld (Kreditaufnahme am Kapitalmarkt) und Kassenkrediten vorgenommen worden ist, sind die Haushalte der Kommunen im kameralen System in Verwaltungs- und Vermögenshaushalte unterteilt worden; Kredite am Kapitalmarkt waren nur im Vermögenshaushalt erlaubt, und das auch nur dann, wenn die dauerhafte Leistungsfähigkeit gesichert war. Diese Bedingung galt nach altem Haushaltsrecht als erfüllt, wenn die Pflichtzuführung vom Verwaltungs- zum Vermögenshaushalt (in Höhe der Kreditbeschaffungskosten und der ordentlichen Tilgung) noch erbracht werden konnte. Die Kommunen mussten im Rahmen ihrer Haushalts- und Finanzplanung nachweisen, dass sie aus regelmäßig wiederkehrenden Einnahmen neben der Erfüllung ihrer Verpflichtungen für laufende Ausgaben auch ihr Vermögen erhalten konnten.[8] Das neue Haushaltsrecht argumentiert ähnlich. Dauernde Leistungsfähigkeit ist dann gegeben, wenn der Haushaltsausgleich im Haushaltsjahr und in der mittelfristigen Finanzplanung erreicht wird

8 § 22 Abs. 1 Satz 2 Gemeindehaushaltsverordnung vom 27 August 1973.

und voraussichtliche Vorbelastungen künftiger Haushaltsjahre – auch in Eigenbetrieben – abgedeckt werden können.[9] Die Anforderungen der Maastricht-Kriterien und des Grundgesetzes bzw. der Länderverfassungen sind auf diese Weise quasi kombiniert worden. Auf die Einhaltung haben die Kommunalaufsichtsbehörden – zumindest in Niedersachsen - strikt geachtet. Abbildung 13 zeigt, dass die Nettoneuverschuldung der kommunalen Ebene am Kapitalmarkt seit 1995 kaum gestiegen ist, Schuldenabbau hat – bei rückläufigen Investitionen – in der Mehrzahl der Beobachtungsjahre stattgefunden. Bei der Beurteilung sind allerdings mehrere Dinge zu beachten:

- Zum Ersten haben die Kommunen ihre Investitionen nicht allein finanziert, sondern sie sind dabei von der EU, vom Bund und auch von den Ländern unterstützt worden. So erklärt sich der Anstieg des Investitionsvolumens im Jahr 2009 nicht zuletzt aus der Umsetzung des Konjunkturpakets II, das auch zur Modernisierung und zum Ausbau der kommunalen Infrastruktur genutzt worden ist.
- Zum Zweiten sind in den Daten weder die Investitionen noch die Kreditaufnahmen ausgelagerter kommunaler Betriebe enthalten. Dies könnte in zunehmendem Maße Verzerrungen herbeigeführt haben.
- Zum Dritten blendet diese Betrachtung die wachsende Problematik der Kassenkredite aus, die – wie oben gezeigt – gerade in den letzten Jahren rasant gewachsen ist.

Die Veränderung der Schuldenstruktur ist sicherlich mit auf die Verschiebung der Ausgabestrukturen zurückzuführen: Insbesondere die laufenden sozialen Lasten sind auch nach 2005 – der Einführung des SGB II – weiter rapide gestiegen. Sie hätten ohne eine Ausweitung der Kassenkredite möglicherweise nicht finanziert werden können; so argumentieren jedenfalls die Vertreter der Kommunen. Hinzu kommt jedoch, dass Kassenkredite ohnehin nur dann einer Genehmigung bedürfen, wenn sie ein gewisses Niveau überschreiten und dass die Genehmigungspraxis anscheinend keine sonderlich strengen Regeln kennt oder sich zumindest nicht daran gehalten hat.

Inzwischen ist allerdings klar geworden, dass sich die Kassenkredite in einzelnen Regionen auf Beträge summieren, die von den kommunalen Gebietskörperschaften selbst und aus eigener Kraft nicht mehr aufgebracht werden können. Diese sogenannte „Vergeblichkeitsfalle“ hat ihrerseits nochmals zum Wachstum der Verschuldung beigetragen, weil sie das Ziel des Schuldenabbaus als illuso-

9 § 23 Gemeindehaushalts- und -kassenverordnung (GemHKVO) vom 22. Dezember 2005.

risch und weitere Kreditaufnahmen nun als auch nicht weiter bedenklich erscheinen lässt.

Abb. 13: Kommunaler Schuldenstand und Nettoneuverschuldung 1995-2010, in 1000. Euro

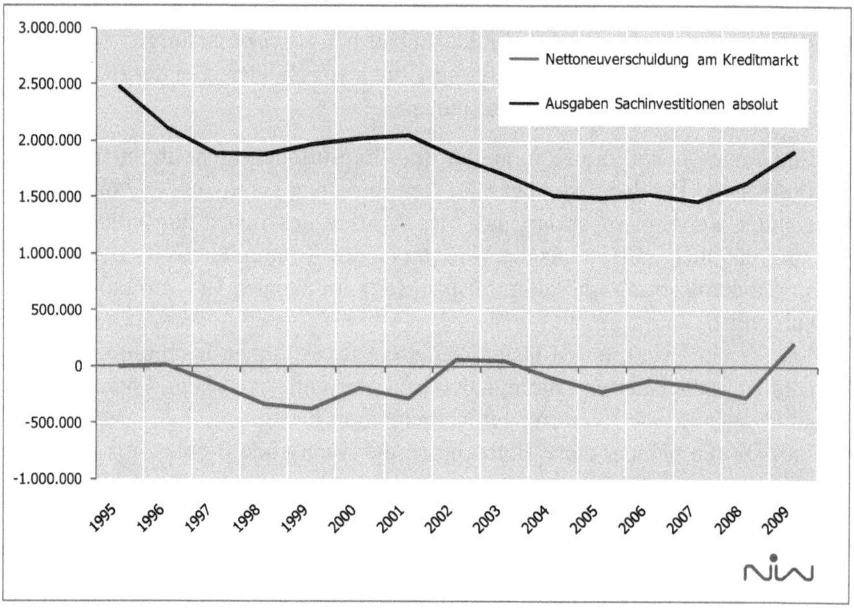

Quelle: LSKN, eigene Berechnung

Mehrere Länder sind deshalb zu dem Schluss gekommen, dass ein erster Schritt zur Problembewältigung in der Rückzahlung der Kassenkredite mit Landeshilfe bestehen muss. Die Verringerung des Schuldendienstes soll eine Entlastung der betroffenen Kommunen und ihrer Haushalte bringen und die Haushaltsspielräume der Zukunft wieder erweitern. Die Gewährung von Hilfen wird jedoch üblicherweise an Auflagen geknüpft, die die künftige Aufnahme von Kassenkrediten, aber auch von Kapitalmarktkrediten eindämmt. Drei solcher Vorhaben, die schon seit längerem beschlossen sind, seien anschließend vorgestellt.[10]

10 Eine ausführliche Darstellung für 10 Länder findet sich in der städtetag 2011: 38ff.

4. Kommunale Entschuldungsfonds als geeignetes Hilfsinstrument?

Entschuldungsmodelle in Sachsen-Anhalt, Rheinland-Pfalz und Niedersachsen

Sachsen-Anhalt

Im Land Sachsen-Anhalt ist ein Aufwuchs von Kassenkrediten erst ab dem Jahr 2000 zu beobachten; hier werden vor allem die fundierten Schulden der Kommunen als Problem gesehen. Das Land fördert mit dem Programm Stark II Gemeinden, Landkreise und kreisfreie Städte mit überdurchschnittlichen Schulden und niedriger Steuerkraft. Dazu werden zinsgünstige Darlehen und ein einmaliger „Entschuldungszuschuss" vergeben. Voraussetzung für die Zahlung ist der Abschluss einer Vereinbarung über eine „Konsolidierungspartnerschaft", die u.a. vorsieht, dass die Begünstigten jährlich Fortschrittsberichte vorlegen, in denen der Schuldenabbau nachgewiesen wird. Wird die Vereinbarung nicht eingehalten, droht ein Zinsaufschlag.

Das Programm Stark II wird aktuell nur zum Abbau fundierter Kredite eingesetzt, im Prinzip ließen sich auf diese Weise aber auch Kassenkredite reduzieren. Bemerkenswert ist vor allem die Finanzierung der eingeplanten rund 514 Mio. Euro – sie wird allein vom Land und der Investitionsbank Sachsen-Anhalt geleistet. Die Solidargemeinschaft der Kommunen ist hingegen nicht gefordert.

Rheinland-Pfalz

In Rheinland-Pfalz haben die kommunalen Kassenkredite inzwischen erhebliche Ausmaße angenommen; nach den Kommunen des Saarlandes haben sie 2010 die höchsten Kassenkredite in Deutschland ausgewiesen. Das Land hat deshalb 2010 mit der Reformagenda zur Verbesserung der kommunalen Finanzen ein umfassendes Hilfspaket zusammengestellt. Es enthält:

- Die Einrichtung einer „Finanzagentur", die Beratung zur Optimierung des Kreditmanagement in den Kommunen anbieten soll.
- Eine Zinsgarantie, mit der sichergestellt wird, dass die Kommunen nicht mehr als 3,5 % an Geldmarktzinsen zu zahlen haben – höhere Zinsen werden vom Land getragen.
- Eine Verlängerung der Laufzeiten von neuen Liquiditätskrediten auf bis zu 10 Jahre, um das derzeit niedrige Zinsniveau nutzen zu können.
- Umschichtungen im Finanzausgleich zugunsten steuerschwacher Regionen.
- Die Einrichtung eines Entschuldungsfonds ähnlich wie in Niedersachsen.

Das Gesamtvolumen des Entschuldungsfonds ist auf 3,9 Mrd. Euro festgelegt worden; damit sollen zwischen 2012 und 2026 zwei Drittel aller bis Ende 2009 aufgelaufenen Kassenkredite abgebaut werden. Die Finanzierung ist zu jeweils ein Drittel aus Landesmitteln, aus einer Vorwegentnahme aus dem kommunalen Finanzausgleich und aus Eigenmitteln der Begünstigten vorgesehen. Die große Summe wirkt zunächst beeindruckend, sie relativiert sich allerdings, wenn man bedenkt, dass sie auf 15 Jahre gestreckt (pro Jahr verbleiben damit 260 Mio. Euro) und überdies zu zwei Drittel von der kommunalen Ebene selbst aufgebracht werden muss. Der jährliche Beitrag des Landes reduziert sich damit auf rund 86 Mio. Euro. Dieser Betrag dürfte für das finanzschwache Land Rheinland-Pfalz zwar eine erhebliche Belastung darstellen, ob er ausreicht, den Kommunen aus ihrer Kreditsituation zu helfen, muss sich aber erst erweisen. Dies gilt umso mehr, als mit der Verlängerung der Laufzeiten von Liquiditätskrediten auf 10 Jahre die Duldung der Kreditfinanzierung laufender Ausgaben fortgesetzt zu werden scheint. Noch mehr verwundert es, dass die Aufteilung der bereitgestellten Mittel nach dem Anteil der einzelnen begünstigten Kommune an der Gesamtsumme der im Land aufgelaufenen Kassenkredite erfolgen soll. Die Frage nach den Ursachen wird zumindest nicht explizit gestellt.

Der Beitritt von Kommunen, die Leistungen aus dem Fonds in Anspruch nehmen wollen, ist (formell) freiwillig.[11] Voraussetzung für die Bewilligung von Hilfen ist der Abschluss eines Konsolidierungsvertrages mit dem Land, in dem Schritte zur Verbesserung der Haushaltssituation vereinbart werden. Wie die Maßnahmen im Einzelnen aussehen, insbesondere wie die Eigenbeteiligung aufgebracht werden kann, ist dabei von den Kommunen selbst festzulegen; die jährlichen Entschuldungshilfen werden jedoch nur dann ausgezahlt, wenn die Konsolidierungsvereinbarungen auch eingehalten werden.

Niedersachsen

Das Land Niedersachsen hat bereits im Dezember 2009 zusammen mit der Arbeitsgemeinschaft der kommunalen Spitzenverbände eine gemeinsame Erklärung zur Zukunftsfähigkeit der niedersächsischen Kommunen abgegeben – hier wird der sogenannte „Zukunftsvertrag" formuliert, mit dem ein ganzer Korb von Zielen und Maßnahmen anvisiert worden ist. Dazu gehören u.a.:

- Hauptziel ist es, die finanzielle Leistungsfähigkeit der Kommunen wiederherzustellen.

11 Schwarting vermutet allerdings, dass für die Kommunen ein „faktischer Zwang" besteht, die angebotenen Mittel in Anspruch zu nehmen (Schwarting 2011: 26).

- Es sollen gemeinsam Aufgaben und Standards reduziert und Bürokratieabbau vorangetrieben werden.
- Interkommunale Zusammenarbeit und eGovernment sind weiter zu fördern.
- Weiterhin wird ein gemeinsamer Entschuldungsfonds gegründet.
- Gleichzeitig werden die vorhandenen kommunalen Gebietsstrukturen überprüft und freiwillige kommunale Neugliederungen unterstützt, flankierend wird eine ressortübergreifende, intensivierte Strukturpolitik angestrebt.

Der Entschuldungsfonds selbst soll – zunächst zeitlich unbegrenzt – 70 Mio. Euro jährlich enthalten, kommunale Eigenmittel der Begünstigten nicht eingerechnet. Diese 70 Mio. Euro werden zur Hälfte vom Land beigesteuert, die andere Hälfte wird von der Kommunalebene getragen und über eine steuer- bzw. umlagekraftabhängige Umlage von Einheits- und Samtgemeinden, Landkreisen und kreisfreien Städten erhoben. Entsprechende Regelungen sind als §§ 14a bis 14e in das Niedersächsische Gesetz über den Finanzausgleich (NFAG) eingegangen. Mit diesen Mitteln sollen Kommunen Tilgungs- und Zinshilfen in Höhe von 75 % ihrer bis Ende 2009 aufgelaufenen Kassenkredite erhalten. Die fehlenden 25 % müssen sie selbst aufbringen. Bei voller Ausschöpfung würde sich das verwendete Finanzierungsvolumen also auf rund 93,3 Mio. Euro jährlich belaufen.

Begünstigte werden sein:

- Gebietskörperschaften mit überdurchschnittlichen Kassenkrediten,
- Gebietskörperschaften mit geringer Steuer- bzw. Umlagekraft und
- Gebietskörperschaften mit dem Willen zum Zusammenschluss.

Das letzte der genannten Kriterien (das nicht zwingend erfüllt sein muss, wenn eine Gemeinde nachweislich auch allein konsolidieren kann) leitet sich aus der Annahme ab, dass mit kommunalen Fusionen schon Mittelersparnisse verbunden sind, die zur Schuldentilgung eingesetzt werden können. Ob dies den Tatsachen entspricht, ist hier nicht weiter zu hinterfragen; hingewiesen sei allerdings darauf, dass bei einer Fusion sicherlich kein Sparautomatismus wirksam wird, sondern eine politisch gewollte Umsetzung erforderlich ist. Dass es dazu in jedem Fall kommt, sollen Konsolidierungsverträge sicherstellen, die die Begünstigten mit dem Land abschließen müssen. Zwar ist die Inanspruchnahme von Mitteln aus dem Entschuldungsfonds freiwillig, wenn jedoch Verträge abgeschlossen werden, ist mit recht harten Auflagen zu rechnen. So kann z.B. gefordert werden, dass die Realsteuersätze erhöht werden oder dass bei Investitionen in freiwilligen Aufgabenbereichen vollständig auf Kreditfinanzierung verzichtet wird.

Zusammenfassend ist damit zunächst festzuhalten, dass die Konzepte – trotz recht unterschiedlicher Gestaltung in den Einzelheiten – letztlich auf die Symptombekämpfung ausgerichtet sind: den Schuldenabbau. Dass damit auch eine Minderung der Zinslasten und eine Erweiterung der Haushaltsspielräume erreicht werden kann, ist unbestritten. Die Frage ist allerdings, ob solche Entlastungen dauerhaft und nachhaltig sein können.

Gemeinsam ist allen der drei vorgestellten Maßnahmen, dass die Begünstigten einen Eigenbeitrag zum Schuldenabbau leisten müssen, der sich kaum allein aus der Zinsersparnis wird finanzieren lassen. Weitergehende Einsparungen und/oder Einnahmesteigerungen erscheinen deshalb notwendig. Wenn sie für die Zukunft in Konsolidierungsvereinbarungen zugesichert werden können, warum haben sie sich dann nicht schon früher umsetzen lassen? Wenn die Aufnahme von extrem hohen Kassenkrediten aus purer Not erfolgt ist und deshalb von den Kommunalaufsichtsbehörden genehmigt werden musste, ist aktuell nicht ersichtlich, warum solche Situationen künftig nicht mehr auftreten und ähnliche Notlagen herbeiführen sollten. Denkbar wäre allerdings auch, dass es solche Zwänge schon früher nur vereinzelt gab und die Kommunalaufsichtsbehörden bei der Genehmigung zahlreicher Kassenkreditaufnahmen schlichtweg nachlässig gehandelt haben. Dies wäre allerdings ein harter Vorwurf, und zwar sowohl an die Kommunen mit mangelnder Haushaltsdisziplin als auch an die Aufsicht. Auf mögliche Ursachen der Inanspruchnahme von Kassenkrediten soll deshalb kurz und beispielhaft eingegangen werden.

Vermutete Ursachen der Kassenkreditproblematik und ihre Berücksichtigung in den Entschuldungsfonds – einige Beispiele

Die Entschuldungsstrategien für die kommunale Ebene in Sachsen-Anhalt und in Niedersachsen sehen den Hauptgrund für zunehmende Verschuldung offenbar auf der Einnahmeseite der kommunalen Haushalte. Deshalb werden die Hilfen vorrangig an finanzschwache Kommunen vergeben. Die Analysen für verschiedene Bundesländer haben allerdings ergeben, dass es nicht unbedingt die finanzschwachen Kommunen sind, die die höchsten Kassenkredite kumuliert haben.[12] Eine kurze Darstellung für Niedersachsen mag dies nochmals belegen.

12 So hat sich z.B. für Rheinland-Pfalz gezeigt, dass es auch größere, steuerstarke Städte wie etwa Ludwigshafen waren, die Jahr für Jahr wachsende Kassenkredite aufgenommen haben. Vgl. dazu: Hardt, Schiller 2010: 83ff.

Abb. 14: Kassenkredite der Städte und Gemeinden in Niedersachsen nach Steuerkraft, 2009

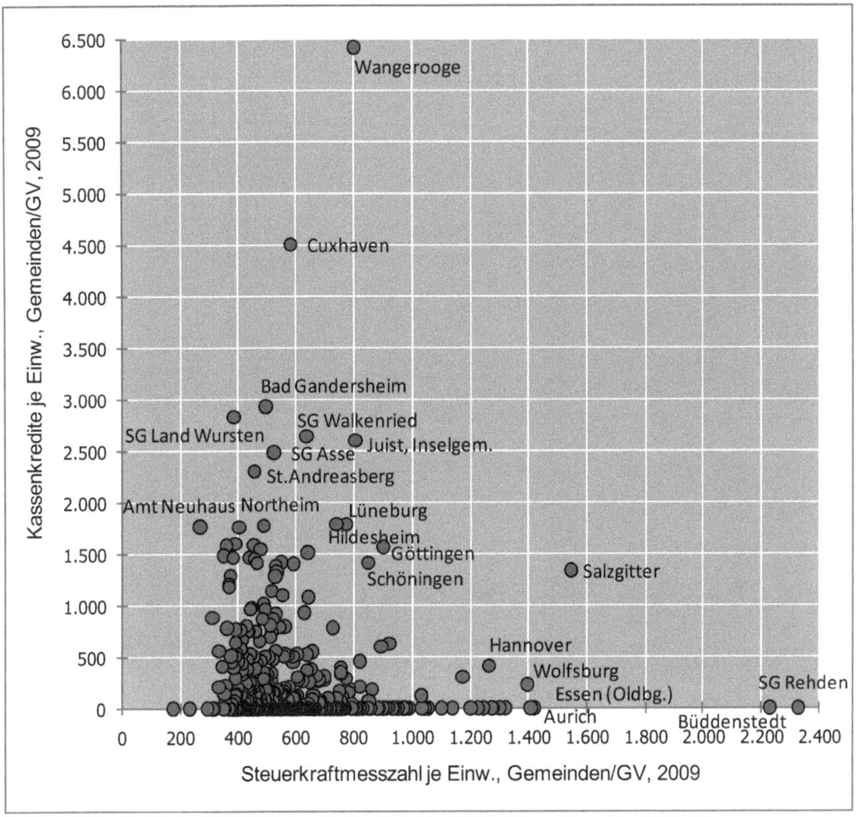

Quelle: LSKN, eigene Berechnungen

Abbildung 14 bildet Kassenkreditvolumen und Steuerkraftmesszahl je Einwohner für die Städte und Gemeinden in Niedersachsen im Jahr 2009 ab. Hier zeigt sich, dass eine Vielzahl von Gemeinden mit unterschiedlichster Steuerkraft ohne dauerhaft angelegte Kassenkredite ausgekommen ist. Dazu zählen die beiden steuerstärksten Gemeinden Büddenstedt und Rehden, aber auch einige der steuerschwächsten. Besonders hohe Schuldenstände aus Kassenkrediten haben dagegen das Nordseebad Wangerooge – das immer wieder auf hohe Ausgabenbelastungen aus seiner Insellage hinweist – und die Stadt Cuxhaven ausgewiesen. Beide gehören nicht zu den steuerschwächsten Gemeinden, ebenso wenig wie die Städte Lüneburg, Hildesheim und Göttingen. Besonders auffällig ist die

Lage in der Stadt Salzgitter, die trotz sehr hoher Steuerkraft deutlich erhöhte Kassenkredite akkumuliert hat. Steuerschwäche allein erklärt die Verschuldungssituation somit nicht. Zwar mag man die Auffassung vertreten, dass sich die steuerstarken Städte und Gemeinden aus eigener Kraft ihrer Schuldenlast entledigen können; Anreize dazu bietet der Zukunftsvertrag indessen kaum.

Abb. 15: Kassenkredite der Landkreise in Niedersachsen nach Umlagekraft, 2009

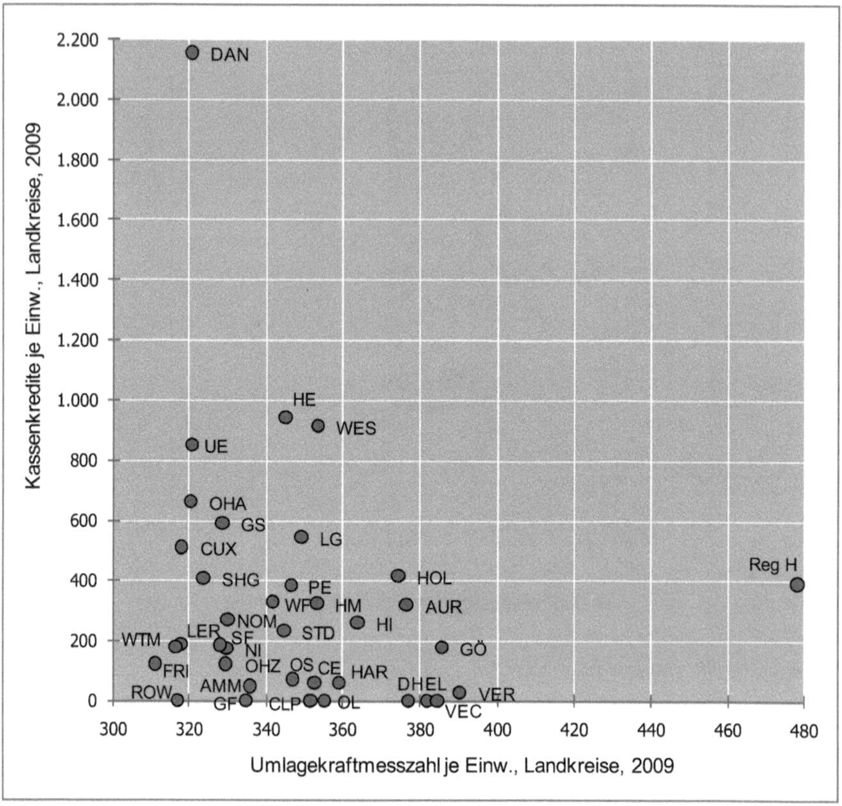

Quelle: LSKN, eigene Berechnungen

Für die Kreisebene zeigt sich in Abbildung 15 ein ähnlich diffuses Bild. Zu den Landkreisen mit niedrigem Schuldenstand aus Kassenkrediten zählen wiederum solche mit hoher, aber auch mit niedriger Umlagekraft. Einen extrem hohen Schuldenstand hat der Landkreis Lüchow-Dannenberg ausgewiesen, der schon in der Bestandsaufnahme im 2. Abschnitt durch seine massive Kassenkreditaufnahme hervorgetreten ist. Demgegenüber ist der Landkreis Rotenburg/Wümme (ROW) trotz relativ niedriger Umlagekraft ohne länger bestehende Kassenkredite ausgekommen. Bemerkenswert ist überdies die Verschuldungslage der Region Hannover, die relativ hohe Kassenkredite aufgenommen hat, obwohl ihre Umlagekraft weit überdurchschnittlich war. Auch für die Kreisebene ist damit festzuhalten, dass es weniger die Einnahmesituation einzelner Gebietskörperschaften gewesen sein dürfte, die für die Aufnahme von Kassenkrediten verantwortlich war.

Abb. 16: Kassenkredite und Sozialausgaben der Landkreise in Niedersachsen, 2008

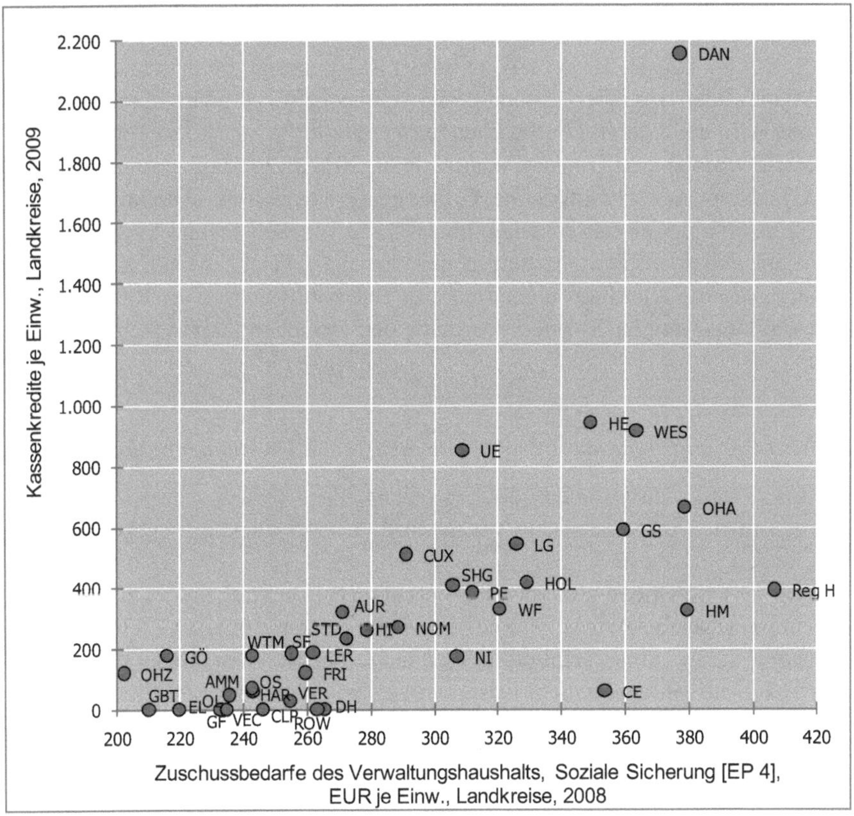

Quelle: LSKN, eigene Berechnungen

Vor diesem Hintergrund wäre deshalb nochmals zu diskutieren, warum speziell der Zukunftsvertrag in Niedersachsen, aber auch das Stark II Programm in

Sachsen-Anhalt so stark auf die Einnahmeseite der kommunalen Haushalte abstellen. Ein Blick auf die Ausgabenseite könnte zumindest partiell weiterhelfen. In Abbildung 16 sind Kassenkredite und Zuschussbedarfe für die soziale Sicherung im Einzelplan 4 der Landkreise Niedersachsens ins Verhältnis gesetzt worden. Hier scheint schon eher ein Zusammenhang erkennbar, wenngleich er sich mit zunehmender Belastung aus Sozialausgaben als immer weniger strikt erweist. So sind die extrem hohen Kassenkredite im Landkreis Lüchow-Dannenberg keinesfalls aus den Soziallasten ableitbar; im Landkreis Hameln-Pyrmont (HM) sind sie bei etwa gleichen Zuschussbedarfen im Einzelplan 4 sehr viel niedriger ausgefallen. Vor allem der Landkreis Celle ist trotz starker Belastungen aus der sozialen Sicherung mit nur geringfügigen Kassenkrediten ausgekommen.

Eine monokausale Beziehung zwischen Kassenkreditvolumen und einzelnen Einnahme- oder Ausgabepositionen erscheint deshalb kaum ableitbar. Diese Erfahrung wird auch durch Untersuchungen bestätigt, die für andere Bundesländer angestellt worden sind (Junkernheinrich et al. 2011: 29ff.). Junkernheinrich und Lenk machen vielmehr „föderale Gemengelagen" aus, die sehr komplex und häufig historisch gewachsen seien (ebenda). So gesehen scheint es konsequent, allein am Schuldenstand anzusetzen und vorrangig seinen Abbau anzustreben. Damit es künftig allerdings nicht erneut zu einem Anwachsen der Kassenkredite kommen kann, ist gleichwohl weiter nach den Ursachen ihrer Zunahme zu forschen.

Schlussfolgerungen für künftige Verschuldungs- und Genehmigungspraxis

Die Frage nach den Ursachen der explosionsartig angestiegenen Kassenkredite ist eng mit der Frage nach den Verantwortlichkeiten für die aufgezeigten Entwicklungen verknüpft.

Sie wird zum einen gestellt, weil ein bailing-out öffentlicher Haushalte üblicherweise abgelehnt wird: Es soll vermieden werden, dass sich einzelne Gebietskörperschaften undiszipliniert verhalten und mehr oder minder hemmungslos Kredite aufnehmen, in dem Wissen, dass sie von anderen beizeiten „gerettet" werden. Die Entschuldungsfonds, speziell wenn sie die interkommunale Solidarität in Anspruch nehmen, würden dann falsche Anreize setzen. Umso mehr kommt es darauf an, dass die mit den Hilfen verbundenen Auflagen eingehalten werden. Dazu bedarf es einer strengen Prüfung und gegebenenfalls der Ablehnung einer beantragten Kreditgenehmigung. Die Institution der Kommunalaufsicht erlaubt dies für die kommunalen Gebietskörperschaften, für andere Ebenen war eine solche Prüfung bisher entweder nicht vorgesehen oder Verfehlungen sind nicht wie geplant geahndet worden. So ist der Nicht-Einhaltung der Konvergenzkriterien des Maastricht-Vertrages nie ein Defizit-Verfahren gefolgt, das auch Konsequenzen gehabt hätte. Verfassungsklagen gegen die Haushalte von Bund und Ländern wegen der Überschreitung der Kreditgrenze – des Investitionsvolumens – sind in der Vergangenheit entweder erst lange nach dem Haushaltsvollzug erfolgreich in dem Sinne gewesen, dass sie als Rüge für die jeweils politisch Verantwortlichen verstanden werden konnten, oder sie sind mit der Feststellung eines gesamtwirtschaftlichen Ungleichgewichts bereits im Vorfeld abgeschmettert worden.[13] Überhöhte Kreditaufnahme haben sie jedenfalls kaum verhindert.

Für die Kommunalebene hat die Begrenzung fundierter Schulden bisher gute Ergebnisse hervorgebracht, im Fall der Kassenkredite hingegen nicht. Die Forderung nach ausgeglichenen Haushalten, wie sie alle Gemeindeordnungen stellen, reicht dazu offenbar nicht aus; sie muss auch durchgesetzt werden. In Niedersachsen ist es dazu nicht oder nur bedingt gekommen.

Die Frage nach den Verantwortlichkeiten richtet sich aber zum anderen darauf, inwieweit die Kommunen selbst überhaupt in der Lage sind, ihre Haushalte zu steuern, Kassenkredite zu vermeiden. Auf der Einnahmeseite sind die Einflussmöglichkeiten relativ gering; außer der (begrenzten) Gestaltung der Gebühren und der Festsetzung der Realsteuerhebesätze haben sie kaum Spielräume zur Einnahmeerhöhung. Auf der Aufgaben- und Ausgabenseite erscheinen die kommunalen Handlungsoptionen größer. Trotzdem bleibt auch hier festzuhalten, dass die Kommunen nicht allein über ihre Aufgabenwahrnehmung bestimmen. Europäisches Recht, Bundesrecht – man denke wiederum an die Sozialgesetzgebung – erweitert und umgesetzt durch Landesrecht, geben den kommunalen Gebietskörperschaften vielfach vor, welche Aufgaben sie zu erfüllen und welche Ausgaben sie zu leisten haben. Verantwortlichkeiten werden vermengt, sind nicht mehr eindeutig voneinander zu trennen.

Insbesondere die Bundesverantwortung für kommunale Finanzprobleme ist deshalb immer wieder hervorgehoben worden. In der Konzeption zur Entschuldung kommunaler Haushalte wird deshalb auch vermehrt davon ausgegangen, dass ohne einen substanziellen Beitrag des Bundes zur Entlastung nicht auszukommen ist.[14]

13 Der Beschluss des Verfassungsgerichtshofs zum Nachtragshaushalt NRW Ende 2010, mit einer einstweiligen Anordnung den Haushaltsvollzug zu unterbinden, sofern er auf zusätzliche Kredite hätte zurückgreifen müssen, war insofern ein Novum. Vgl. den Beschluss VerfGH NRW 19/10.

14 So erwartet Schwarting, dass der rheinland-pfälzische Entschuldungsfonds implizit auch von einer Bundesbeteiligung ausgeht (Schwarting 2011: 27). Ebenso Junkernheinrich et al. (2011): 135ff.

Zusammenfassend ist damit Junkernheinrich und Lenk zuzustimmen, dass ein Paradigmenwechsel weg von der Verschuldungsmentalität auf allen Ebenen anzustreben ist. Dafür sind aber auch andere Beteiligte einzubinden: Dazu gehören nicht zuletzt die Banken, die bisher keine Eigenkapitalrücklage nachweisen müssen, wenn sie öffentlichen Haushalten Kredit gewähren. Kredite können deshalb zu sehr niedrigen Zinsen gewährt werden, auch wenn die Frage der Rückzahlung nicht letztendlich geklärt ist.

Dies könnte sich ändern, wenn Gläubiger künftig mit in die Verantwortung gezogen würden. Aktuell ist ein solches Modell für die kommunale Ebene nicht diskutabel; die rechtlichen Voraussetzungen verbieten kommunale Insolvenzen. Wenn die Entschuldungsfonds Erfolg haben, wäre aber gleichwohl darüber zu sprechen.

Literatur

Deutsche Städtetag (2011): Gemeindefinanzbericht 2011: Weniger Defizite – aber die Strukturkrise bleibt. In: der städtetag 2011(5).

Hardt, U; Hiersemenzel, U.; Keppler, H. (1996): Verschuldungsgrenzen für die öffentlichen Haushalte – Einige ökonomische Überlegungen anlässlich der niedersächsischen Verfassungsdebatte. In: Niedersächsische Verwaltungsblätter (NdsVBL) 1996(2), 25 ff.

Hardt, U.; Schiller, D. (2010): Finanzwissenschaftliche Benchmarkinganalyse der kommunalen Haushalte in Rheinland-Pfalz. Hannover.

Junkernheinrich, M. et al. (2011): Haushaltsausgleich und Schuldenabbau – Konzept zur Rückgewinnung kommunaler Finanzautonomie im Land Nordrhein-Westfalen. Kaiserslautern, Leipzig, Bottrop.

Sachverständigenrat zur Begutachtung der gesamtwirtschaftlichen Entwicklung (2007): Staatsverschuldung wirksam begrenzen. Expertise im Auftrag des Bundesministers für Wirtschaft und Technologie. Wiesbaden.

Schwarting, G. (2011): Der Entschuldungsfonds in Rheinland-Pfalz – Auf dem Weg zu nachhaltigen Kommunalfinanzen?- In: der gemeindehaushalt 2011(2), 25-28.

Verfassungsgerichtshofs NRW (2010): Beschluss zum Nachtragshaushalt NRW. VerfGH NRW 19/10.

Vesper, D. (2007): Staatsverschuldung und öffentliche Investitionen. Studie im Auftrag der Hans-Böckler-Stiftung.
http://dokumente.linksfraktion.de/inhalt/7711204409.pdf (12.12.2011).

Wissenschaftlicher Beirat beim Bundesministerium der Finanzen (1980): Gutachten zum Begriff der öffentlichen Investitionen. = Schriftenreihe des BMF 29, Bonn.

Marc Hansmann

Kommunale Haushaltskonsolidierung in der Vergeblichkeitsfalle?

Seit über 20 Jahren betreiben Kommunen Haushaltskonsolidierung. Eine nachhaltige Sanierung des Haushalts ist dennoch nicht gelungen. Allein das ist schon ein Grund, frustriert zu sein. Mittlerweile ist das Ziel des Haushaltsausgleichs für viele Kommunen faktisch unerreichbar, so dass Sparbemühungen als vergeblich angesehen werden. Befindet sich die kommunale Haushaltskonsolidierung also in der Vergeblichkeitsfalle? Um diese Frage beantworten zu können, werden zunächst Ausmaß und Ursachen der kommunalen Finanzkrise analysiert. Auf der Grundlage einer kritischen Analyse der Handlungsfelder und bisherigen Ergebnisse der Haushaltskonsolidierung soll die erkenntnisleitende Fragestellung abschließend beantwortet werden.

1. Ausmaß der kommunalen Finanzkrise

Die Kommunen befinden sich seit Anfang der 1990er Jahre in einer strukturellen Finanzkrise. Seitdem schaffen viele Städte und Gemeinden den gesetzlich vorgeschriebenen Haushaltsausgleich allenfalls in Boomjahren. Die in guten Zeiten erzielten Haushaltsüberschüsse müssen dann zum Abbau der Altdefizite eingesetzt werden und stehen nicht zur Finanzierung von Investitionen zur Verfügung. Die Stadt Hannover ist für diese Entwicklung ein gutes Beispiel. Sie ist nicht so „abgesoffen" wie einige Ruhrgebietsstädte, verfügt aber auch nicht über so exorbitant hohe Gewerbesteuereinnahmen wie Frankfurt am Main oder München. Zuletzt hat Hannover im Jahr 1980 eine signifikante Freie Spitze erwirtschaftet, also einen nennenswerten Teil der Investitionen eigenfinanziert. Bereits in den 1980er Jahren wurde es zunehmend schwieriger, den Haushalt auszugleichen. Der Investitionsspielraum verkleinerte sich stark, da zusätzlich zur wegfallenden Eigenfinanzierung die Strategie der Netto-Neuverschuldung-Null verfolgt wurde, was nach der ausufernden Verschuldung in den 1970er Jahren infolge des großzügigen Ausbaus der städtischen Infrastruktur auch dringend nötig war. Das Jahr 1990 markierte den ersten nicht ausgeglichenen Haushalt der Stadt Hannover. Bis 2010 folgten zehn weitere. Das Altdefizit konnte nie mehr vollständig abgebaut werden. Die Lücke zwischen laufenden Ausgaben und Einnahmen wurde durch Kassenkredite gefüllt.

Abb. 1: *Entwicklung der Kassenkredite der Landeshauptstadt Hannover in den Jahren 1989 und 2009*

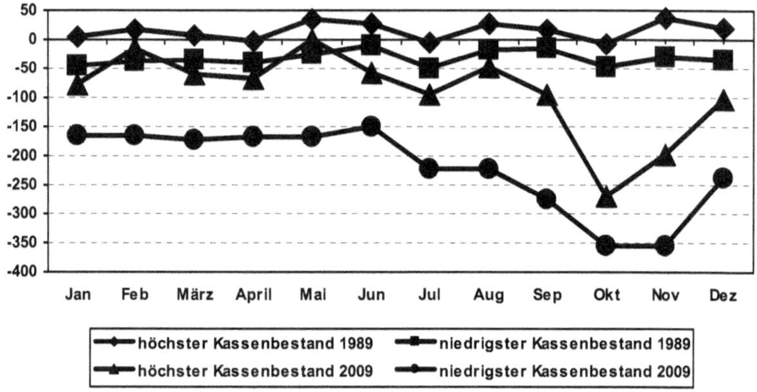

Quelle: *Eigene Darstellung, Daten Stadt Hannover*

Abhängig von den Steuereingängen und Auszahlungsterminen schwankt der Kassenbestand von Tag zu Tag. Eigentlich sollte er jedoch nur um die Nullmarke schwanken. Gerät der Kassenbestand kurzfristig in den negativen Bereich, werden zur Liquiditätssicherung Kassenkredite aufgenommen (Heinemann et al. 2009). So lautet die rechtliche Vorgabe. So ist es auch betriebswirtschaftlich richtig, und so war es auch bei der Stadt Hannover bis 1989 die gängige Praxis, wie Abbildung 1 zeigt. Seit Anfang der 90er Jahre werden in Hannover laufende Ausgaben über kurzfristige Kredite finanziert. Bundesweit stiegen die Kassenkredite in den letzten Jahren beinahe exponentiell auf mittlerweile auf 44 Milliarden Euro an. Eine Reihe vor allem von süddeutschen Kommunen, aber beispielsweise auch Hannover erwirtschaften in konjunkturell guten Jahren hohe Überschüsse. Hingegen verkleinern viele andere Städte dann lediglich ihre jahresbezogenen Defizite, so dass die Kassenkredite insgesamt weiter steigen. Das verdeutlicht, dass die Finanzierungslücken in den kommunalen Haushalten struktureller Natur sind und durch konjunkturelle Abschwünge „nur“ verstärkt werden.

2. Ursachen der kommunalen Finanzkrise

Die kommunalen Finanzen sind gefangen in der Zangenbewegung von stark steigenden Sozialausgaben und den volatilen Einnahmen einer in ihrer Struktur ausgehöhlten Steuerbasis. Sowohl das durch die Sozialgesetzgebung und die gesellschaftlichen Megatrends bedingte Ausgabenproblem als auch das aus der verfehlten Steuerpolitik des Bundes entstandene Einnahmenproblem sind exogen verursacht. Allerdings wäre es unredlich, die kommunalen Haushaltsdefizite allein dadurch zu erklären.

Tab. 1: *Ursachen der kommunalen Finanzkrise*

Ursachen der kommunalen Finanzkrise	
Exogen verursacht: • Steuersenkungspolitik auf Bundesebene • Steigende Soziallasten als Folge des ökonomischen und demografischen Wandels sowie der Bildungsarmut • Verletzung des Konnexitätsprinzips	**Endogen verursacht:** • Schuldenillusion • Geringe Kostendeckungsgrade • Infrastrukturausbau ohne Berücksichtigung der Folgekosten und des Bevölkerungsrückgangs sowie unnütze interkommunale Konkurrenz

Quelle: *Bajor 2011, eigene Darstellung*

Steuersenkungspolitik auf Bundesebene

Das Einnahmenproblem der Kommunen hat vordergründig vor allem mit der konjunkturreagiblen Entwicklung der Gewerbesteuer zu tun. In der Tat ist die Gewerbesteuer beispielsweise im Zuge der Finanz- und Wirtschaftskrise von 2008/09 regelrecht abgestürzt. Dabei wird aber häufig übersehen, dass das Ausmaß der konjunkturellen Ausschläge eine unmittelbare Folge des Aushöhlungsprozesses der Gewerbesteuer ist. Mit Ausnahme der Hinzurechnungen sind die ertragsunabhängigen Elemente, insbesondere die Lohnsumme im Jahr 1979 und das Gewerbekapital 18 Jahre später, beseitigt worden. Daher mutet es perfide an, wenn die Abschaffung der Gewerbesteuer mit ihrem volatilen Aufkommen begründet wird. Darüber hinaus schmälert fast jede Unternehmensteuerreform das Gewerbesteueraufkommen substanziell,[1] während der Solidarbeitrag der Kommunen, der über eine erhöhte Gewerbesteuerumlage abgeführt wird, sich im Falle der Stadt Hannover bis einschließlich 2010 auf 649 Millionen Euro beläuft. So beherzt der Gesetzgeber in die Steuerbasis der Gewerbesteuer eingegriffen hat, so desinteressiert zeigt er sich gegenüber der anderen Realsteuer. Die Bemessungsgrundlage der Grundsteuer, die sogenannten Einheitswerte, wurden vom Bundesgesetzgeber seit bald 50 Jahren nicht mehr angepasst, obwohl die Hauptfeststellung eigentlich alle sechs Jahre zu erfolgen hat. Die Grundsteuer ist heute nur noch ein Schatten ihrer selbst, obwohl sie laut Horst Zimmermann „die geborene Gemeindesteuer" (Zimmermann 2011) ist. Darüber hinaus wurde auch das Aufkommen der Einkommensteuer durch die Steuersenkungspolitik der letzten beiden Jahrzehnte massiv gemindert.

Tab. 2: Auswirkungen der Steuerpolitik des Bundes auf den Haushalt der Landeshauptstadt Hannover

Steuerpolitische Maßnahmen	**Strukturelle Mindereinnahmen im Haushalt der Stadt Hannover**
Solidarbeitrag bei der Gewerbesteuerumlage	bis zu 41 Mio. €
Abschaffung der Gewerbekapitalsteuer	bis zu 28 Mio. €
Unternehmensteuerreformen	bis zu 104 Mio. €
Einkommensteuerreformen	bis zu 31 Mio. €
Unterbliebene Grundsteuerreform	bis zu 46 Mio. €
Insgesamt	bis zu 250 Mio. €

Quelle: Eigene Darstellung, Daten Stadt Hannover

Die Auswirkungen der im vorherigen Absatz genannten steuerpolitischen Entscheidungen sind für den Haushalt der Stadt Hannover berechnet worden (Landeshauptstadt Hannover 2010; Hansmann 2010). Sie summieren sich – wie Tabelle 2 zeigt – auf insgesamt bis zu 250 Millionen Euro pro Jahr. Dieser überraschend hohe Wert scheint sogar eher niedrig geschätzt zu sein. So hat das Finanzministerium Schleswig-Holstein allein bezogen auf die Steuerrechtsände-

1 Allein die Unternehmensteuerreform 2008 hat das Gewerbesteueraufkommen um 16,2 Prozent reduziert (Finke et al. 2010: 21).

rungen der Jahre 2008 bis 2010 eine strukturelle Belastung der Kommunen in Höhe von 6 bis 7 Milliarden Euro berechnet (Schleswig-Holsteiner Landtag 2010: 15).

Steigende Soziallasten

Die kommunalen Sozialausgaben haben sich von 1990 bis 2010 ungefähr verdoppelt und mittlerweile die Marke von 40 Milliarden Euro durchbrochen (DST 2010). Diese Zahl klingt seit den astronomischen Summen im Rahmen des Rettungsschirms für Banken und der Hilfeleistungen für insolvenzbedrohte EU-Länder nicht besonders dramatisch. Das Bild wird deutlicher, wenn die Investitionen zu den Sozialausgaben ins Verhältnis gesetzt werden. Waren im Jahr 1973 die Investitionen der Stadt Hannover dreimal so hoch wie die Sozialausgaben, so hatte sich das Verhältnis im Jahr 2010 nicht nur gedreht, sondern sogar dramatisch verschlechtert. Die Sozialausgaben betrugen nun 800 Prozent der Investitionen.

Bis vor einiger Zeit bestand die Hauptursache des explosiven Anstiegs der Sozialausgaben in der strukturellen Massenarbeitslosigkeit, die insbesondere die Fallzahlen bei der Sozialhilfe nach oben trieb. Die Kommunen wehrten sich in Form von Arbeitsbeschaffungsmaßnahmen, mit deren Hilfe die vormaligen Sozialhilfeempfänger zunächst Arbeitslosengeld und später Arbeitslosenhilfe bezogen und damit von der Sozialversicherung bzw. aus dem Bundeshaushalt bezahlt wurden. Mit der Sozialreform von 2005 sollte diesem Verschiebebahnhof ein Ende bereitet und die Kommunen um 2,5 Milliarden Euro entlastet werden. Diese Entlastung trat jedoch nicht ein. Die Anzahl der Sozialhilfeempfänger sank zwar drastisch, dafür stiegen aber die von den Kommunen zu tragenden Kosten der Unterkunft viel stärker als erwartet. Faktisch ist zudem ein Niedriglohnsektor entstanden, der zwar vergleichbar zu den angelsächsischen Ländern die Arbeitslosenquote reduziert, aber über die sogenannten Aufstocker die öffentlichen Kassen stark belastet. Zusätzlich zu den Kosten der Unterkunft, also der direkten Folge der Arbeitslosigkeit, wachsen mit großer Dynamik weitere Sozialleistungen, insbesondere die Grundsicherung im Alter und bei Erwerbsminderung, die Hilfe zur Pflege, die Eingliederungshilfe für Behinderte und die Hilfen zur Erziehung. Die Ursachsen dieser Kostenentwicklung liegen in gesellschaftlichen Megatrends, wie der demographischen Entwicklung, dem Anstieg des Lebensalters von Behinderten, dem Zerfall traditioneller Familienstrukturen sowie einer jahrzehntelang vernachlässigten Integrationspolitik. Die längere Lebensdauer löst zwar hohe Kosten aus, ist aber ein überaus positiver Trend, dem Kommunen selbstverständlich nicht entgegenwirken wollen. Hingegen arbeiten die Städte stark daran, die Kinder aus prekären Verhältnissen (mit und ohne

Migrationshintergrund) durch einen massiven Ausbau der Kindertagesbetreuung insbesondere im Krippen- und Grundschulbereich gezielt zu fördern. Das wird sich aus langer Sicht zweifellos bezahlt machen, belastet die kommunalen Haushalte aber erst einmal immens.

Verletzung des Konnexitätsprinzips

Die Verletzung des Konnexitätsprinzips wird bei der Kindertagesbetreuung besonders deutlich. Mitte der 90er Jahre wurde der Rechtsanspruch auf einen Kindergartenplatz eingeführt. Ab 2013 gilt der Rechtsanspruch auf einen Krippenplatz. Die Ausgaben der Stadt Hannover für die Kindertagesstätten haben sich von 1989 bis 2009 beinahe verfünffacht. Allein von 2006 bis 2011 stieg der Aufwand um 39 Prozent, während der Zuschussbedarf, also das was die Stadt netto zuschießen muss, mit 32 Prozent kaum weniger wuchs. Nicht zufällig ist die Kindertagesbetreuung das Produkt im städtischen Haushalt, dessen Aufwand und Zuschussbedarf in absoluten Zahlen am höchsten sind. Der Fachbereich Jugend und Familie der Stadt Hannover hat mittlerweile einen höheren Zuschussbedarf bzw. ein negativeres Ergebnis als der Fachbereich Soziales.

Die Liste von weiteren, allerdings nicht so spektakulären Belastungen der Kommunalhaushalte durch Beschlüsse auf Bundes- und Landesebene ließe sich beliebig fortführen. Nach dem Amoklauf von Winnenden wurden beispielsweise schärfere Waffenkontrollen beschlossen. Die Kommunen mussten ihr Personal erheblich aufstocken, ohne dafür die Kosten erstattet zu bekommen. Allein im Ordnungsbereich können für die jüngste Zeit zudem der neue Personalausweis, der elektronische Aufenthaltstitel für Ausländer sowie strenge EU-Vorgaben im Verbraucherschutz als weitere Beispiele aufgezählt werden.

Schuldenillusion

Die Bürger verlangen kommunale Dienstleistungen im Grunde zum Nulltarif. Während der Preis für eine Autowäsche klaglos hingenommen wird, gilt ein Museumseintritt in Höhe von 6 Euro als inakzeptabel hoch. Gleichwohl steigen die Ansprüche stetig. Auch wenn man keinen und schon gar keinen höheren Elternbeitrag zahlen möchte, muss der Kita-Platz ganztags und wohnortnah sein. Im Jahre 2009, also auf dem Höhepunkt der Finanz- und Wirtschafskrise, forderten hannoversche Bürger, den Ententeich im Stadtwald zu sanieren. Finanzierungsvorschläge wurden selbstredend keine gemacht. Wenn ein Kämmerer in der Öffentlichkeit, in der Politik oder in der Verwaltung die Haushaltssituation darstellt, wird zwar in der Regel höflich zugehört, aber danach sofort zur Tagesordnung übergegangen. Die Bürger wollen ihr spezielles Anliegen durchsetzen. Fachpolitik und Fachverwaltung wollen ihre Budgets maximieren, um gestalten und neue Projekte angehen zu können. Die Finanzierung ist alleinige Aufgabe des Kämmerers. Wenn die Steuern nicht reichen, muss die Lücke eben durch Kreditaufnahme geschlossen werden. Die Kassenkredite sind zum bequemen Ausweg geworden, Steuererhöhungen, Gebührenanpassungen und Ausgabenkürzungen zu vermeiden. Hierbei handelt es sich allerdings um eine Schuldenillusion (Rehm, Matern-Rehm 2010: 165). Die Lasten werden lediglich in die Zukunft verschoben und durch den Zinseszinseffekt vergrößert. Nur das äußerst niedrige Zinsniveau hat den Schaden dieser Strategie bisher minimiert. Die Städte des Ruhrgebiets und des Bergischen Landes haben dieses Kernproblem in ihrem Memorandum „Wege aus der Schuldenfalle" präzise umrissen: „Die mangelnde Spürbarkeit finanzpolitischer Entscheidungen stellt ein Kardinalproblem der kommunalen Haushaltspolitik dar und ist eine zentrale Ursache für die hohe Verschuldung. Solange die Politik mit der Kreditaufnahme über die Möglichkeit verfügt, öffentliche Leistungen scheinbar zum Nulltarif anbieten zu können, wird das Risiko fortdauernder Defizite bestehen bleiben." (Stadt Mühlheim an der Ruhr 2008: 27).

Geringe Kostendeckungsgrade

Die geringen Kostendeckungsgrade sind zum Teil verursacht durch die Schuldenillusion. Positiv formuliert, meinen es die meisten Kommunen gut mit ihren Einwohnern. Gespart wird vor allem in der Verwaltung, während viele freiwillige Dienstleistungen unverändert hohe Zuschüsse erhalten (s. Abb. 2). So wurde im Jahr 2008 jeder Besucher eines hannoverschen Museums mit bis zu 40 Euro subventioniert. Pro Schüler belastete die Musikschule die Stadtkasse mit 578 Euro. Jeder Eintritt in das kommunale Kino wurde mit 10 Euro, in ein städtisches Bad mit bis zu 6,50 Euro bezuschusst. Die Kostendeckungsgrade sind in diesen Bereichen äußerst gering.

Bei Abwasser, Straßenreinigung und Abfall haben es die meisten Kommunen mittlerweile geschafft, kostendeckende Gebühren zu erheben. Die hannoverschen Friedhöfe verzeichnen mit rund 50 Prozent einen geringeren Kostendeckungsgrad als der Bundesdurchschnitt, da sie in der Mehrzahl den Charakter von Parkanlagen besitzen und daher entsprechend aufwändig in der Unterhaltung sind. Ebenfalls stark belastend ist, dass die Friedhöfe für eine Einwohnerschaft von 700.000 geplant wurden und daher überdimensioniert sind. Der Versuch, den Kostendeckungsgrad durch kräftige Gebührenerhöhungen zu erhöhen, ist misslungen, da Ausweichbewegungen in die günstigeren Friedhofsangebote des Umlands stattfanden. Auch bei der Volkshochschule, der Musikschule, den

Bädern und Büchereien stoßen Preiserhöhungen schnell auf Grenzen, da die Kunden entweder auf private Angebote ausweichen oder auf diese Dienstleistungen ganz verzichten. Von entscheidender Bedeutung für einen angemessenen Kostendeckungsgrad ist, dass der Aufwand begrenzt wird und das Preis-Leistungs-Verhältnis bzw. die Qualität stimmt. Die hannoverschen Hallenbäder liegen mit einem Kostendeckungsgrad von 37 Prozent unter dem Landesdurchschnitt von ca. 42 Prozent (Bund der Steuerzahler Niedersachsen und Bremen e.V. 2008). Nicht zufällig weist das neueste Bad, das nach einem Brand wiederaufgebaut wurde, dabei die besten Zahlen in Hannover aus.

Abb. 2: Kostendeckungsgrade bei Dienstleistungen der Stadt Hannover im Jahr 2008

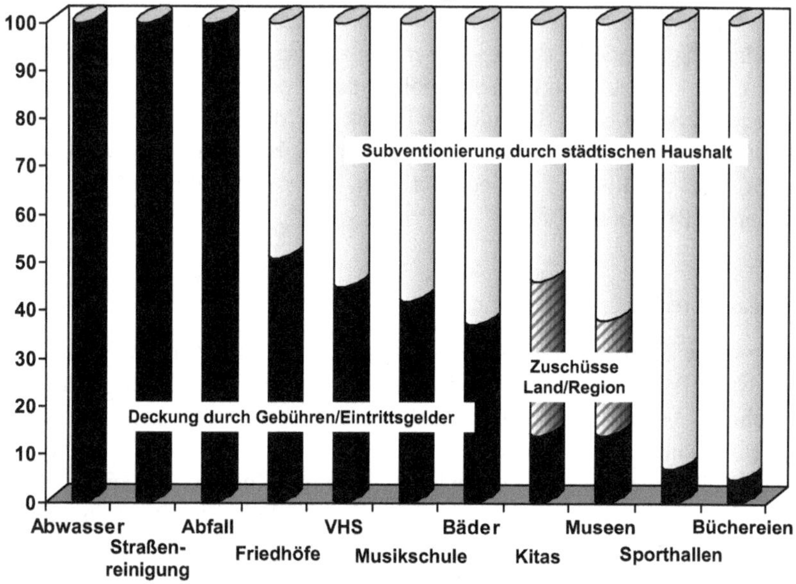

Quelle: Eigene Darstellung, Daten Stadt Hannover

Bei den hannoverschen Kindertagesstätten liegt der Kostendeckungsgrad bei lediglich 14 Prozent, wenn man die Zuschüsse insbesondere vom Land hinzurechnet immerhin bei 46 Prozent. Ursprünglich war mal eine Drittelfinanzierung das Ziel: Ein Drittel sollte das Land, ein Drittel die Stadt und ein Drittel die Eltern bezahlen. Davon ist der Status quo jedoch weit entfernt. Die Stadt bezahlt 54 Prozent, die Eltern jedoch nur 14 Prozent. Der Stadtrat würde fraktionsübergreifend lieber heute als morgen eine generelle Beitragsfreiheit einführen. Das Motto „freier Zugang zur Bildung" soll im Grundsatz nicht in Abrede gestellt werden. Problematisch ist aber, dass die Kommune von sich aus mehr und mehr Landesaufgaben übernimmt. So positiv der Gestaltungswillen der kommunalen Entscheidungsträger ist, so überfordert es den städtischen Haushalt, wenn die Kommune zur Reparaturwerkstatt der gescheiterten Bildungs- und Integrationspolitik des Landes wird. Grundsätzlich sollte bezüglich der Betragsfreiheit etwas vorsichtiger argumentiert werden. In Hannover sind aus sozialen Gründen bereits seit langem etwa die Hälfte der Kindergartenplätze beitragsbefreit. Eine generelle Beitragsbefreiung würde demnach nicht zu einer höheren Inklusion sozial Benachteiliger führen, sondern zu einer finanziellen Entlastung von Normal- und Besserverdienenden. Die hohe politische Priorität des Ausbaus der Kindertagesbetreuung ist zweifellos richtig gesetzt. Deutschland hat an dieser Stelle immensen Nachholbedarf. Die Frage lautet aber: Wer bezahlt diese Anstrengung? Bund, Land, Kommunen oder Eltern? Dass an dieser Stelle, insbesondere bei der Belastung von Eltern, vermintes Terrain besteht, ist offensichtlich. Nicht zufällig war in Hannover die Einführung des Kita-Essensgeldes eine der umstrittensten Konsolidierungsmaßnahmen der letzten Jahre.

Das Aufzeigen und Analysieren von Kostendeckungsgraden eignet sich nicht nur zum verwaltungsinternen Controlling, sondern auch zur Steigerung des öffentlichen Bewusstseins, was die Stadt alles leistet. Beispielsweise decken die Hallenmieten der Sportvereine lediglich 7 Prozent des Aufwands und damit noch nicht einmal die Wasserkosten für das Duschen nach dem Sport. Das wird häufig übersehen, wenn es um die Förderung des Sports geht.

Infrastrukturausbau ohne Berücksichtigung der Folgekosten und des Bevölkerungsrückgangs sowie unnütze interkommunale Konkurrenz

Obwohl sich viele Städte ihre insbesondere in 1970er Jahren stark ausgebaute Infrastruktur nicht mehr leisten können, wird dieser Tatsache mit Larmoyanz begegnet. Häufig wird die Infrastruktur sogar nicht nur defensiv verteidigt, sondern weiterhin und ohne Berücksichtigung der Folgekosten ausgebaut. Vielerorts wird der Bevölkerungsrückgang weitgehend ignoriert und die Infrastruktur allenfalls halbherzig zurückgebaut, so dass Aufwand und Schulden pro Einwohner steigen.

Wohl kein Land der Erde besitzt – pro Kopf betrachtet – so viele Flughäfen, Messen, Theater und Schwimmbäder wie Deutschland. Stets wird mit Umwegrentabilität und kulturellem Anspruch jede kritische Diskussion im Keim erstickt. Die Konkurrenz zwischen den Kommunen führt dazu, dass städtische Beteiligungen Verluste erwirtschaften und der Deckungsgrad beispielsweise von Bädern auf einem niedrigen Niveau verharrt. Jedes Spaßbad, das im Umland für viel Geld errichtet wird, zieht potentielle Nutzer der städtischen Bäder ab.

3. Handlungsfelder der kommunalen Haushaltskonsolidierung

Die Handlungsfelder der kommunalen Haushaltskonsolidierung lassen sich grob in ihre zeitliche Wirksamkeit einteilen.

Kurz- und mittelfristige Konsolidierungsmaßnahmen

Pauschale Kürzungen der Zuschüsse an Dritte oder der Personal- und Sachkosten versprechen in der Regel „quick wins“, senken das Ausgabenniveau aber häufig nicht dauerhaft ab. Im Grunde handelt es dabei auch nicht um eine „Rasenmähermethode“, da die Grashalme unterschiedlich lang sind und dies auch nach dem Mähen bleiben. In einigen Bereichen wurde schon so stark gekürzt, dass es „quietscht“, während andere, insbesondere politisch geschützte Bereiche kaum unter Ressourcenmangel leiden und daher pauschale Absenkungen leichter verkraften können. Einsparungen, die sich zielgerichtet auf einzelne Schwerpunkte fokussieren, sind der Rasenmähermethode eindeutig vorzuziehen. Sie leiden allerdings unter einem Umsetzungsproblem: Die Entscheidungsträger legen nicht gerne Prioritäten und schon gar nicht Posteriotäten fest. Lieber wird überall ein bisschen gespart, da dies weniger konfliktträchtig erscheint.

Dass Sparen nicht immer wirtschaftlich ist, wird insbesondere an kommunalen Gebäuden deutlich. Bauliche Unterhaltung und Investitionen wurden jahrzehntelang heruntergefahren, so dass Schulen und Verwaltungsgebäude vielerorts heruntergekommen sind. Generell wurde lieber in neue Einrichtungen investiert, die man dann feierlich eröffnen konnte, als in die Grundsanierung einer Straße oder eines Verwaltungsgebäudes. Auch die Tilgungsstreckung ist keine wirtschaftliche Sparmaßnahme, da sie den Zinsaufwand steigert. Derivative Finanzgeschäfte haben hingegen hohes Spar- und Wirtschaftlichkeitspotential, können aber auch zur katastrophalen Haushaltsbelastung werden, wenn das Fachwissen fehlt.

Oft ist zu hören, dass die öffentliche Hand im Gegensatz zur Privatwirtschaft nicht stark beim Personal sparen könnte, da keine Kündigungen vorgenommen werden dürfen. Diese Ansicht ist jedoch irreführend, da zum einen nach deutschem Arbeitsrecht Kündigungen auch für Unternehmen ausgesprochen schwierig sind und zum anderen Tabelle 3 eine ganze Reihe von personalwirtschaftlichen Maßnahmen zur Kostenreduzierung aufzeigt. Auch bezüglich der Sozialausgaben heißt es häufig, dass dort nicht gespart werden könne, da alles gesetzlich festgelegt sei. Allerdings zeigen Städte mit beinahe identischen sozio-ökonomischen Rahmenbedingungen unterschiedliche Transferleistungshöhen auf, was nicht zuletzt mit einer eher großzügigen oder restriktiven Bedarfsprüfung und Bewilligungspraxis zu erklären sein dürfte. Die Steigerungsraten der Hilfe zur Erziehung lassen sich deutlich absenken, wenn Kinder und Jugendliche in Pflegefamilien statt in Heime vermittelt werden. Am günstigsten ist selbstverständlich ein Verbleib bei der eigenen Familie, doch seit dem Fall „Kevin" in Bremen sind die Jugendämter an dieser Stelle sehr viel vorsichtiger geworden.

Tab. 3: Kurz- und mittelfristige Konsolidierungsmaßnahmen

Kurz- und mittelfristige Konsolidierungsmaßnahmen	

Aufwand:
• Pauschalkürzungen („Rasenmäher")
• Kürzung freiwilliger Zuschüsse
• Personalkostenreduzierung
  • Stellenabbau/k.w.-Vermerke
  • befristete Wiederbesetzungssperre
  • Einstellungsstopp
  • Vorruhestand
  • Reduzierung Ausbildungsplätze
• Reduzierung Sachaufwand, z.B.:
  • Bauliche Unterhaltung
  • Fortbildung
  • Reisekosten
• Reduzierung von Transferleistungen
  • Bedarfsprüfung Sozialhilfe
  • Pflegefamilien statt Heimunterbringung
• Optimierung Finanzmanagement
  • Liquiditätsplanung
  • Derivative Finanzgeschäfte
  • Tilgungsstreckung
• Kürzung der Investitionen
  • Zeitliche Streckung
  • Verzicht auf Investitionen
	Ertrag:
	• Steuern
	  • Erhöhung Gewerbesteuer
	  • Erhöhung Grundsteuer
	  • Anhebung/Einführung Bagatellsteuern
	• Gebühren
	  • Anhebung nicht-kostendeckender Gebühren
	  • Neue gebührenpflichtige Tatbestände
	• Sonstige Einnahmen
	  • Heranziehung Unterhaltspflichtiger
	  • Erhöhung Mieten und Pachten
	• Steigerung Gewinnabführung kommunaler Unternehmen
	• Verkauf von Vermögen
	  • Grundvermögen
	  • Beteiligungen
	• Antrag auf Bedarfszuweisungen

Quelle: Schwarting 2010: 94, eigene Darstellung

Auf der Ertragsseite versprechen vor allem die Anhebung der Gewerbe- und der Grundsteuer hohe Konsolidierungspotentiale. Auch die sogenannten Bagatellsteuern, insbesondere die Hunde- und die Vergnügungsteuer, sind in den letzten Jahren deutlich gestiegen. In der allgemeinen Haushaltsnot haben sich manche Städte bei der Einführung von neuen Steuern erfinderisch gezeigt. Die Spannbreite reicht von einer als Kulturförderabgabe bezeichneten Hotelbettensteuer über eine Bräunungsteuer für Solarstudios und eine Mobilfunkmastensteuer bis hin zu einer „Sexsteuer". In der gesetzlich vorgeschriebenen Rangfolge der Einnahmenbeschaffung sollen vor der Anhebung der Steuersätze zunächst die Gebühren auf ein möglichst kostendeckendes Niveau erhöht werden. Dass in den letzten Jahren tüchtig an der Gebührenschraube gedreht wurde, dürften die meisten Bürger unmittelbar gespürt haben. Einen erheblichen Beitrag zur Haushaltskonsolidierung haben die kommunalen Unternehmen geleistet. Insbesondere die Stadtwerke haben sich zu wahren „Cash Cows" entwickelt (Feist, Nienstedt 2011).

Aber auch von Wohnungsbauunternehmen, Flughäfen, Kongresszentren, Krankenhäusern und Messen erwarten die kommunalen Anteilseigner mittlerweile Gewinnabführungen oder zumindest eine „schwarze Null". Das gelingt allerdings nur, wenn das Management professionell besetzt wird und nicht mehr als Belohnung für verdiente Parteifreunde und Verwaltungsbeamte verstanden wird. Zudem sollten Verwaltungsführung und Stadtrat die Beteiligungen strategisch führen und nicht mehr operativ dazwischen funken. In der Praxis wird jedoch häufig genau anders herum gesteuert. Große Investitionsvorhaben werden durchgewunken und die strategische Ausrichtung wird nicht kritisch hinterfragt, während im Aufsichtsrat so agiert und kleinteilig diskutiert wird wie in einem Ratsauschuss einschließlich der anschließenden Inszenierung in der Presse. Umstritten ist, ob der Verkauf von Beteiligungen den Haushalt nachhaltig konsolidieren kann. Zumindest solange die Niedrigzinsphase anhält und die Gewinne der Energieunternehmen sprudeln, dürfte der Verkauf eines Stadtwerks selbst zu einem strategischen Preis kaum wirtschaftlich sein. Anders sieht es bei den kommunalen Krankenhäusern aus, die häufig Verluste oder nur wenig Rendite bringen. Der in der Regel hohe Verkaufserlös kann zur Entschuldung eingesetzt werden, ohne dass Einnahmen wegfallen. In geringerem Maße gilt das auch für Wohnungsbauunternehmen, deren Gewinnabführungen in absoluten Zahlen häufig wenig beeindruckend sind, während Investoren zumindest in der Vergangenheit bereit waren, strategisch hohe Preise zu zahlen. Verkaufsentscheidungen sollten grundsätzlich sehr sorgfältig abgewogen werden, da Privatisierungen keineswegs immer zu besseren Dienstleistungen für die Einwohner einer Stadt führen. Häufig ist Professionalisierung statt Privatisierung die angemessene Antwort, ein Gleichgewicht zwischen finanzwirtschaftlichen Erfordernissen und einer qualitativ hochwertigen Daseinsfürsorge herzustellen.

Langfristige Konsolidierungsmaßnahmen

Die Frage, ob Teile der Verwaltung ausgegliedert oder privatisiert werden, fällt in die Kategorie der längerfristigen Konsolidierungsmaßnahmen (Schwarting 2010: 94ff.). Generell dürfte es zweckmäßig sein, am Markt operierende Verwaltungseinheiten eine höhere Flexibilität in Form einer gesellschaftsrechtlichen Verselbständigung zu ermöglichen. Allerdings wird aus einem lahmen Gaul kein Rennpferd, nur weil der Stall in Form einer GmbH geführt wird. Eine GmbH ist zunächst erst einmal eine Kostenbelastung insbesondere durch das höhere Gehalt des Geschäftsführers und kann kostenmäßig völlig aus dem Ruder laufen, weil es sich einer direkten Haushaltsteuerung und Kontrolle entzieht. Eine rechtliche Verselbständigung hat erst einmal nur den Vorteil, dass Schulden aus dem Kernhaushalt verlagert werden können, so dass es mittlerweile schwierig ist, eine Übersicht über den wahren Schuldenstand einer Kommune zu bekommen. Dieses Manko soll durch die Konzernbilanz behoben werden. Erst wenn eine Auslagerung mit einer inhaltlichen Neuausrichtung, einer professionellen Führung und einer grundlegenden Prozessoptimierung verbunden ist, kann sie mittel- bis langfristig einen Beitrag zur Haushaltskonsolidierung liefern.

Eine Zeit lang hieß das Zauberwort zur Überwindung des öffentlichen Investitionsstaus Public-Private-Partnership (PPP). Ein Generalunternehmer sollte beispielsweise eine Schule bauen, finanzieren und dann der Kommune vermieten. Es ist bis heute umstritten, ob PPP wirklich wirtschaftlich ist. Ein gut aufgestelltes kommunales Gebäudemanagement dürfte eigentlich nicht teurer bauen als ein privater Generalunternehmer, während der Kommunalkredit auf jeden Fall günstiger ist als ein Unternehmenskredit. Die Erfahrungen der Stadt Hannover zeigen, dass PPP bei einem Neubau zu leichten Wirtschaftlichkeitsvorteilen führen kann, während die Sanierung aufgrund der Risikozuschläge in der Regel wirtschaftlicher in Eigenfertigung ist. Kritisch zu bewerten sind jedoch das umfangreiche Vertragsmanagement sowie die langfristigen Vertragslaufzeiten. Letztlich ist PPP vor allem eine Finanzierungsalternative, die eher von der Kommunalaufsicht genehmigt wird als eine Ausweitung der Neuverschuldung.

In das weite Feld der Privatisierung fällt auch die Wahrnehmung von Aufgaben durch die Bürgerschaft. Dazu bestehen übergreifende Konzepte wie Kommunitarismus oder Slogans wie Stärkung der Zivilgesellschaft. Mit steigender Größe einer Stadt wird die Umsetzung dieses Ansatzes schwieriger. Mitunter können neue Aufgaben, wie das Vorlesen für Kinder oder der Aufbau eines kleinen Heimatmuseums, ehrenamtlich geleistet werden, nicht aber der Betrieb eines bestehenden, großen Museums. Allerdings gibt es dort Betätigungsfelder, wo funktionierende Vereinsstrukturen bestehen. In Hannover sind mittlerweile die meisten Sportanlagen sowie mit einer Ausnahme auch die Freibäder an die Sportvereine übergeben worden. Das stellt in der Regel einen Beitrag zur Haushaltskonsolidierung dar, da hauptamtliche Arbeit durch ehrenamtliche ersetzt wird. Zudem steigt die Identifikation der Vereinsmitglieder mit den nunmehr eigenen Anlagen, so dass beispielsweise Vandalismus sinkt oder die Folgen zumindest sofort beseitigt werden. Das im hohen Maße sanierungsbedürftige Niedersachsenstadion, inzwischen in AWD-Arena umbenannt, läuft ebenfalls nicht mehr unter städtischer Regie. Umbau und Finanzierung fällt allerdings unter PPP, da Hannover 96 eher einem Unternehmen als einem Sportverein gleicht. Aber auch hier ist der Einspareffekt deutlich: Die Stadt zahlt mittlerweile keine Zuschüsse mehr für den Betrieb des Stadions.

Sämtliche Maßnahmen, die auf Effizienzsteigerung setzen, sind nur in einer längerfristigen Perspektive haushaltsentlastend. Ist-Aufnahme, Analyse und Modellierung der Geschäftsprozesse können nicht innerhalb weniger Monate durchgeführt werden. Auch die Implementation von E-Government und Dokumentenmanagement, die wichtige Bestandteile einer Prozessoptimierung sind, braucht Jahre. Die Transformation der klassischen Hochbauverwaltung und der zersplitterten Zuständigkeiten bei der Bewirtschaftung des riesigen Gebäudebestands einer Großstadt zu einem professionellen Facility Management ist ebenfalls ein langwieriger und schwieriger Prozess, da bei den Mitarbeitern häufig grundlegende Kompetenzen und die Einsicht in eine kaufmännische Steuerung fehlen. Ein weiteres Beispiel für eine umfassende Prozessoptimierung besteht in Shared Services, in denen Kommunen sämtliche interne aber auch viele externe Dienstleistungen gemeinsam erbringen können. Klassische geprägte Verwaltungsjuristen stehen einer Prozessoptimierung skeptisch gegenüber. Ihre Wertung steht fest: „Das bringt nichts!“ und passt zur traditionellen Vernachlässigung der Ablauforganisation. Für betriebswirtschaftlich geprägte Verwaltungsreformer ist die Geschäftsprozessoptimierung hingegen das Maß aller Dinge. Sie soll sowohl mehr output und outcome bringen als auch massiv Kosten sparen. Letzteres ist jedoch alles andere als ein Selbstläufer. Die Annahme, dass man mit der Geschäftsprozessoptimierung eine geräuschlos-einfache Art der Haushaltskonsolidierung gefunden hat, ist naiv. Abgesehen von ein paar quick-wins beim Gebäudemanagement, wie z. B. Energieeinsparungen oder Abmietungen infolge eines besseren Flächenmanagements, muss auch bei der Prozessoptimierung mit harten Einsparvorgaben gearbeitet werden; denn letztlich geht es auch bei Maßnahmen zur Effizienzsteigerung darum, wie die Aufgaben mit weniger Personal bewältigt werden können.

Ob die Einführung des kaufmännischen Rechnungswesens, ebenfalls eine Form der Prozessoptimierung, langfristig einen Beitrag zur Haushaltskonsolidierung darstellt, ist umstritten. Erst einmal benötigt die Umstellung erhebliche Personal- und Sachkosten, den Haushaltsausgleich durch die zu veranschlagenden Abschreibungen und Rückstellungen deutlich erschwert sowie von der Hauptaufgabe der Haushaltskonsolidierung abgelenkt. Auf der anderen Seite wird fast jede Neuausrichtung und Restrukturierung eines Unternehmens – im Übrigen auch der kommunalen Beteiligungen – von einer Optimierung der Steuerungs- und Controllingsysteme begleitet. An dieser Stelle liegt aber genau das Kernproblem. Die Doppik-Einführung findet in den Kommunen eben nicht im Rahmen einer strategischen Neuausrichtung und Restrukturierung statt, sondern ist das Resultat der technischen, mitunter technokratischen und IT-lastigen Umsetzung einer gesetzlichen Vorschrift. Der Ansatz, die Politik zu entpolitisieren und ausschließlich über Kennzahlen diskutieren zu lassen, ist zudem zwangsläufig zum Scheitern verurteilt. Geldausgeben ist – wie Milton Friedman formulierte – das Lebenselexier von Politikern, weil es die Grundlage ihrer Macht ist. Allerdings wäre schon viel gewonnen, wenn die verwaltungsinterne Steuerung betriebswirtschaftlicher werden würde. Es bleibt abzuwarten, ob dies gelingt. „[O]b und inwieweit die von dem neuen doppischen öffentlichen Haushalts- und Rechnungswesen bereitgestellten Informationen von den maßgebenden Akteuren auch tatsächlich genutzt werden, ist zunächst einmal völlig losgelöst von dem neu ausgestalteten Informationssystem zu sehen und nicht diesem zuzuordnen. Dies bedeutet, dass ein neues Haushalts- und Rechnungswesen kein einziges der anstehenden Steuerungsprobleme, geschweige denn die Schulden- und Finanzkrise sui generis löst." (Budäus, Hilgers 2011: 272f.).

Vor einigen Jahren galt die Aufgabenkritik als der Königsweg zur Haushaltskonsolidierung. Durch die Schließung von Einrichtungen, dem Verzicht auf Aufgaben und der Reduzierung von Standards sollte der Haushalt substanziell entlastet werden. Der Ansatz der Aufgabenkritik ist zwar theoretisch und methodisch richtig. Aber in der Praxis „gibt es keine größere Gewissheit dafür, dass das meiste beim Alten bleibt als die Aufgabenkritik."[2] Stefan Bajohr führt weiter aus: „Im Ergebnis erweist sich, dass kaum eine Aufgabe unwichtig oder entbehrlich genug ist, um nicht Zuflucht unter dem Schutzschirm aus Beharrungsvermögen, argumentativer Geschicklichkeit, Parkinson'schem Gesetz sowie Verwirrung von Zuständigkeiten und Abläufen zu finden." Besser könnten die Erfahrungen der Stadt Hannover mit dem aufwändigen Ansatz der Aufgabenkritik nicht beschrieben werden.

Als Finanzierungsalternativen kommen vor allem Leasingmodelle und Sale-and-lease-back-Verfahren sowie Sponsoring und Stiftungen in Frage. Die beiden ersteren Varianten sind aufgrund des im Grunde unschlagbar günstigen Kommunalkredits in den meisten Fällen unwirtschaftlich, während die beiden letzte-

2 Siehe hier und nachfolgend Bajohr (2011).

ren Varianten auf absehbare Zeit auf einem eher insignifikanten Niveau verharren dürften.

Um die Steuerbasis zu verbreitern, müssen langfristige Strategien auf die Gewinnung von Unternehmen und Einwohnern zielen. Das ist einfacher formuliert als praktisch umgesetzt. Die klassischen Ansätze, also die Ausweisung von Gewerbegebieten und Einfamilienhausgebieten, sind zwar nicht überholt, aber mittlerweile zu reaktiv, um Wachstum zu erreichen. Vielmehr sind perfekter Service, zielgruppenspezifisches Marketing sowie die Adaption übergreifender Trends gefragt. Gute Kinderbetreuung, sanierte Altbauwohnungen, bezahlbare Reihenhäuser, zahlreiche Einkaufsmöglichkeiten und ein ausgebauter Öffentlicher Personennahverkehr haben sicherlich zur Renaissance der Städte beigetragen und damit den jahrzehntelangen Suburbanisierungsprozess gestoppt. Eine Erfolgsgarantie für Strategien gibt es selbstredend nicht. Sie brauchen zudem lange, um Wirkung zu zeigen. So hat bis Mitte der 1990er Jahre die Stadt Hannover den Sozialen Wohnungsbau mittels hoher Aufwendungszuschüsse gefördert, während die Umlandgemeinden vor allem Einfamilienhausgebiete auswiesen. Der Haushaltseffekt war ein doppelter: Die Sozialausgaben der Kernstadt stiegen, während die Einkommensteuer sank. Dieser Prozess ist auch dank eines vorsichtig vollzogenen Strategiewechsels mittlerweile umgekehrt worden.

Die interkommunale Zusammenarbeit wird seit einiger Zeit als grundlegend strategischer Ansatz viel beschworen, gestaltet sich aber in der Praxis als ausgesprochen schwierig. Es gibt zwar eine ganze Reihe gelungener Kooperationen, gemessen am Potential ist das Ausmaß aber insgesamt enttäuschend. Während die Entscheidungsträger den Verlust von Autonomie und damit von Macht fürchten, verweigert sich die Arbeitsebene aus Angst vor Veränderungen. Letztlich besteht vor allem in der institutionellen kommunalen Zusammenarbeit in Form einer Gebietsreform ein erfolgversprechender Ansatz, um die Verwaltungskosten zu senken und die Leistungsfähigkeit insbesondere der Landkreise zu gewährleisten. Auf freiwilliger Ebene, aber bisher ohne Nachahmer wurde 2001 die Region Hannover gegründet. Die Landeshauptstadt Hannover gab ihre Kreisfreiheit auf, der Landkreis und der Großraumverband wurden aufgelöst, so dass eine Region mit 1,1 Millionen Einwohnern entstand. Auch wenn längst nicht alle prognostizierten Synergieeffekten eintraten, so führten insbesondere das neu gegründete Klinikum, in dem sämtliche Krankenhäuser von Stadt und Landkreis eingebracht wurden, die fusionierten Sparkassen, die gemeinsame Wirtschaftsförderung, die Abfallwirtschaft und die Berufsschulen zu deutlichen Kostenentlastungen bzw. Qualitätsverbesserungen.

Kritisch zu beantworten ist die Frage, ob der Bürgerhaushalt ein geeignetes Instrument zur Haushaltskonsolidierung ist. Ein Bürgerhaushalt erhöht zwar die Transparenz, das Verfahren besitzt aber in Deutschland stets Konsultationscharakter und ist nicht durch wirkliche Partizipation geprägt (Franzke, Kleger 2010). Als Ergebnis fordern die Bürger in der Regel Mehrausgaben nach dem Motto „Wünsch dir was“. Einige Städte lassen im Internet über ihr Haushaltsicherungskonzept „abstimmen“ und werten es als Erfolg, wenn zwei Drittel der Maßnahmen eine Mehrheit finden. Ein Beitrag zur Haushaltskonsolidierung ist ein Bürgerhaushalt nicht. Allenfalls die Bereitschaft, sich mit den Finanzen der Kommune auseinanderzusetzen, lässt sich erhöhen. Allerdings kann aus dieser Bereitschaft schnell Frustration werden, wenn die Verwaltung die Bürgervorschläge nicht übernimmt und der Rat sich nicht an das Votum der "Klickdemokratie“ hält.

4. Ergebnisse der kommunalen Haushaltskonsolidierung

Über Umfang und Ergebnisse der kommunalen Haushaltskonsolidierung liegen bisher keine umfassenden, empirisch abgesicherten Auswertungen vor. Daher werden exemplarisch die hannoverschen Ergebnisse herangezogen. Die Stadt Hannover hat frühzeitig damit angefangen, ihren Haushalt zu konsolidieren. Seit Anfang der 1980er Jahre werden Investitionen kritisch geprüft. Im Jahr 1992 wurden die Realsteuern kräftig erhöht, und seit 1994 läuft die systematische Haushaltskonsolidierung in Form von Programmen.

Den größten Konsolidierungsbeitrag haben bisher die Sachkosten (einschließlich Gebührenerhöhungen) mit über 370 Millionen Euro gebracht. Die Beteiligungen steuerten mehr als 100 Millionen Euro bei. In der Kernverwaltung wurden 2.300 Stellen abgebaut, was einer Einsparung von knapp 100 Millionen Euro entspricht. Allerdings konnten die Personalkosten insgesamt nicht reduziert, sondern nur gedeckelt werden. Die gestrichenen Stellen wurden zum großen Teil „nur“ umgeschichtet. Im Zeitraum von 1992 bis 2010 wurden beispielsweise in der Bauverwaltung die Stellen um 23 Prozent reduziert, im Jugendamt aber um 64 Prozent aufgestockt. Der Beitrag der Steuererhöhungen zu den Haushaltskonsolidierungsprogrammen beläuft sich auf nur rund 1 Million Euro, die durch die Erhöhung der Bagatellsteuern und die Einführung der Zweitwohnungsteuer erzielt wurde. Zweifellos wäre der hannoversche Haushalt völlig aus dem Lot geraten, wenn nicht seit 1994 systematisch gespart worden wäre.

Tab. 4: Haushaltskonsolidierungsprogramme der Landeshauptstadt Hannover

Programm	Zeitraum	Zielvolumen	Ergebnis
HK I	1994 – 1996	115 Mio. €	137 Mio. €
HK II	1997 – 1999	64 Mio. €	64 Mio. €
HK III	2000 – 2001	51 Mio. €	53 Mio. €
HK IV	2002 – 2004	128 Mio. €	130 Mio. €
HK V	2005 – 2007	93 Mio. €	93 Mio. €
HSK VI	2008 – 2009	30 Mio. €	41 Mio. €
Gesamt	**1994 – 2009**	**481 Mio. €**	**518 Mio. €**
HSK VII	2010 – 2012	57 Mio. €	in Bearbeitung

Quelle: Eigene Darstellung, Daten Stadt Hannover

5. Kommunale Haushaltskonsolidierung in der Vergeblichkeitsfalle?

Die aufgezeigten Handlungsansätze und bisherigen Ergebnisse der Haushaltskonsolidierung erlauben keinen Rückschluss auf eine Vergeblichkeitsfalle. Viele kommunale Entscheidungsträger sehen dies anders und weisen darauf hin, dass sämtliche freiwillige Ausgaben nicht ausreichten, um das Defizit zu beseitigen, und der Haushalt definitiv „auskonsolidiert" sei. Sie fordern Hilfe von Land und Bund und hoffen auf eine steigende Gewerbesteuer, haben jedoch die eigenen Konsolidierungsanstrengungen weitgehend eingestellt. Diese Haltung ist (finanz-)politisch unverantwortlich. Zudem sind die Haushaltsdefizite in der Regel nicht nur exogen, sondern auch endogen verursacht (Junkernheinrich 2010: 189ff.). Die Mischung variiert von Kommune zu Kommune und von Zeit zu Zeit. Strukturelle wirtschaftliche Veränderungen und eine stark sinkende Bevölkerung mögen zwar Haushaltsprobleme erklären, sind aber kein Grund die Haushaltskonsolidierung nur dilatorisch zu betreiben. Sparpotential ist zweifellos noch vorhanden. So leisten sich einige Städte mit hohen Kassenkrediten nicht nur mehr Hochkultur[3] als Städte mit ausgeglichenen Haushalten, sondern weisen auch bei einer Pflichtaufgabe wie der Feuerwehr höhere Standards auf. Sparen ist zweifellos nicht vergnügungsteuerpflichtig, wenn man an Maßnahmen wie beispielsweise Schulschließungen, Aufgabe von Theatern und Bädern, Personalabbau, Steuererhöhungen, Einführung von Kita-Essensgeld oder Erhöhung der Hallenmieten für Sportvereine denkt. Jede Maßnahme muss gegen den Widerstand einer mächtigen Phalanx, bestehend aus Fachverwaltung, Politik, Personalräten und Bürgern, durchgesetzt werden. Die Vergeblichkeitsfalle darf jedoch nicht als Ausrede benutzt werden, um unpopuläre Maßnahmen nicht anzugehen und sich bequem in der Defizitwirtschaft einzurichten.

Von entscheidender Bedeutung für den Erfolg der Haushaltskonsolidierung ist das Verhalten des Hauptverwaltungsbeamten (Timm-Arnold 2011; Geißler 2011). Wenn er jedoch von der Vergeblichkeitsfalle spricht, der Haushaltskonsolidierung damit also faktisch keine Priorität einräumt, und wie weiland Kanzler Schröder zu Finanzminister Eichel sagt „Lass mal gut sein, Hans" (Reiermann, Schäfer 2002: 110), kann ein Kämmerer einpacken. Genießt die Haushaltssanierung hingegen oberste Priorität und der Finanzdezernent die volle Unterstützung des Hauptverwaltungsbeamten, sinken die Defizite. Das erklärt zu einem nicht geringen Teil den unterschiedlichen Stand der Kassenkredite bei Städten, die eine weitgehend identische sozioökonomische Problemlage aufweisen (Gnädiger 2010: 69). In Wissenschaft (Holtkamp 2011) und Praxis setzt sich zunehmend die Erkenntnis durch, dass bei der Haushaltskonsolidierung vor allen ein stringenter, zentral gesteuerter Ansatz mit eindeutigen, dezentral zu erbringenden Sparvorgaben erfolgreich ist. Ein strategischer, im Grunde überlegener Ansatz, in dem über die Festlegung von Zielen und Prioritäten langfristig Einsparungen erzielt werden sollen, scheitert in der Praxis hingegen fast immer (Bogumil et al. 2007).

Mit der zentralen Aussage dieses Beitrags, dass sich die kommunale Haushaltskonsolidierung keineswegs in der Vergeblichkeitsfalle befindet, soll aller-

3 Der Begriff „Hochkultur" ist zwar etwas polemisch, passt aber trotzdem in den problematischen Kontext, der von Jens Libbe folgendermaßen umrissen wird: „Wenn Kultur in Zukunft noch mehr als heute eine wichtige Bildungs- und Integrationsfunktion in der immer bunter werdenden Stadtgesellschaft übernehmen soll, dann dürfte es künftig nicht mehr vertretbar sein, 90 Prozent der Kulturetats zur Subventionierung von Angeboten bereitzustellen, die nur 5 Prozent der Bevölkerung erreichen, bei 45 Prozent nur gedämpftes Interesse wecken [...] und dabei auch noch in hohem Maße sozialselektiv wirken. Ein möglichst hoher Zukunftsertrag wird sich nur erreichen lassen, wenn Kulturförderung nicht nur eine irgendwie definierte Hochkultur subventioniert sondern gerade bei schwindender Finanzkraft am gesellschaftlichen Bedarf ausgerichtet wird. In diesen Zusammenhang sollte eine stärkere Nutzerfinanzierung kein Tabu sein" (Libbe 2011: 65).

dings nicht die Verantwortung von Bund und Ländern geschmälert werden. Erst wenn der Bund eine Gemeindefinanzreform durchführt, die die Gemeindefinanzen stärkt und nicht eine Senkung der Unternehmensteuern zum Ziel hat, die Länder den kommunalen Finanzausgleich angemessen ausstatten und das Konnexitätsprinzip wirklich beachtet wird, kann die strukturelle Krise der Kommunalfinanzen gelöst werden.

Literatur

Bajohr, S. (2011): Können Städte ihre Haushalte aus eigener Kraft konsolidieren? In: Hansmann, M. (Hrsg.): Kommunalfinanzen in der Krise. Problemlagen und Handlungsansätze. = Schriften zur öffentlichen Verwaltung und öffentlichen Wirtschaft 223. Berlin, 215-237.

Bogumil, J. et al. (2007): Zehn Jahre Neues Steuerungsmodell: Eine Bilanz kommunaler Verwaltungsmodernisierung. = Modernisierung des öffentlichen Sektors 29. Berlin.

Budäus, D.; Hilgers, D. (2011): Kann Doppik die öffentlichen Haushalte sanieren? Anmerkungen zu den Funktionen und der Leistungsfähigkeit des neuen öffentlichen Haushalts- und Rechnungswesens. In: Hansmann, M. (Hrsg.): Kommunalfinanzen in der Krise. Problemlagen und Handlungsansätze. = Schriften zur öffentlichen Verwaltung und öffentlichen Wirtschaft 223. Berlin, 253-273.

Bund der Steuerzahler Niedersachsen und Bremen e.V. (2008): Kommunale Schwimmbäder im Vergleich. Statistische Untersuchung zur Kostendeckung von Hallenbädern in Niedersachsen. Hannover.

DST – Deutscher Städtetag (2010): Sozialleistungen der Städte in Not. Zahlen und Fakten zur Entwicklung kommunaler Sozialausgaben. Berlin, Köln.

Feist, M.G.; Nienstedt, L. (2011): Stadtwerke als kommunale Cash Cows? In: Hansmann, M. (Hrsg.): Kommunalfinanzen in der Krise. Problemlagen und Handlungsansätze. = Schriften zur öffentlichen Verwaltung und öffentlichen Wirtschaft 223. Berlin, 288-298.

Finke K. et al. (2010): Impact of Tax Rate Cut Cum Base Broadening Reforms on Heterogeneous Firms – Learning from the German Tax Reform 2008. Oxford.

Franzke, J.; Kleger, H. (2010): Bürgerhaushalte. Chancen und Grenzen, Berlin.

Geißler, R. (2011): Kommunale Haushaltskonsolidierung. Einflussfaktoren lokaler Konsolidierungspolitik. Wiesbaden.

Gnädiger, M. (2010): Schuldenfreie Kommunen 2010. Ein Überblick über die schuldenfreien Gemeinden und Gemeindeverbände der dreizehn deutschen Flächenländer. Taunusstein.

Hansmann, M. (2010): Das mutwillig erzeugte Einnahmenproblem. Die Steuerpolitik der letzten Jahrzehnte und ihre Auswirkung auf die kommunalen Haushalte. In: Verwaltung und Management 2010(16), 236-242.

Heinemann, F. et al. (2009): Der kommunale Kassenkredit zwischen Liquiditätssicherung und Missbrauchsgefahr. = ZEW Wirtschaftsanalysen - Schriftenreihe 93. Baden-Baden.

Holtkamp, L. (2011): Kommunale Krisenstrategien bei leeren Kassen. In: Hansmann, M. (Hrsg.): Kommunalfinanzen in der Krise. Problemlagen und Handlungsansätze. = Schriften zur öffentlichen Verwaltung und öffentlichen Wirtschaft 223. Berlin, 238-252.

Junkernheinrich, M. (2010): Kommunalverschuldung: zur Transparenz und Rückführung kommunaler Schulden. In: Gernert, W.; Konegen, N.; Meyers, R. (Hrsg.): Nachhaltige Kommunalpolitik - ein Anforderungsprofil. Münster, 175-198.

Landeshauptstadt Hannover (2010): Memorandum der Landeshauptstadt Hannover zu den Auswirkungen steuerpolitischer Entscheidungen auf den städtischen Haushalt. http://www.hannover.de/de/buerger/verwaltungen/dez_fb_lhh/dezernate_lhh/fina_dez/dezernent/publikationen.html (22.09.2011).

Libbe, J. (2010): Investitionen in Bildung und Kultur – Fass ohne Boden oder Zukunftsertrag? In: Beckmann, K.J. (Hrsg.): Kommunale Haushalte in Not. Anregungen aus der Stadtforschung für die Stadtpolitik. Berlin, 60-65.

Rehm, H.; Matern-Rehm, S. (2010): Kommunalfinanzen. Wiesbaden.

Reiermann, C.; Schäfer, U. (2002): Tricksen, Tarnen, Täuschen. In: DER SPIEGEL 47/2002, 110.

Schleswig-Holsteiner Landtag (2010): Antwort der Landesregierung Schleswig-Holstein auf eine Kleine Anfrage der Abgeordneten Monika Heinhold zu den Auswirkungen Steuerrechtsänderungen auf Schleswig-Holstein. Drucksache 17/573 vom 07.06.2010.

Schwarting, G. (2010): Der kommunale Haushalt. Berlin.

Stadt Mühlheim an der Ruhr (Hrsg) (2008): Wege aus der Schuldenfalle. Forderungen der Städte des Ruhrgebiets und des Bergischen Landes zur Gemeindefinanzpolitik. Essen.

Timm-Arnold, K.-P. (2011): Bürgermeister und Parteien in der kommunalen Haushaltspolitik. Endogene Ursachen kommunaler Haushaltsdefizite. = Stadtforschung aktuell 116. Wiesbaden.

Zimmermann, H. (2011): Die Grundsteuer als geborene Gemeindesteuer. In: Hansmann, M. (Hrsg.): Kommunalfinanzen in der Krise. Problemlagen und Handlungsansätze. = Schriften zur öffentlichen Verwaltung und öffentlichen Wirtschaft 223. Berlin, 194-212.

Mareike Köller

Fläche sparen – Fiskalische Wirkungen neuer Wohnbaugebiete auf Kommunen[1]

1. Kommunale Flächennutzungsentscheidungen

Kommunen sehen sich zahlreichen exogen vorgegebenen Größen ausgesetzt, die sie selbst nicht beeinflussen können. Kaum beeinflussbare Determinanten aus Wirtschaft, Bevölkerung und räumlicher Lage bestimmen zusammen mit dem föderativen Rechtsrahmen das generelle Niveau der kommunalen Einnahmen und Ausgaben (Zimmermann et al. 1987). Hinzu kommt, dass auch der Gestaltungsspielraum der im Grundgesetz (GG) garantierten Selbstautonomie (Art. 28) durch Bundes- und Landesvorschriften und dem fiskalischen Äquivalenzprinzip stark eingeschränkt ist. Dieser eingeschränkte finanzpolitische Gestaltungsrahmen verdeutlicht die Bedeutung von kommunalen Flächennutzungsentscheidungen. Nach §§ 1 Abs. 2 und 3 Baugesetzbuch (BauGB) sind Gemeinden für die Aufstellung der Flächennutzungs- und Bebauungspläne zuständig und bestimmen somit über die Siedlungs- und Verkehrsflächenentwicklung.

Weisen Kommunen neues Bauland aus, dann führt der Zuzug neuer Einwohner und die Ansiedlung neuer Gewerbebetriebe zu einem potentiell höheren Grund-, Einkommen-, Gewerbe- und Umsatzsteueraufkommen. Gleichzeitig besteht die Chance auf eine Verbesserung der gesamten Wohn- und Arbeitsmarktsituation, was wiederum die Haushalte der Kommunen direkt oder indirekt positiv beeinflussen kann. Diese erwarteten Effekte veranlassen Kommunen zur Bereitstellung von Wohn- und Gewerbeflächen und dem Einsatz standortpolitischer Instrumente. Die erhofften fiskalischen Erträge müssen durch Ausgaben

1 Die Ergebnisse in diesem Beitrag basieren auf der Studie von Köller, Henger (2010).

zur Standorterschließung vorfinanziert werden. In der Vorbereitungs- und Planungsphase sind Planungskosten für Gutachten und Entwürfe zu erbringen. Zusätzlich können erhebliche Kosten bei Anwendung von Zwischenerwerbsmodellen für den Ankauf der Grundstücke auftreten. In der Erschließungsphase fallen Investitionen in Form von Kosten für Erschließungsanlagen an, die ohne Beteiligung privater Erschließungsträger hauptsächlich von den Kommunen zu tragen sind. Zusätzlich entstehen meistens Kosten für ökologische Kompensationsmaßnahmen. In der Siedlungs- und Ausreifungsphase müssen schließlich vielfach Investitionen für soziale Einrichtungen (z.B. Kindertagesstätten, Grundschulen) erbracht werden. Zusätzlich entstehen laufende Ausgaben für die Unterhaltung und Instandhaltung aller technischen Infrastruktureinrichtungen.

Flächennutzungsentscheidungen und Neugebietsausweisungen entfalten somit vielfältige und komplexe Wirkungen, die für die Stadtplanung und kommunale Entwicklung von hoher Bedeutung sind. Allerdings werden die positiven Wirkungen neuer Baugebiete für die Kommunen systematisch überschätzt, da nicht alle Einnahmen und Kosten neuer Baugebiete in einer Nutzen-Kosten-Betrachtung gegenübergestellt werden (Reidenbach et al. 2007; Henger, Thomä 2009). Die Folgen sind vielfältig: Flächen werden versiegelt, zerschnitten und verlieren ihre ökologischen Bodenfunktionen; zersiedelte Siedlungskörper entstehen und erhöhen den Energieverbrauch und die Abgas- und Lärmemissionen; Siedlungsdichten nehmen ab und erhöhen die Fixkosten für die Instandhaltung der Infrastruktur für Straßen, Energie- und Wasserversorgung (Siedentop et al. 2006). Der letzte Punkt betrifft unmittelbar die Haushalte der Gemeinden. Es verwundert daher sehr, dass Infrastrukturfolgekosten bei Flächennutzungsentscheidungen kaum Berücksichtigung finden, obwohl die Kommunen für die Aufrechterhaltung ihrer technischen und sozialen Infrastruktur in der Zukunft große finanzielle Belastungen zu erwarten haben (Gutsche 2003; Krause-Junk 2006; Reidenbach et al. 2007; Dittrich-Wesbuer et al. 2009; Preuß, Floeting 2009).

Der vorliegende Beitrag zeigt vor diesem Hintergrund die fiskalischen Effekte neuer Wohnbaugebiete auf die Gemeindehaushalte. Dabei werden in insgesamt 375 Kommunen in vier Regionen[2] zwei Baugebiete mit identischen Charakteristika analysiert, um die inter- und intraregionalen Unterschiede zu identifizieren, die sich auf der Einnahmeseite ergeben. Die fiskalische Wirkungsanalyse ermöglicht dabei die Transparenz der Einnahmen und Ausgaben für die Kommunen, deckt Einsparpotenziale auf und bildet die Grundlage für die Auflösung des ruinösen Wettbewerbs der Baulandausweisung.

---

2 Regierungsbezirk Düsseldorf (66 Kommunen), Region Hannover (21), Region Mittelhessen 101, Region Südwestthüringen (187).

2. Methodisches Vorgehen

Der vorliegende Beitrag berücksichtigt die folgenden direkten budgetrelevanten Ein- und Ausgabeeffekte (Gutsche, 2003; Krause-Junk, 2006; Reidenbach et al., 2007; Dittrich-Wesbuer et al., 2009).[3] Auf der Einnahmenseite werden die fiskalischen Wirkungen für eine Gemeinde durch die ansiedlungsbedingten Steuermehreinnahmen und den daraus resultierenden Finanzausgleichseffekten beschrieben. Die Modellierung beschränkt sich auf die Effekte der Grundsteuer und des Gemeindeanteils der Einkommensteuer, da die Gewerbesteuereinnahmen nicht direkt durch ein Wohngebiet beeinflusst werden, der Umsatzsteueranteil aktuell immer noch nach einem fixen Verteilungsschlüssel an die Kommunen zugeteilt wird und sonstige Steuern als vernachlässigbar betrachtet werden können. Bei der Einkommensteuer wird angenommen, dass die in das Baugebiet zuziehenden Einwohner die Charakteristika der Standortgemeinde aufweisen. Bei den durch Steuermehreinahmen ausgelösten veränderten Ausgleichzahlungen werden alle Finanzzuweisungen des KFA und die Umlagen der Kommunen an Gemeindeverbände und Landkreise modelliert. Mögliche Planungsgewinne einer Gemeinde bleiben unberücksichtigt.

Auf der Ausgabenseite werden die vielfältigen Ausgaben – in Form von Vorleistungen, Investitionen, sofortigen und laufenden Kosten – durch das Heranziehen von Kostensätzen für Anlagen der inneren und äußeren Erschließung berücksichtigt. Es findet kein kommunaler Zwischenerwerb statt, und es werden keine privaten Erschließungsträger eingesetzt. Die Kostenteilung zwischen Kommunen und Grundstückseigentümern ist nach dem Beitragsabgaberecht geregelt. Nicht berücksichtigt werden Finanzierungskosten und Kosten für Immissionsschutzanlagen oder soziale und technische Infrastruktureinrichtungen.[4]

Alle Einnahmen und Ausgaben werden in einem einheitlichen Wert dargestellt, unabhängig davon, ob es sich um wiederkehrende oder um einmalige Finanzströme handelt. Dieser „Fiskalwert" beschreibt den jährlichen Kapitaleffekt eines Wohnbaugebietes für Kommunen pro zusätzlichen Einwohner (Annuität). Kalkuliert wird ein Betrachtungszeitraum von 30 Jahren bei einem Diskontierungszinssatz von 4% p.a. (vgl. Schönbäck et al., 1998; Gutsche, 2003, S. 233). Es wird angenommen, dass die Erschließungskosten direkt zu Beginn von einer Gemeinde aufzubringen sind, während die Einnahmen aus einem gestiegenen Steueraufkommen inkl. der veränderten Ausgleichszahlungen erst nach fünf Jah-

3 Die einzelnen Berechnungsschritte sind ausführlich in Köller, Henger (2010) dokumentiert.

4 Aufgrund des demografischen Wandels sind Annahmen zur sozialen Infrastruktur sehr volatil, stellen jedoch einen enormen Kostenblock für die Kommunen dar. Siehe dazu u.a. Köller, Henger (2010).

ren wirken. Mit dieser Annahme werden die teilweise erheblichen Zeitverzögerungen durch die Aufsiedlung und die Anpassung der Berechnungsgrundlagen bei den Schlüsselzuweisungen und Steuerkraftmesszahlen berücksichtigt (Junkernheinrich, 1994, S. 63; Gutsche, 2003, S. 132 f., 213 f.).

Tab. 1: Eigenschaften der beiden betrachteten typisierten Baugebiete

Art des Baugebiets	**Typ A Mehrfamilienhaus**	**Typ B Einfamilienhaus**
Wohngebietstyp (BauNVO)	WA (Allgemeines Wohngebiet)	
Vorherige Nutzung	Landwirtschaft	
Bruttobauland (BBL)	3750 m²	15000 m²
Nettobauland (NBL)	2500 m² (66,7%)	10000 m² (66,7%)
Verkehrsflächen	500 m² (13,3%)	2000 m² (13,3%)
Grünflächen	500 m² (13,3%)	2000 m² (13,3%)
Kompensationsflächen (im Baugebiet)	250 m² (6,7 %)	500 m² (6,7%)
Belegungsziffer (Personen/WE)	3,0	3,0
Anzahl Wohneinheiten / Personen	16 /48	16 /48
Siedlungsdichte (WE/ha BBL; WE/ha NBL)	42,7; 64,0	10,7; 16,0
Parzellengröße	625 m²	625 m²
Anzahl Häuser	4	16
Wohnfläche je Wohneinheit	80 m²	125 m²

Quelle: Eigene Darstellung

Dieser Beitrag betrachtet ausschließlich „Allgemeine Wohngebiete" (§ 4 Baunutzungsverordnung) im Außenbereich (§ 35 BauGB), die mit der klassischen Angebotsplanung in kommunaler Eigenregie entwickelt werden und vorher landwirtschaftlich oder landwirtschaftsähnlich genutzt wurden. Für die Zwecke dieser Untersuchung erfolgt ein Vergleich von zwei Siedlungsformen, die die beiden Enden des Dichtespektrums möglicher Baugebiete mit den unterschiedlichen finanziellen Auswirkungen abbilden (Tabelle 1; vgl. Gutsche, 2003, S. 41 ff.; Siedentop et al., 2006, S. 44 ff.). Bebauungstyp A mit hoher Dichte wird heute fast ausschließlich in urbanen Zentren zur „Nachverdichtung" im Innenbereich realisiert. Typ B entspricht einer Einfamilienhaussiedlung (EFH-Siedlung). Dieser flächenextensive Typ dominiert heute in Neubaugebieten im Außenbereich, unabhängig davon, ob es sich um eine Kommune in einem Agglomerations- oder in einem ländlich geprägten Raum handelt (Deilmann, 2009; Schiller, 2009). Mit der relativ hohen Belegungsziffer von 3,0 Einwohnern pro WE wird berücksichtigt, dass die Wohnungsbelegung in neuen Baugebieten im Allgemeinen über der mittleren Belegung einer Kommune liegt (ca. 1,9– 2,4) (vgl. Siedentop 2006, S. 56). Bei beiden Baugebietstypen wird davon ausgegangen, dass die gleiche Anzahl an Personen von außerhalb der Kommune zuzieht (16 WE à drei Personen), diese aber auf stark unterschiedlichen Bodenflächen untergebracht wird. Dieses Vorgehen erlaubt einen Vergleich der beiden Bebauungstypen ohne Skaleneffekte (economies of scale) durch bevölkerungsbedingte Kostendegressionen.

3. Einnahmen der Baulandbereitstellung

Grundsteuer

Die Grundsteuer besteuert als objektbezogene Realsteuer das Eigentum an Grundstücken sowie darauf liegende Gebäude, bei der die persönlichen Verhältnisse des Grundstückseigentümers keine Berücksichtigung finden. Als klassische Gemeindesteuer steht den Gemeinden das gesamte Steueraufkommen zu, das sie über einen eigenen Hebesatz mitbestimmen können. Gesetzliche Grundlagen bilden das Grundgesetz (Art. 106 Abs. 4) und das Grundsteuergesetz (GrStG) bzw. die Grundsteuerdurchführungsverordnung (GrStDV) in den neuen Ländern. Der Steuergegenstand wird in land- und forstwirtschaftlichem Grundbesitz (Grundsteuer A) und sonstigem Grundbesitz wie Bauland oder bebauten Grundstücken (Grundsteuer B) unterschieden (§ 2 GrStG).

Die Grundsteuer wird durch ein dreistufiges Verfahren festgelegt. Als Bemessungsgrundlage wird im ersten Schritt der sog. Einheitswert (Grundstückswert) ermittelt. Auf der Grundlage des Einheitswertes wird im zweiten Schritt der Grundsteuermessbetrag ermittelt, wobei der Einheitswert mit einer im GrStG festgelegten Steuermesszahl multipliziert wird. In der dritten Stufe wird die letztendliche Grundsteuerschuld ermittelt, wobei der Grundsteuermessbetrag mit dem jeweiligen Hebesatz der Gemeinde multipliziert wird. Dabei liegen die Hebesätze zwischen 200 und 500 Prozent (2003 bis 2007), wobei die Sätze für die Grundsteuer A zumeist viel niedriger sind als für die Grundsteuer B und in den Ballungsräumen (für die Grundsteuer B) höher sind als in den ländlichen Gebieten.

Tabelle 2: Zusätzliche Grundsteuereinnahmen pro Einwohner

Fallstudienregionen	MIN	MAX	Durchschnitt	Varianz-koeffizient[5]
Reg.-Bezirk Düsseldorf				
Typ A	54,7	110,4	87,4	0,10
Typ B	81,8	168,6	131,4	0,11
Region Hannover				
Typ A	76,4	114,4	87,7	0,09
Typ B	114,0	174,1	131,3	0,09
Mittelhessen				
Typ A	40,6	78,6	55,9	0,12
Typ B	59,6	117,4	82,9	0,13
Südwestthüringen				
Typ A	55,31	96,8	83,4	0,04
Typ B	40,4	70,8	61,3	0,04

Quelle: Eigene Darstellung

Eine Ausweisung verändert die Grundsteuereinnahmen einer Gemeinde bei Wohnbaugebieten über zwei Wege, ohne dass Annahmen zum Zuzug, der Bewohnung und der Nutzung der Gebäude gemacht werden müssen. Die Steuereinnahmen der Grundsteuer A des Bruttobaulandes gehen verloren, während deutlich höhere Steuereinnahmen aus der Grundsteuer B durch die Bebauung der Nettobauflächen entstehen. Tabelle 2 dokumentiert die Ergebnisse. In allen Fallstudienregionen ist das verlorene Aufkommen der Grundsteuer A mit Werten unter drei Euro pro Einwohner verschwindend gering. Die Grundsteuer B bestimmt demnach die erkennbaren inter- und intraregionalen Unterschiede. Die drei westdeutschen Regionen liefern durch das ähnliche Einheitswertverfahren ähnliche Ergebnisse. Die Grundsteuermehreinnahmen der EFH-Siedlung (Typ B) sind dort jeweils im Durchschnitt um ein Drittel höher. Dies ist auf die fast doppelt so große Wohnfläche zurückzuführen, die allerdings beim Gebäudetyp Einfamilienhaus mit einer geringeren Steuermesszahl angesetzt wird. Das Ge-

5 Der Varianzkoeffizient berechnet sich aus dem Quotienten der Standardabweichung und des Mittelwertes (in Betrag) und hat gegenüber der Standardabweichung oder der Varianz den Vorteil, ohne die zugehörigen Werte (Skala) eine Aussagekraft zu besitzen. Somit ist zwischen den Ergebnissen der Regionen auch dabei ein Vergleich möglich.

samtniveau liegt in Mittelhessen aufgrund geringerer Hebesätze deutlich unter den Einnahmen in Düsseldorf und Hannover. Anders sieht es im Falle von Südwestthüringen aus: Die unterschiedliche Berechnungsmethode von Sachwertverfahren bei Einfamilienhäusern und Ertragswertverfahren bei Mietwohnungen führt dazu, dass die Grundsteuer bei MFH (Typ A) trotz geringerer Wohnfläche höher ist als bei EFH (Typ B). Innerhalb der Regionen werden die Unterschiede zwischen den Kommunen hauptsächlich durch die unterschiedlichen Hebesätze bestimmt, diese Hebesatzunterschiede sind jedoch deutlich geringer innerhalb als zwischen den Regionen. Kommunen scheinen sich an ihren Nachbargemeinden zu orientieren, wobei größere Kommunen und Ballungsgebiete zumeist einen etwas höheren Hebesatz ansetzen als kleinere Kommunen und ländliche Regionen.

Gemeindeanteil der Einkommensteuer

Die Einkommensteuer ist keine Steuer in der Verwaltungshoheit der Gemeinden, sondern wird zentral vom Bund erhoben, wovon die Kommunen und die Länder anteilig einen Betrag bekommen (Zimmermann, 1999, S. 172 ff.). Aktuell erhalten die Kommunen 15 % der Gesamtheit des Aufkommens der Einkommenssteuer in einem Bundesland (GG Art. 106 Abs. 3 und 5 i.V. m. § 1 Gemeindefinanzreformgesetz). Jede einzelne Kommune bekommt ihren Anteil abhängig von der alle drei Jahre ermittelten Schlüsselzahl, die auf Länderebene auf Basis der von den Einwohnern in einer Kommune erzielten Einkommen bestimmt wird. Der Anteil am Gemeindeanteil an der Einkommensteuer für eine einzelne Kommune ergibt sich somit durch eine Multiplikation des Gemeindeanteils des Einkommensteueraufkommens des Landes mit der geltenden Schlüsselzahl für die Kommune (Krause-Junk, 2008, S. 5).

Die Ausweisung neuer Baugebiete führt in dem Maße zu einer Erhöhung der Einkommensteuereinnahmen, in dem neue Einwohner in die Gemeinde zuziehen, die zu versteuernde Einkünfte erzielen. Gleichzeitig vermeidet ein neues Baugebiet den Wegzug ortsansässiger Bevölkerung, was ebenfalls positive Einkommenseffekte nach sich zieht (vgl. Krause-Junk, 2006, S. 55 ff.). Für die Wirkung ist es entscheidend, welche soziale Struktur die zusätzlichen bzw. gehaltenen Einwohner des Baugebietes haben. Nur Einwohner mit zu versteuerndem Einkommen führen auch zu zusätzlichen Einnahmen aus der Einkommensteuer. Bezieher von Sozialleistungen ohne eigenes Einkommen haben dagegen keinen Einfluss.

Die Höhe der Einkommensteueränderungen für die Kommunen hängen nicht nur davon ab, wie sehr sich die Schlüsselzahl durch eine Zunahme des Sockelaufkommens der Gemeinde verändert, sondern auch inwieweit sich das Gesamtaufkommen des Landes verändert. Aufgrund unterschiedlicher Aspekte ist zusätzlich zu berücksichtigen, dass die Veränderung der Einkommensteuer bis zu sieben Jahre nach dem Zuzug des Einwohners in die Gemeinde in den Kommunalfinanzen Berücksichtigung findet (Gutsche, 2003, S. 111).

Für die Zwecke dieser Analyse wird der zu erwartende zusätzliche Gemeindeanteil an der Einkommensteuer mit dem bisherigen (2003–2007) durchschnittlichen Einkommensteueraufkommen geschätzt. Dies stellt ein einfaches, aber gleichzeitig für alle Gemeinden spezifisches Vorgehen dar. Eine Gemeinde mit einem hohen Steueraufkommen pro Kopf erhält in den Modellrechnungen demzufolge höhere Mehreinnahmen im Vergleich zu einer einkommensschwachen Kommune. Diese Methodik kann regionale Unterschiede deutlich besser abbilden als eine Berechnung mit Durchschnittswerten auf Gemeindetypen oder Regionalebene (vgl. per capita multiplier approach, Burchell, Listokin 1978). Diese Vorgehensweise wird zusätzlich unterstützt durch den Umstand, dass in neue Wohngebiete auch Personen aus der ausweisenden Gemeinde einziehen. In diesem Fall wird das Wegziehen bisher ortsansässiger Bevölkerung verhindert, was am besten mit den statischen Daten der jeweiligen Standortgemeinde beschrieben werden kann.

Tab. 3: Zusätzliche Einkommensteuereinnahmen pro Einwohner

Fallstudienregionen	MIN	MAX	Durchschnitt	Varianz-koeffizient
Reg.-Bezirk Düsseldorf	174,4	456,0	300,4	0,19
Region Hannover	218,7	375,8	270,2	0,13
Mittelhessen	235,5	400,0	302,7	0,12
Südwestthüringen	4,7	256,0	89,4	0,25

Quelle: Eigene Darstellung

Die Ergebnisse der zusätzlich zu erwartenden Einkommensteuer für die Gemeinden pro Einwohner sind in Tabelle 3 zu finden. In den westdeutschen Fallstudienregionen sind die durchschnittlichen Einkommensteueranteile zwischen und innerhalb der Regionen sehr ähnlich. Die Werte für Thüringen spiegeln die geringeren Einkommen Ostdeutschlands wider. Der durchschnittliche Einkommensteueranteil beträgt nur knapp ein Drittel der westdeutschen Fallstudienregionen, was aber nicht nur auf die geringen Einkommen, sondern auch auf die große Anzahl sehr kleiner und finanzschwacher Kommunen zurückzuführen ist. In allen Regionen sind die einkommensstärkeren Haushalte in den Ballungsgebieten anzutreffen und können daher auch mehr zusätzliche Steuereinnahmen aus der Einkommensteuer als ländliche Kommunen nach der hier verwendeten Methodik erwarten. Wie die Variationskoeffizienten zeigen, ist die Heterogenität in Südwestthüringen und mit Abstrichen in Düsseldorf am größten.

Kommunaler Finanzausgleich

In Deutschland wird die Finanzierung der kommunalen Gebietskörperschaften neben den originären Einnahmen aus Steuern und Gebühren zusätzlich durch finanzielle Zuweisungen aus den kommunalen Finanzausgleichssystemen der Bundesländer gesichert. Der Finanzausgleich beruht auf dem allgemeinen Grundsatz, dass jeder Träger öffentlicher Aufgaben auch mit den zur Deckung der entstehenden Ausgaben erforderlichen Deckungsmitteln ausgestattet sein muss. Zusätzlich zu dieser fiskalischen Funktion (Aufstockung der Finanzmasse) erfüllt der Kommunale Finanzausgleich (KFA) außerdem eine redistributive Funktion zur Verringerung der Einnahmedifferenzen und eine zentralörtliche bzw. raumordnerische Funktion (Karrenberg und Münstermann, 1999, S. 448).

In der ursprünglichen Konzeption war dem KFA ein eher subsidiärer Charakter zugewiesen worden, der vor allem dazu gedacht war, die Finanzausstattung der Kommunen zu ergänzen. Heute stellt der KFA jedoch mit ca. 30% der Einnahmen der Kommunen in den alten Bundesländern und sogar 50 % derer in den neuen Bundesländern die wichtigste Einnahmequelle dar (Zimmermann, 1999, S. 233 f., Bundesministerium der Finanzen, 2008). Im Gegensatz zum Länderfinanzausgleich findet formal kein horizontaler Ausgleich zwischen den unterschiedlich finanziell ausgestatteten Kommunen statt, sondern ein vertikaler Finanzausgleich zwischen Land und Kommunen. Seine vielfältigen Wirkungsmechanismen führen jedoch indirekt zu einem Ausgleich zwischen den Kommunen.

Auch wenn der KFA in den verschiedenen Bundesländern sehr unterschiedlich ausgestaltet ist, lässt sich doch eine allgemeine Grundstruktur erkennen. So fließen in die *Finanzausgleichsmasse* Landesmittel des obligatorischen und des fakultativen Steuerverbundes ein, in einigen Ländern noch ergänzt um die von den Kommunen erhobene Finanzausgleichsumlage. Die Finanzausgleichsmasse bedient verschiedene Zuweisungsarten, wobei man hier zunächst zwischen (zweckfreien) allgemeinen Zuweisungen und Zweckzuweisungen unterscheiden kann. Erstgenannte lassen sich weitergehend in Bedarfs- und Schlüsselzuweisungen unterteilen. Hierbei nehmen insbesondere die Schlüsselzuweisungen aufgrund ihrer Größenordnung eine sehr wichtige Rolle ein. In der Folge werden die Schlüsselzuweisungen zunächst auf die kommunalen Säulen der Gebietskörperschaften aufgeteilt, woraufhin dann die Zuweisungssumme für die einzelne Empfängerkommune ermittelt wird. Dabei wird ein normierter *Finanzbedarf* einer Kommune mit ihrer *Finanzkraft* (Steuerkraft) verglichen. Wird ein Fehlbetrag ermittelt, so erfolgt ein anteiliger Ausgleich bei den Gemeinden zu einem gewissen Prozentsatz (Ausgleichsquote). Ein vollständiger Ausgleich ist vom Gesetzgeber nicht vorgesehen, um den Kommunen so einen Anreiz zu geben, mit eigenen Mitteln ihren Finanzbedarf zu senken bzw. ihre eigene Steuerkraft zu erhöhen (Lenk und Rudolph, 2004, S. 8).

Für die Berechnung der fiskalischen Wirkungen einer Neugebietsausweisung wird angenommen, dass ein zusätzlicher Einwohner mit den Eigenschaften der Standortgemeinde von außerhalb hinzuzieht. Die durch den zusätzlichen Einwohner angepassten Bedarfs- und Steuerkraftmesszahlen und Schlüsselzuweisungen bestimmen die veränderten Einnahmen aus dem KFA. Die gleiche Vorgehensweise gilt für die Ermittlung der Kreisumlage: Nach der Berechnung der „alten" Kreisumlage werden die neuen Schlüsselzuweisungen sowie die neue Steuerbemessungsgrundlage für die veränderte Kreisumlage herangezogen. Die Differenz der beiden Kreisumlagezahlungen stellt die Ausgaben durch den zusätzlichen Einwohner des Neugebiets dar. Für den Wert pro Einwohner durch den KFA inklusive Kreisumlagen wird dann die Kreisumlage wiederum von den Schlüsselzuweisungen abgezogen.

Ein Sonderfall ergibt sich für die kreisfreien Städte der Fallstudienregionen (insgesamt zehn in Düsseldorf und zwei in Südwestthüringen), die wie kreisangehörige Gemeinden behandelt werden.[6] Kreisfreie Städte zahlen zwar keine Kreisumlage, haben aber dafür auch die Aufgaben der Kreise und damit auch die dazugehörigen Ausgaben zu zahlen. Bei einer Nicht-Berücksichtigung der Kreisumlage wären die Wirkungen einer Baulandbereitstellung für kreisfreie Städte für einen Vergleich der Kommunen überschätzt. Da die zusätzlichen Ausgaben pro Einwohner, die durch die zusätzlichen, kreisspezifischen Aufgaben anfallen, schwer abzuschätzen sind, wird ein fiktiver Kreisumlagesatz angenommen, der den durchschnittlichen Kreisumlagesätzen der angrenzenden Gemeinden entspricht.

In Tabelle 4 sind die Wirkungen der KFA pro Einwohner bei einer Neugebietsausweisung für Typ A und B dokumentiert.[7] Die höchsten zusätzlichen Einnahmen durch den KFA sind in Einzelfällen (bis über 450 € pro EW) und im Durchschnitt (über 200 €) in Südwestthüringen zu finden. Dagegen wirkt sich der KFA mit Blick auf die Durchschnittswerte in Mittelhessen nicht positiv, sondern sogar negativ aus. Die Ursachen hierfür liegen im geringen hessischen Ausgleichsumfang in Kombination mit den sehr hohen Kreisumlagesätzen. Wie

6 Die Stadt Hannover zahlt als Kommune der Region Hannover eine Regionsumlage.

7 Für eine ausführliche Darstellung des KFA und der Berechnung siehe Köller, Henger (2010): 26ff.

die hohe Standardabweichung zeigt, ist die Bandbreite der Effekte in Düsseldorf am größten, was auf die unterschiedliche Struktur und Finanzkraft der Gemeinden und damit sehr unterschiedlichen Schlüsselzuweisungen zurückgeführt werden kann. Zusätzlich ist in dieser Region der Ausgleichsumfang am größten, finanzschwache Gemeinden erhalten hier somit tendenziell höhere Zuweisungen. Dagegen ist die Varianz der Ausgleichseffekte in Südwestthüringen am geringsten, da dort die unterschiedlichen Steuereinnahmen für den Ausgleichsumfang von geringerer Bedeutung sind. Im Vergleich zur Grund- und Einkommensteuer ist festzustellen, dass der KFA deutlich unterschiedlichere und außerdem deutlich stärkere Wirkungen entfaltet, so dass die zu beobachtenden interkommunalen Unterschiede vorrangig hierdurch zu erklären sind.

Tab. 4: Auswirkungen des Kommunalen Finanzausgleichs pro Einwohner

Fallstudienregionen	**MIN**	**MAX**	**Mittelwert**	**Standard-abw.**	**Varianz-koeffizient**
Region Düsseldorf					
Typ A	-222,0	373,4	90,2	140,5	1,56
Typ B	-239,9	332,5	54,0	133,8	2,48
Region Hannover					
Typ A	-122,3	207,4	44,4	78,1	1,76
Typ B	-145,8	162,4	13,7	74,9	5,48
Region Mittelhessen					
Typ A	-205,8	307,0	-18,5	67,7	3,66
Typ B	-216,8	283,3	-38,4	65,7	1,71
Region Südwestthüringen					
Typ A	-78,7	456,5	208,5	58,5	0,28
Typ B	-72,1	475,7	226,4	59,8	0,26

Quelle: Eigene Darstellung

Als „Verlierer" aus dem KFA können in allen Regionen insbesondere finanzstarke Kommunen im suburbanen Raum in der Nähe von Großstädten ausgemacht werden, die teilweise abundant sind und gar keine Schlüsselzuweisungen erhalten. Arme Kommunen können dagegen bei der Ausweisung neuen Wohnbaulands mit Zuweisungen in erheblichem Umfang rechnen: Die Einwohnerveredelung führt zu einem überproportionalen Anstieg der Bedarfsmesszahl, während die Steuerkraftmesszahl durch die Steuereinnahmen nur unterproportional steigt. Der nivellierende Effekt der Steuerkraftberücksichtigung im KFA wird durch den zusätzlichen Bedarf durch neue Einwohner folglich mehr als kompensiert. Die redistributive Wirkung des KFA zeigt sich hier deutlich. Die fiskalischen Anreize kommunaler Ansiedlungspolitiken spiegeln somit nicht die Nachfrage nach Bauland wider, die in den suburbanen Kommunen am stärksten ist. Gleichzeitig sind in den vier Finanzausgleichssystemen keine eindeutigen Gesamteffekte zur Unterstützung raumplanerischer Zielsetzungen wie etwa die Bündelung der Siedlungsentwicklung in zentrale Orte zu erkennen.

4. Ausgaben der Baulandbereitstellung

Städte und Gemeinden sind durch das BauGB unter Berücksichtigung bestimmter öffentlicher Belange grundsätzlich dazu verpflichtet, Bauland im notwendigen Umfang zur Verfügung zu stellen (§ 1 Abs. 6 BauGB). Hierbei unterliegen die Kommunen einerseits den beschriebenen fiskalischen Anreizen auf der Einnahmeseite und andererseits den regional sehr unterschiedlichen Nachfragegegebenheiten nach Wohnflächen. Zur Befriedigung der Ansprüche der Bevölkerung können die Gemeinden verschiedene Instrumente und Strategien der Baulandentwicklung anwenden. Jede Strategie hat erhebliche Auswirkungen auf die Kosten der Baulandbereitstellung insgesamt, sowie auf die Frage, wer die Kosten letztendlich zu tragen hat. Um die Strategien für die Baulandbereitstellung von Wohnbauland zu typisieren, können insbesondere zwei Kriterien herangezogen werden. Das erste Kriterium betrifft die planungsrechtlichen Instrumente der Baulandentwicklung (vgl. u.a. Schäfer et al., 2001; Markstein, 2003, S. 105 ff.). Aufgrund der vorherrschenden Praxis werden im Folgenden ausschließlich Baugebiete betrachtet, die mit der klassischen Angebotsplanung von den Kommunen entwickelt werden und daher nach Erschließungsbeitragsrecht mindestens 10 % der meisten Erschließungsaufwendungen selbst zu tragen haben.[8]

Das zweite Kriterium zur Unterscheidung von Baugebietstypen differenziert auf Basis der räumlichen Lage innerhalb der bestehenden Ortschaften und der damit bereits vorhandenen Erschließungsinfrastruktur (Tab. 5). Die beiden ersten Baugebietstypen stellen Neuausweisungen im Außenbereich dar und führen jeweils zu Planungskosten sowie zu Kosten für technische Infrastruktur, einmal sowohl für Erschließungsanlagen innerhalb und außerhalb des Baugebiets (Grü-

8 Kosten für sonst. technische Ver- und Entsorgungsanlagen wie Strom-, Telefon-, Gaserschließung werden vollständig von dem Bauherrn bzw. von der Allgemeinheit über Gebühren getragen.

ne Wiese), einmal nur für die innere Erschließung (Ortsrand). Bei Siedlungsentwicklungen auf sog. Arrondierungsflächen kann an bereits vorhandene Bebauung angeschlossen werden, sodass ein deutlich geringerer Aufwand für die innere Erschließung notwendig ist. Die beiden Innenentwicklungsoptionen sind aus Nachhaltigkeitsgesichtspunkten vorzugswürdig, führen aber nur in den Fällen zu geringeren Kosten, solange nicht aufwändige Aufbereitungskosten zur Revitalisierung von Brach- oder Konversionsflächen aufgebracht werden müssen (vgl. u.a. Bizer et al., 2007).

Tab. 5: Typisierung der Baugebiete anhand des Standorts innerhalb der Ortschaften

Standort der Baugebiets	**Erklärung**	Innere Erschließung	Äußere Erschließung	Planungskosten	Revitalisierungskosten
Grüne Wiese (Randlage)	Gebiete mit Neuinanspruchnahme von Siedlungsfläche	■	■	■	
Ortsrand (Ergänzungsfläche)	Gebiete mit Neuinanspruchnahme von Siedlungsfläche	■		■	
Arrondierungsflächen	Flächen am Rand des Siedlungskörpers, teilweise erschlossen (ggf. § 34 BauGB)	(■)		(■)	
Freiflächen oder mindergenutzte Flächen im Innenbereich	Größere unbebaute Flächen oder von Bebauung umschlossene, suboptimal genutzte Flächen			(■)	
Brach- und Konversionsflächen im Innenbereich	Flächen mit aufgegebener Vornutzung	■		■	■

Anmerkung: ■ = Durch das Baugebiet anfallende Kostengruppen. Quelle: Henger, Köller 2011: 257

In Tabelle 6 sind die Kostensätze für die Erschließung (Spalte 2) und Instandhaltung (Spalte 3) für die Kommunen aufgelistet. Kosten für Lärmschutzanlagen können bei der Bereitstellung neuer Baugebiete abhängig von ihrer Lage zwar eine wichtige Rolle einnehmen, werden aber nicht berücksichtigt.

Tab. 7: Kostensätze für die Erschließung und Instandhaltung

	Kostensätze (Gemeindeanteile)		**Typ A Mehrfamilienhaus**			**Typ B Einfamilienhaus**		
(1)	(2)	(3)	(4)	(5)	(6)	(7)	(8)	(9)
	€/m²	€/m² u. Jahr	Fläche	Herstellungskosten	Betriebskosten (pro Jahr)	Fläche	Herstellungskosten	Betriebskosten (pro Jahr)
Verkehrsanlagen	70 € (10%)	1,0 € (100%)	500 m²	3.500 €	500 €	2.000 m²	14.000 €	2.000 €
Straßenentwässerung	35 € (10%)	0,8 € (100%)	500 m²	1.750 €	400 €	2.000 m²	7.000 €	1.600 €
Straßenbeleuchtung	6 € (10%)	0,5 € (100%)	500 m²	300 €	250 €	2.000 m²	1.000 €	1.000 €
Grünflächen	10 € (10%)	1,2 € (100%)	500 m²	500 €	600 €	2.000 m²	2.000 €	2.400 €
Kompensationsflächen	8 € (0%)	0,2 € (100%)	250 m²	--	50 €	1.000 m²	--	200 €
Planungskosten	1,5 € (100%)	--	2.500 m² NBL	3.750 €	--	10.000 m² NBL	15.000 €	--
Lärmschutz	--	--	--	--	--	--	--	--
SUMME (Innere Erschließung)				**9.800 €**	**2.800 €**		**39.200 €**	**7.200 €**
			Barwert: 40.962 € Annuität (t1-t30): 2.367 € Annuität (t1-t30)/EW: **49 €**			Barwert: 163.703 € Annuität (t1-t30): 9.467 € Annuität (t1-t30)/EW: **197 €**		
Äußere Erschließung				**100.000 €**	**2.100 €**		**100.000 €**	**2.100 €**
			Barwert: 136.313 € Annuität (t1-t30): 7.883 € Annuität (t1-t30)/EW: **164 €**			Barwert: 136.313 € Annuität (t1-t30): 7.883 € Annuität (t1-t30)/EW: **164 €**		

Quelle: Eigene Darstellung und Berechnung; Daten aus Reidenbach et al. 2007: 101ff.

Bei den Kosten der äußeren Erschließung werden in Anlehnung an Gutsche 2003 (6.660 €/WE für Wohngebiete in Randlage) pauschal 100.000 € angenommen. Ausgehend von diesem Wert werden die laufenden Betriebskosten mit 2,1 € pro Jahr für 100 Euro Erschließungskosten abgeleitet (Reidenbach et al., 2007, S. 119).

Für die Baugebietstypen A und B werden abschließend Fallunterscheidungen nach dem Standort des Baugebiets vorgenommen. In Fall 1 handelt es sich um neues Bauland am direkten Ortsrand für das nur innere Erschließungskosten aufzubringen sind. Im 2. Fall (Grüne Wiese) müssen zusätzliche Aufwendungen für die äußere Erschließung von den Kommunen aufgebracht werden.

6. Ergebnisse der fiskalischen Wirkungsanalyse

Die in der fiskalischen Wirkungsanalyse kalkulierten kommunalen Einnahmen und Ausgaben werden nun abschließend in einem Fiskalwert zusammengefasst, der den jährlichen zu erwartenden Kapitalwert pro Einwohner einer Baulandausweisung für Wohnbauland beschreibt. Die Werte sind in Tabelle 7 für die einzelnen Regionen und die jeweiligen Baugebietstypen dokumentiert.[9] Die Ergebnisse erlauben eine vergleichende Analyse zwischen den Baugebietstypen sowie zwischen und innerhalb der vier Fallstudienregionen.

Die betrachteten Baugebietstypen verursachen aufgrund ihrer Dichte und Lage unterschiedliche Kosten in technische und soziale Infrastruktur. In allen vier Regionen lassen sich die Typenklassen nach den durchschnittlichen Fiskalwerten in der gleichen Rangfolge ordnen. Am profitabelsten ist eine MFH-Siedlung am Ortsrand (A1), da dort nur Kosten der inneren Erschließung entstehen, die durch die hohe Einwohnerdichte relativ gering sind. Danach folgt die aufgrund des größeren Bruttobaulands erschließungsaufwändigere EFH-Siedlung am Ortsrand (B1). Die Fiskalwerte für diesen Typ befinden sich auf leicht höherem aber ähnlichem Niveau wie bei einer MFH-Siedlung auf der Grünen Wiese (A2), obwohl dort annahmegemäß hohe Kosten der äußeren Erschließung anfallen. Im Vergleich zu diesen beiden Typen fällt die klassische EFH-Siedlung auf der Grünen Wiese (B2) deutlich zurück. Vor diesem Hintergrund sollten kommunale Angebotsstrategien zur Bereitstellung von EFH-Siedlungen mit geringer Dichte nach finanziellen Gesichtspunkten nur selten verfolgt und angestrebt werden.

---

9 Eine Übersicht über die Ergebnisse in den einzelnen Kommunen befindet sich in Köller, Henger (2010).

Tab. 7: Fiskalwerte (in €) – Baugebietstypen

Baugebietstypen	**MIN**	**MAX**	**Mittelwert**	**Standardabw.**
Region Düsseldorf				
Typ A1, Ortsrand, MFH	93,5	493,5	305,4	81,0
Typ B1, Ortsrand, EFH	-45,8	358,4	163,5	78,6
Typ A2, Grüne Wiese, MFH	-69,1	330,9	142,8	81,0
Typ B2, Grüne Wiese, EFH	-208,4	195,8	0,9	78,6
Region Hannover				
Typ A1, Ortsrand, MFH	171,9	373,5	249,4	44,9
Typ B1, Ortsrand, EFH	34,8	236,6	111,1	44,4
Typ A2, Grüne Wiese, MFH	9,3	210,9	86,9	44,9
Typ B2, Grüne Wiese, EFH	-127,8	74,0	-51,5	44,4
Region Mittelhessen				
Typ A1, Ortsrand, MFH	82,8	447,4	203,3	43,8
Typ B1, Ortsrand, EFH	-53,9	310,7	60,6	44,1
Typ A2, Grüne Wiese, MFH	-79,7	284,8	40,7	43,8
Typ B2, Grüne Wiese, EFH	-216,5	148,1	-101,9	44,1
Region Südwestthüringen				
Typ A1, Ortsrand, MFH	-24,9	441,5	232,6	49,1
Typ B1, Ortsrand, EFH	-178,8	287,2	81,4	49,8
Typ A2, Grüne Wiese, MFH	-187,5	278,9	70,1	49,1
Typ B2, Grüne Wiese, EFH	-341,3	124,6	-81,2	49,8

Quelle: Eigene Darstellung

Für den interregionalen Vergleich ist zunächst einmal von Interesse, bei welchen Typen die Rentabilität der Baugebiete zur Unvorteilhaftigkeit kippt (vgl. Köller, Henger 2010). In den meisten Regionen werden Baulandausweisungen unprofitabel bei EFH-Siedlungen auf der Grünen Wiese (Typ B2), bei MFH-Siedlungen nur in einigen sehr finanzstarken Kommunen. Der vorrangig städtisch geprägte Regierungsbezirk Düsseldorf hat die höchsten durchschnittlichen Fiskalwerte der einzelnen Baugebietstypen. Danach folgen Hannover, Südwestthüringen und Mittelhessen. Der Regierungsbezirk Düsseldorf hat sehr viele einwohner- aber auch einige finanzstarke Kommunen, die dadurch Vorteile durch die Einwohnerveredelung im KFA und durch höhere Hebesätze aufweisen. Im Vergleich zu den anderen Regionen spielt der KFA in Mittelhessen eine eher untergeordnete Rolle. Die geringen Zuweisungen im KFA und die relativ hohen Kreisumlagesätze führen zu den niedrigsten Fiskalwerten unter den Fallstudienregionen. Da der KFA in Südwestthüringen im Gegenzug die größte Rolle spielt, können so die dort sehr geringen zusätzlichen Steuereinnahmen in den strukturschwachen Kommunen durch die Schlüsselzuweisungen kompensiert werden.

Innerhalb der Regionen zeigen sich insbesondere im Regierungsbezirk Düsseldorf und in der Region Hannover prägnante Anreizunterschiede. Städtisch geprägte Räume verfügen über höhere Fiskalwerte als ländliche Gebiete, als Folge von höheren zu erwartenden Steuermehreinnahmen und der Einwohnerveredelung innerhalb des KFA. Dieses natürliche Gefälle – analog der Boden- und Mietpreise – kehrt sich allerdings um, wenn es sich um abundante Gemeinden handelt, die keine zusätzlichen Schlüsselzuweisungen durch neu hinzugezogene Einwohner erhalten. Dadurch ist z.B. im Regierungsbezirk Düsseldorf bereits eine EFH-Siedlung am Ortsrand in der abundanten Kommune Straelen unrentabel. Die originäre Anreizsituation für Kommunen, die sich aus den höheren Einkommensteuereinnahmen ergeben, wird im Regierungsbezirk Düsseldorf und in der Region Hannover bei allen abundanten Kommunen durch den KFA überkompensiert. Dies trifft vorrangig die finanzstarken Kommunen in den Ballungsgebieten, die in der Raumplanung als Siedlungsschwerpunkte vorgesehen sind. In diesen Fällen zeigen die Ergebnisse, dass eine Bündelung der Siedlungsentwicklung nach dem Zentrale-Orte-Konzept nicht durch die fiskalische kommunale Anreizsituation unterstützt wird. In Mittelhessen sind die fiskalischen Wirkungen zwischen den Kommunen insgesamt homogener. Nur Baulandausweisungen in den zentralen Orten Gießen, Marburg, Wetzlar sind deutlich profitabler, aufgrund höherer zu erwartender Steuermehreinnahmen und der Einwohnerveredelung. In Südwestthüringen ergaben sich insbesondere im Norden der Region um die Stadt Eisenach höhere Fiskalwerte als im restlichen strukturschwachen Teil. Die Anreize zur Baulandausweisung in diesen beiden Regionen entsprechen folglich eher den raumplanerischen Zielvorstellungen sowie vorherrschenden regionalen Entwicklungstendenzen. Die höheren Einnahmen durch die unterschiedlichen Verfahren der Grundsteuerberechnung im Falle der MFH-Siedlung sind in den Fiskalwerten Südwestthüringens nicht mehr zu erkennen.

7. Schlussfolgerungen

Die Ergebnisse zeigen, dass Neubaugebiete mit identischen Charakteristika stark unterschiedliche Wirkungen auf die kommunalen Haushalte der ausweisenden Städte und Gemeinden entfalten. Die kommunalen Finanzausgleichssysteme üben dabei einen entscheidenden Einfluss auf die Rentabilität neuer Baugebiete aus und relativieren die Bedeutung der originären kommunalen Steuereinnahmen erheblich. Die notwendigen Erschließungs- und Infrastrukturfolgekosten reduzieren die fiskalischen Anreize zur Neuausweisung häufig bis zur Unvorteilhaftigkeit. Klassische Baulandbereitstellungen im Außenbereich für Einfamilienhäuser lohnen sich demnach für die Kommunen vielfach nicht.

Die im Rahmen dieses Beitrags identifizierten inter- und intraregionalen fiskalischen Anreizunterschiede wirken dabei tendenziell einer Konzentration der Siedlungsentwicklung auf Zentrale-Orte entgegen. Bevölkerungsstarke Städte und Gemeinden mit zentralörtlicher Funktion profitieren durch die Bereitstellung von neuem Bauland nicht mehr als Kommunen ohne zentralörtliche Funktion. Dadurch besteht kein finanzieller Anreiz zur Konzentration der Siedlungsentwicklung an zentralörtliche Versorgungsstrukturen. Gleichzeitig führt der Wirkungsmechanismus der kommunalen Finanzausgleichssysteme in seiner jetzigen Ausgestaltung zu dem Paradoxon, dass sich gerade für finanzstarke Kommunen die Ansiedlung neuer Einwohner weniger lohnt.

Der hier aufgezeigte finanzielle Vergleich von Baulandausweisungen in den einzelnen Kommunen zeigt auf, dass die kommunale Planung – insbesondere in Regionen mit Bevölkerungsrückgang – durch überörtliche, regionale Planung unterstützt werden sollte. In diesen Ergebnissen sind Bevölkerungsentwicklungen in die damit verbundene Nachfrage nach Bauland nicht weiter berücksichtigt: Falls die Baugebiete somit nicht vollständig ausgeschöpft werden, steigen die Kosten für die Kommunen noch erheblich an. Kooperation zwischen Gemeinden, wie sie in einigen Regionen bei der Gewerbegebietsausweisung bereits durchgeführt wird, und abgestimmte Wohngebietsausweisungen zwischen Nachbarkommunen können aufgrund der Gefahr von Leerständen eine sinnvolle Alternative sein.

Literatur

Bizer, K. et al. (2007): Untersuchung von volkswirtschaftlichen Folgewirkungen nach Durchführung einer Brachflächenrevitalisierung im Stadtbereich. Abschlussbericht. BWPLUS – Baden-Württemberg Programm Lebensgrundlage Umwelt und ihre Sicherung.

Bundesministerium der Finanzen (2008): Eckdaten zur Entwicklung und Struktur der Kommunalfinanzen 1998 bis 2007. Berlin.

Burchell, R.W.; Listokin, D. (1978): The Fiscal Impact Handbook. New Brunswick, NJ.

Deilmann, C. (2009): Auf dem Effizienzpfad? Die Flächen- und Rohstoffintensität der deutschen Siedlungsentwicklung. In: Wissenschaft & Umwelt Interdisziplinär 12, 21–30.

Dittrich-Wesbuer, A. et al. (2009): LEAN² – Kommunale Finanzen und nachhaltiges Flächenmanagement. Abschlussbericht. Dortmund.

Gutsche, J.M. (2003): Auswirkungen neuer Wohngebiete auf die kommunalen Haushalte: Modellrechnungen und Erhebungsergebnisse am Beispiel des Großraums Hamburg. = ECTL Working Paper 18, Hamburg-Harburg.

Henger, R.; Thomä, J. (2009): Fiskalische Wirkungsanalysen zur Bewertung der Siedlungsentwicklung – Ein (Fehl-)Versuch zur Flächenverbrauchsreduktion? In: Zeitschrift für angewandte Umweltforschung 19(1–2), 58–77.

Henger, R.; Köller, M. (2011): Fiskalische kommunale Anreize zur Ausweisung neuer Wohnbaugebiete im regionalen Vergleich. In: Raumordnungsinstrumente zur Flächenverbrauchsreduktion. Baden-Baden, 237-266.

Junkernheinrich, M. (1994): Wohnen versus Gewerbe? Fiskalische Effekte von Baulandausweisungen. In: Informationen zur Raumentwicklung 1994(1/2), 61–74.

Karrenberg, H.; Münstermann, E. (1999): Kommunale Finanzen. In: Wollmann, H.; Roth, R. (Hrsg.): Kommunalpolitik. Wiesbaden, 437–476.

Köller, M.; Henger, R. (2010): Die fiskalischen Wirkungen neuer Wohnbaugebiete – Modellberechnungen für vier Fallstudienregionen. = Land Use Economics and Planning – Discussion Paper No. 10-01, University of Goettingen.

Krause-Junk, K. (2006): Kommunale Gewerbeansiedlungspolitik im Spannungsfeld fiskalischer Anreize und planerischer Anforderungen. = ECTL Working Paper 36, Hamburg-Harburg.

Krause-Junk, K. (2008): Kommunale Einkommensteuereinnahmen im Zusammenhang mit neuen Wohngebieten. = LEAN² - Arbeitspapier Nr. 5. Dortmund.

Lenk, T.; Rudolph, H.-J. (2004): Die kommunalen Finanzausgleichssysteme in der Bundesrepublik Deutschland - Die Ermittlung der Finanzkraft. Leipzig.

Markstein, M. (2003): Instrumente und Strategien zur Baulandentwicklung und Baulandmobilisierung in Deutschland, Österreich und der Schweiz – ein methodischer Vergleich mit Entwicklungsvorschlagen für das Instrumentarium zur Baulandentwicklung in Deutschland. München.

Preuß, T.; Floeting, H. (Hrsg.) (2009): Folgekosten der Siedlungsentwicklung Bewertungsansätze, Modelle und Werkzeuge der Kosten-Nutzen-Betrachtung. Berlin.

Reidenbach, M, et al. (2007): Neue Baugebiete: Gewinn oder Verlust für die Gemeindekasse? Fiskalische Wirkungsanalyse von Wohn- und Gewerbegebieten. Berlin.

Schäfer, R.; Lau, P.; Specoviu, C. (2001): Baulandbereitstellung. Bodenpolitische Grundsatzbeschlüsse. Studie im Auftrag des Bundesministeriums für Verkehr, Bau- und Wohnungswesen. Berlin.

Schiller, G. (2009): Auf großem Fuße. Eigennutzen auf Kosten des Gemeinwohls. = Wissenschaft & Umwelt Interdisziplinär 12.

Schönbäck, W.; Schneider, M.; Winkelbauer, S. (1998): Interkommunaler Finanzausgleich als Ergänzung einer regionalen Entwicklungsplanung? Effekte von Betriebs- und Wohnansiedlungen auf den Gemeindehaushalt. In: Raumforschung und Raumordnung 1998(2/3), 153–159.

Siedentop, S. et al. (2006): Siedlungsentwicklung und Infrastrukturfolgekosten – Bilanzierung und Strategieentwicklung. Bonn.

Zimmermann, H. (1999): Eine Einführung in die finanzwissenschaftliche Analyse der kommunalen Finanzwirtschaft. Baden-Baden.

Zimmermann, H.; Hardt, U.; Postlep, R.-D. (1987): Bestimmungsgründe der kommunalen Finanzsituation – unter besonderer Berücksichtigung der Gemeinden in Ballungsräumen. Bonn.

„So leben wir, so leben wir, so leben wir alle Tage ..."
Zeichnung: Wolter

Birgit Böhm

Nachhaltigkeitsstrategien – positive Effekte auf kommunale Finanzen?

1. Einführung und Motivation

Immer mehr Kommunen stehen in Deutschland derzeit vor einem enormen Anpassungsdruck an die Folgen aktueller Entwicklungen wie Klimawandel, Demographischer Wandel, Infrastrukturanpassung. Diese Stichworte werden häufig verwendet, wenn dieser Anpassungsdruck begründet werden muss, denn damit einhergehend nimmt die Belastung der kommunalen Haushalte häufig zu. Wie diese Dinge jedoch zusammenhängen, lässt sich nicht einwandfrei herleiten, und die in den letzten Dekaden entwickelte kommunale Praxis in Verwaltung und Politik gibt ebenfalls meist keine ausreichenden Antworten auf diese Herausforderungen.

Die Motivation zur Beschäftigung mit dem Thema „Nachhaltigkeitsstrategien – positive Effekte auf kommunale Finanzen?" liegt in der entscheidenden Fragestellung, ob die Implementierung einer Nachhaltigkeitsstrategie zur Konsolidierung der Haushalte beiträgt, inwiefern sich diese beiden Aspekte positiv beeinflussen, oder, besser gesagt, was getan werden muss, um beides zu erreichen?

Dieser Artikel soll Mut machen, sich den Herausforderungen zu stellen und sie nicht als „Schicksal", sondern als Chance zu begreifen. Er soll anregen, über neue Wege und Möglichkeiten der Kombination von Nachhaltigkeit und kommunaler Entwicklung nachzudenken. Den folgenden Gedanken liegt eine systematische Denkweise zugrunde, die den Blick auf die Chancen der pro-aktiven Beeinflussung der zukünftigen kommunalen Entwicklung lenken soll.

2. Herausforderungen (und Visionen) der Kommunalentwicklung

Welche Herausforderungen drängen nun also die Kommunen zu einer Anpassung ihrer Praxis? Diese lassen sich grob in vier Feldern kategorisieren, auf die nachfolgend mit ausgewählten Herausforderungen/Trends eingegangen wird. Die Liste relevanter Zukunftstrends und Herausforderungen für die Kommunalentwicklung ist ungleich länger (Mićić 2006). Die hier Genannten stehen stellvertretend für die Notwendigkeit, sich auf kommunaler Ebene damit auseinander zu setzen.

Ökologische Auswirkungen menschlichen Handelns

Das menschliche Handeln in der Vergangenheit und Gegenwart hat direkte und indirekte Auswirkungen auf die lokale, regionale und globale Ökologie. Diese Auswirkungen wirken wiederum ihrerseits auf die Menschen zurück und geben neue Rahmenbedingungen für Handeln vor.

Die mit am längsten diskutierte und wahrgenommene Veränderung ist das *Artensterben*. Das 1962 erschienende Buch „Der stille Frühling“ von Rachel Carson brachte die Zusammenhänge menschlichen Handelns und das Aussterben der Vogelpopulation erstmals in die breite Öffentlichkeit und gilt als eines der grundlegenden Werke der Umweltbewegung des 20. Jahrhunderts. Das Artensterben greift massiv in die Naturkreisläufe ein. Damit einher geht ein Verlust an „genetischen Lösungen“, die über Jahrmillionen in der Evolution entstanden sind.

Aktuell gehört neben dem Artensterben der *Klimawandel* zu den am meisten wahrgenommenen Auswirkungen, wobei diskutiert wird, in welchem Ausmaß menschliches Handeln überhaupt an dem Klimawandel beteiligt ist. An ihm zeigt sich, unter der Annahme, dass anthropogenes Handeln die Erderwärmung beschleunigt, exemplarisch die globale Dimension unseres Handelns, aber auch die Schwierigkeit Folgen vorauszusehen.

Für die Kommunen provoziert der Klimawandel in zwei Handlungsfeldern einen Veränderungsdruck. So müssen die Städte sich den neuen klimatischen Gegebenheiten anpassen, bspw. im Hochwasserschutz oder auch im klimagerechten Bauen. Und sie müssen einen Beitrag zur Eindämmung des weiteren Klimawandels, vor allem zur Reduktion des CO_2 Ausstoßes, leisten.

Der Umgang mit den Ressourcen hat nicht nur zu einem Abbau der nicht regenerativen Ressourcen und damit zu einer zukünftig zu erwartenden Verknappung geführt, sondern auch zu einer Ressourcenverschmutzung. Betroffen sind vor allem das Wasser und der Boden. Beide werden vielfach mit Schadstoffen belastet. Wasser ist zudem von Euthrophierung oder durch Erwärmung durch Abwässer oder Kühltürme, der Boden durch Abbau, Verwehung, Austrocknung oder Überschwemmung u.a. anthropogenen Einflüssen betroffen.

Angesichts der wachsenden Weltbevölkerung und der steigenden Nachfrage nachwachsender Rohstoffe zur Energieerzeugung ist die Frage nach der Tragfähigkeit der Erde neu zu beleuchten. Diese 1972 durch den Club of Rome gestellte Frage nach den „Grenzen des Wachstums“ mit ihren Fortführungen von 1992 und 2004 wirkt sich auch auf die einzelne Kommune aus. Die Ergebnisse des Club of Rome sowie des Millennium Ecosystem Assessments[1] der Vereinten Nationen zeigen die Dringlichkeit des Umsteuerns. Das 30 Jahre-Update der Grenzen des Wachstums ermittelt das Jahr 2030 für den Kollaps des Wirtschaftssystems bei einer Beibehaltung des jetzigen Wirtschaftens. Möglicherweise sind die seit einigen Jahren immer wieder feststellbaren ökonomischen Verwerfungen in unserem Wirtschaftssystem schon die ersten Vorboten des angekündigten Kollapses. Doch auch wenn der Kollaps ausbleibt, was zu wünschen wäre, bleibt die Aufgabe eines ökologisch verträglichen Wirtschaftens und somit auch einer ökologisch verträglichen kommunalen Entwicklung wohl die dringlichste Aufgabe dieses Jahrhunderts.

Gesellschaftlicher Wandel

Neben den sich ändernden ökologischen Rahmenbedingungen ist auch ein deutlicher gesellschaftlicher Wandel bei den Kommunen in Deutschland zu berücksichtigen. An erster Stelle ist hierbei der demographische Wandel zu nennen, der für sich genommen bereits einen gesellschaftlichen Wandel dokumentiert. So ist in den sinkenden Reproduktionsraten eine geänderte Einstellung zum Nachwuchs in der Gesellschaft abzulesen. Die Überalterung der Gesellschaft geht zudem auf die immer bessere medizinische Versorgung zurück, die die durchschnittliche Lebenserwartung weiter anhebt. Der demographische Wandel ist aber nicht nur Produkt, sondern auch Ursache gesellschaftlichen Wandels. So stellt die drastische Verschiebung der Alterspyramide die Gesellschaft vor neue Herausforderungen bspw. bei der Versorgung der Älteren oder der altersgerech-

1 „Das Millennium Ecosystem Assessment (MA) ist eine umfassende Studie der Vereinten Nationen, die einen systematischen Überblick bietet, wie es um 24 entscheidende Funktionen von Ökosystemen bestellt ist.“ (Deutsche UNESCO-Kommission)

ten Stadtentwicklung und bei der Finanzierung vieler staatlicher Aufgaben und Infrastrukturen. Wird dies global betrachtet, kommen weitere Herausforderungen hinzu, denn global gesehen ist das starke Bevölkerungswachstum bei weit über 7 Milliarden Menschen auf dem Erdball eher als Problem zu sehen und nicht der Bevölkerungsrückgang. Somit stellt sich die Frage, ob Strategien zur Erhöhung der Reproduktionsrate in Deutschland unter der globalen Perspektive der richtige Weg sind. Oder sind es eher Strategieüberlegungen zur Aufnahme von Menschen aus anderen Ländern, die das Problem lösen können?

Mit dem demographischen Wandel geht die Pluralisierung der Gesellschaft einher. Dieser Effekt bezieht sich auf viele Sachverhalte. So ist zukünftig auf jeden Fall von einer weiteren kulturellen Pluralisierung unserer Gesellschaft durch Einwanderer und deren Integration auszugehen. Zudem ist eine Pluralisierung der Lebensformen festzustellen. Während bis in die 70er Jahre hinein die Familie bestehend aus einem verheirateten Paar mit Kindern den „Normalfall" darstellte, gibt es heute eine Vielzahl an Lebensformen. Diese gehen von gleichgeschlechtlichen Paaren, Patchworkfamilien, Alleinerziehenden-Haushalten über Wohngemeinschaften. So ist ein deutlicher Anstieg der Milieuanzahl zu verzeichnen, was sich auf die kommunale Entwicklung auswirkt.

Lebens- und Arbeitswelten verändern sich ebenfalls. Sie zeigen sich in einem Geflecht neuer Anforderungen seitens der Arbeitgeber z.B. durch den Wunsch nach mehr Flexibilität und seitens der Arbeitnehmer durch einen gestiegenen Anspruch an Selbstverwirklichung der Menschen. Die Grenzen zwischen Arbeitszeit und Freizeit verschwimmen zunehmend. Diese „Entstandardisierung" bestehender Lebensverlaufsmuster führt häufig dazu, dass in der Gesellschaft die Modernisierungsgewinner eher wahrgenommen werden und die Bereitstellung der notwendigen Infrastrukturen und Dienstleistungen zur Verwirklichung all dieser Ansprüche zu deren Erwartungen an Ihre Kommune gehören (vgl. Schader-Stiftung, 2005). Es entstehen Raumkonkurrenzen von Lebensstilen, die sich z.B. unter dem Stichwort Gentrifizierung zusammenfassen lassen. Kommunen haben dabei die dringende Aufgabe, den Belangen des Gemeinwohls nachzukommen und so auch bei engen Finanzspielräumen für alle Lebensstile und -situationen Angebote und Infrastrukturen vorzuhalten.

Die Pluralisierung mischt sich mit ungleichen Chancen der Einkommens- und Vermögensentwicklung. Die Angehörigen der Mittelschicht erhoffen sich einen Aufstieg nach oben, doch tatsächlich leben viele Menschen am unteren Rand dieser gesellschaftlichen Mitte und in der ständigen Gefahr, durch kleinere finanziell unvorhergesehene Einbrüche in den gesellschaftlichen Bereich der von Armut bedrohten Personen „abzurutschen". Somit steigt die Komplexität von Lebensverlaufsmustern bei gleichzeitiger Steigerung des Armutsrisikos für immer mehr Menschen. Gekoppelt mit dem demographischen Wandel, also der auf dem Kopf stehenden Alterspyramide, ist diese Situation ein gesellschaftlicher Sprengsatz für in Zukunft explodierende Kosten, die zu einem beträchtlichen Teil in den Kommunen bzw. durch die Gemeinschaft aufgebracht werden müssen.

Der Wandel zur Wissensgesellschaf ist eng mit der Globalisierung verbunden. Wissen und die Wissensentwicklung stellen schon heute eine der wichtigsten Ressourcen unserer Gesellschaft dar, nicht nur innerhalb unserer Gesellschaft, sondern auch global. Es ist also sowohl der Zugang der Gesellschaft zu Bildung zu bewerkstelligen, als auch den gesellschaftlichen Spannungen zu begegnen, die sich aus einem Wissensgefälle ergeben. Zudem besteht durch die Wissenschaft wiederum die Möglichkeit, auf genau diese Herausforderungen Lösungen und Antworten zu finden. So löst zumindest in Deutschland langsam die Wissensgesellschaft das Zeitalter der Industrie-Gesellschaft ab und fordert das lebenslange Lernen.

> „Es bedarf einer massiveren Neuorientierung, um die Kernstücke eines differenzierten und wechselseitig abgestimmten institutionellen Systems zu schaffen, um lebenslange Entwicklung zu ermöglichen." (Baltes 2001: 6)

Das Thema Gesundheit und Kosten ist eng mit dem demographischen Wandel und mit der alternden Gesellschaft verknüpft. Zur Zeit entwickelt sich eine neue, salutogenetische Sichtweise auf das Thema Gesundheit. Die Salutogenese[2] schaut nicht auf die zu behandelnde Krankheit, sondern fragt, was zu tun ist, um die Menschen gesund zu erhalten. Mithilfe dieser neuen Sichtweise kann es gelingen, in einer „schrumpfenden" Gesellschaft, die immer älter wird, Menschen gesund zu erhalten und die dafür notwendigen Kosten aufzubringen bzw. durch dieses Umsteuern Kosten einzusparen, die sonst angefallen wären. Präventive Maßnahmen, soziale Netzwerke und das direkte Lebensumfeld rücken ins Zentrum der Diskussion, und damit kommen auch die Kommunen wieder stark in das Blickfeld einer zukünftigen Gesundheitspolitik. In den Kommunen entstehen die Strukturen und wird ein Lebensumfeld geschaffen, welches dafür sorgen kann, dass die Menschen die entsprechenden Angebote und Infrastrukturen sowie die sozialen Netzwerke vorfinden, um gesund zu bleiben.

Neue Formen des Wirtschaftens

Aktuell findet eine breitere Diskussion des marktwirtschaftlich-kapitalistischen Wirtschaftssystems statt, wobei Überlegungen auftauchen, neue Wirtschaftsmodelle auf Basis eines Modells des Homo cooperativus zu gründen und die Bedeutung endlicher Ressourcen und die begrenzte Tragfähigkeit der Erde in die

2 Salutogenese ist ein Modell von Aaron Antonovsky.

Wirtschaftsmodelle zu integrieren. In der Folge gilt es, die externen Kosten wie Klimawandel oder Naturverbrauch zu internalisieren und den wahren Preis sozio-ökologisch unverträglicher Güter festzulegen (vgl. Rogall 2011). Für Kommunen ergeben sich daraus auch Anforderungen an die Entwicklung postfossiler Stadtstrukturen, worauf auch das Bau-GB ausgerichtet werden muss (vgl. Ekardt, Hehn 2011).

> „Die Siedlungsstrukturen haben auf den Gesamtenergieverbrauch in Deutschland essentiellen Einfluss, denn sie bestimmen wie viel Energie die Gebäude verbrauchen, wie deren Energieversorgung funktioniert oder welche Strecken täglich zurückgelegt werden müssen, um Wohnort, Arbeitsplatz oder wichtige Versorgungseinrichtungen zu erreichen." (Ekardt, Hehn 2011: 4)

Somit bietet sich den Kommunen eine große Chance, zukünftige Herausforderungen und Kostenexplosionen durch frühzeitiges Handeln zumindest zu reduzieren.

Ein sicherlich ebenfalls unumkehrbarer Trend ist die Internetisierung, also die Form des Informationsaustausches und Handels über und mit dem Internet, das die Globalisierung der Märkte begünstigt und die Standortfaktoren verändert. So ist für viele Branchen eine schnelle Datenverbindung bedeutender als eine gute Verkehrsanbindung. Das Internet gestattet kleinen peripher gelegenen Unternehmen die Teilnahme am weltweiten Handel. Sie bringt jedoch auch die globale Konkurrenz in den lokalen Markt ein.

Mit ihr einher geht die Netzwerkwirtschaft. Darunter wird die immer stärkere Vernetzung unterschiedlicher Unternehmen und Institutionen verstanden. Das Finden und Pflegen von Netzwerkkontakten werden durch das Internet stark begünstigt. Der direkte Kontakt von Personen und Institutionen wird hiermit aber nicht ersetzt, vielmehr besteht durch eine örtliche Vernetzung der Gewerbetreibenden die Möglichkeit zur Schaffung von Knotenpunkten in globalen Netzwerken.

Eine aus der Globalisierung sich ergebende Herausforderung ist die Schaffung neuer Märkte, sowohl in der Ressourcenbeschaffung als auch dem Absatz. Hier sind neben noch wenig in den Welthandel eingebundenen Gebieten, bspw. Teilen Afrikas, vor allem die Weltmeere als Ressourcenlieferanten zu sehen. Ein aktuell sich abzeichnender Trend ist die Miteinbeziehung des Weltraums.

Die schon jetzt spürbare Verknappung der Ressourcen und der daraus resultierende Anstieg der Preise führen zu einem Produktionswandel. Zum einen werden Produktkreisläufe eingeführt, die auf das Recycling bzw. das „cradle to cradle-Prinzip“[3] setzen, zum anderen ist die Substitution von sich verteuernden Ressourcen durch andere zu erwarten. Ein Beispiel, das bereits jetzt Auswirkungen auf die kommunale Entwicklung hat, ist der Ersatz von Erdölprodukten durch den Energiepflanzenanbau, der sich wiederum auf die Flächennutzung und deren Wert niederschlägt und Konkurrenzen zwischen Energieproduktion und Nahrungsmittelanbau entstehen lassen kann.

Globale Perspektive

Gemäß dem Leitspruch der „Lokalen Agenda 21“ gilt es, lokal zu handeln und global zu denken. Die Kommunen und deren Entwicklung sind in die globalen Kreisläufe eingebunden und müssen dieser Tatsache Rechnung tragen.

Zu den zu beachtenden weltweiten Prozessen gehören auch die Naturkatastrophen. So hat der Ausbruch des Eyjafjallajökull unmittelbar Einfluss auf den europäischen Flugverkehr genommen. Aber auch Dürren nehmen auf die Märkte, vor allem die der Nahrungsmittel Einfluss.

Neben den Naturkatastrophen sind auch globale politische Prozesse von Bedeutung. Nach dem Zusammenbruch des Ostblocks hat eine deutliche Pluralisierung des politischen Weltsystems stattgefunden, die die internationalen Märkte deutlich erweitert hat. Globale politische Prozesse spielen insofern eine Rolle, da sie die Märkte beeinflussen, z.B. durch den Tatbestand, ob bestimmte Rohstoffe zu haben sind und zu welchem Preis. Des Weiteren werden überall auf der Welt politische Lösungen für aktuelle globale Probleme erarbeitet. Von den gefundenen Lösungen können auch wir profitieren. So stammt die Idee des Bürgerhaushaltes nicht aus einer westlichen Industrienation, sondern aus Porto Allegre in Brasilien.

Diese Entwicklung gilt nicht nur für politische Prozesse, sondern für Innovationen ganz allgemein. Immer mehr Länder erreichen einen Bildungsstand, der zumindest Teile der Gesellschaft international im Wissenschaftsbetrieb konkurrenzfähig macht. Ein hoher gesellschaftlicher Bildungsstand schafft nicht nur Chancen auf internationalen Märkten, sondern entlastet sowohl den Staat von potentiellen Kosten, schafft Vielfalt durch das Gewinnen zusätzlicher Kompetenzen bei z.B. der Inklusion von Migranten/-innen in das Bildungssystem und fördert die Chance auf den Bewusstseinswandel für Nachhaltigkeit.

3 Das „Cradle to Cradle-Prinzip“ von Prof. Michael Braungart & William McDonough will keine öko-effektive Wirtschaft umsetzen, bei der ökologisch und technisch in Kreisläufen produziert wird, die die Umwelt nicht belasten, sondern als Teil von ihr langfristig funktionieren können, so wie ein Baum Früchte produziert, die Blätter, die er abwirft, gleichsam Dünger werden, und wenn der Baum alt ist und stirbt, er selbst auch wieder Ausgangsprodukt für neue Naturprodukte und Lebensformen wird.

Diese internationale Verflechtung geht mit einer gestiegenen Verantwortung einher, für diese der eigenen Kommune fernen Prozesse einen Beitrag zur internationalen Gerechtigkeit zu leisten. Dies betrifft vor allem die Armutsbekämpfung und die Bekämpfung des Hungers. So müssen sich die Verantwortlichen der Frage stellen, ob eine Verwendung von Lebensmitteln zur Energieerzeugung angesichts des Hungers und der steigenden Weltbevölkerung durch Entscheidungen auf kommunaler Ebene gefördert werden sollen oder nicht.

Visionen

> „Für die Zukunft unserer Enkel ist nahezu jedes Szenarium denkbar, vom kompletten Zusammenbruch der Zivilisation bis hin zu einem neuen goldenen Zeitalter der Fusionsenergie. Wir können jedoch sicher sein, dass die Städte zum Ground Zero dieser Entwicklung werden.“ (Davis 2009: 53)

In diesem Zitat des Stadtsoziologen Mike Davis spiegelt sich wieder, dass die oben angerissenen Herausforderungen und Zukunftstrends keine bestimmte Entwicklung determinieren, sondern dass es maßgeblich davon abhängt, wie die Menschen den Herausforderungen und Trends begegnen. Herausforderungen sind ein Aufruf zu Veränderungen, die sich im Nachhinein sehr wohl als Chance darstellen können.

Wichtig ist es gerade für die Kommunen, sich dieser Visionen zu bedienen, mit ihrer Hilfe in die Zukunft zu schauen und anhand von Szenarien zu überprüfen, wohin die Kommune will und wie dieser Weg zu beschreiten ist. Visionen dienen dazu, der kommunalen Politik eine langfristige Dimension zu verleihen. Kritiker/-innen von Visionen und kommunalen Entwicklungsleitbildern glauben, diese Form des strategischen Vorgehens stelle keine sinnvolle Hilfe für die kommunale Entwicklung dar. Doch zeigt das folgende Zitat der Servicestelle „Kommunaler Klimaschutz“, welche Bedeutung der Blick in die Zukunft für das alltägliche Handeln hat:

> „Wenn die Weltgemeinschaft nicht den Übergang zu CO2-neutralen Städten, einer ressourcenschonenden Produktionsweise und nachhaltigen Lebensstilen schafft, werden sich ökologische Krisen und ökonomische Schocks, Armut und Erosion des gesellschaftlichen Zusammenhalts verschärfen. Es geht um eine epochale Transformation der Industriegesellschaft und der modernen Stadt als ihrem Zentrum. Das erfordert mehr als eine lineare, graduelle Optimierung des Status quo.“ (Deutsches Institut für Urbanistik 2011)

Zwischenfazit

Ziel muss es also sein, sich in den Kommunen der Zukunftstrends anzunehmen und für sich selbst Strategien zu entwickeln, die den Herausforderungen Lösungsansätze gegenüber stellen. Zur Zeit ist das am häufigsten diskutierte und weltweit dafür anerkannte Modell die Umsetzung einer „nachhaltigen (Kommunal)entwicklung". Nachhaltigkeit ist umfassend und sehr oft auf unterschiedliche Weise definiert. Die nach Ansicht der Autorin immer noch beste Definition ist die von Volker Hauff im sog. Brundtlandbericht von 1987, die allerdings den ökologischen Aspekt zu wenig betont, sondern als Grundbedingung für das Gelingen voraussetzt:

> "Dauerhafte Entwicklung ist Entwicklung, die die Bedürfnisse der Gegenwart befriedigt, ohne zu riskieren, daß künftige Generationen ihre eigenen Bedürfnisse nicht befriedigen können." (Hauff 1987)

In den alltäglichen Diskussionen um die Entwicklung von Kommunen wird die ursprüngliche Idee der Nachhaltigkeit oftmals aus dem Blick verloren und die Anforderungen an eine intakten Umwelt und mehr Lebensqualität nicht global betrachtet. Die Ökologie hat sowohl kostenbezogen, gesundheitsbezogen sowie unter rein ökologischer Perspektive die wichtigste Rolle im Trio der Nachhaltigkeitsdimensionen - Ökologie, Ökonomie, Soziales. Somit gibt es eine große Zahl an indirekten Wirkungen menschlichen Handelns weltweit auf alle Kommunen weltweit. Ein linearer Zusammenhang zwischen dem Handeln in Kommune X und einer positiven oder negativen Wirkung in Kommune Y ist häufig nicht nachweisbar. Dieser Tatsache wollen insbesondere diejenigen Rechnung tragen, die z.B. neue Wirtschaftsmodelle, den Homo kooperativus, cradle to cradle, faire und ökologische Handelsbeziehungen oder auch das Sichausrichten auf die Post-Oil-Phase und neuerdings auch die Post-Soil-Phase[4] fordern.

3. Anforderungen an eine zukunftsfähige, nachhaltige Kommunalentwicklung

Doch natürlich, und da ist den Leitbild- und Visionskritikern recht zu geben, macht es keinen Sinn, Leitbilder und Visionen für die kommunale Entwicklung

4 Die Post-Oil-Phase ist die ökologische, umweltgerechte und energieeffiziente Stadtplanung und -entwicklung im Hinblick auf die Erdölknappheit (Institut für Auslandsbeziehungen o.J.). Post-Soil beschreibt die Phase einer nachhaltigen Art der Bodennutzung, die der jetzigen eher ressourcenverschwenderischen Bodennutzung folgen soll (Paech 2011:5f).

zu erarbeiten, wenn dem nicht die konkrete Umsetzung zu ihrem Erreichen folgt. Das meint

a. das Herunterbrechen der Visionen und Leitbilder über Leitlinien, Ziele bis auf die konkrete Maßnahmenebene und
b. das Ermöglichen von intrinsischen Handlungsmotivationen, die dazu führen, dass jeder an seinem Platz in der Gesellschaft einen Beitrag zum gemeinsamen Ziel leistet bzw. leisten kann.

Antoine Marie Roger Vicomte de Saint-Exupéry drückt dies in eindrucksvoller und häufig zitierter Weise aus:

> „Wenn Du ein Schiff bauen willst, dann trommle nicht Männer zusammen um Holz zu beschaffen, Aufgaben zu vergeben und die Arbeit einzuteilen, sondern lehre die Männer die Sehnsucht nach dem weiten, endlosen Meer." (Grabow, Hollbach-Grömig 1998: 60)

Neben dem Vermitteln der Bedeutung von Leitbildern in Verbindung mit den entsprechenden Strategieansätzen zur Umsetzung kommt dem Verständnis der Kommunalentwicklung als „Lebendes System" eine hohe Bedeutung zu.

Während die Anforderungen Subsidiarität und Handeln sowie Sicherheit schon immer Bestandteile der deutschen Kommunalpolitik sind, die Wirtschaftlichkeit in den letzten Jahren immer mehr an Bedeutung gewinnt, sind die meisten der anderen Anforderungen für deutsche Kommunen noch nicht selbstverständlich. Dies betrifft vor allem das Entwickeln und Umsetzen von strategischen Visionen und Partizipation. Letztere ist zwar Bestandteil vieler üblicher Verwaltungsabläufe, doch ist sie nicht Bestandteil generellen Verwaltungshandelns. Gerade zur Erreichung der Transparenz und Konsenssuche ist diese jedoch unabdingbar.

Aktuell wird zur besseren Zielerreichung häufig von einer „Good Governance" gesprochen. Sie sei als Baukasten guter Regierungsführung der Schlüssel zum Erfolg. Die wichtigen Bestandteile einer Good Governance sind (vgl. Magel/Jahnke 2001:1):

- Subsidiarität
- Strategische Vision
- Transparenz
- Handeln nach Rechtsgrundsätzen
- Aufgeschlossenheit
- Gerechtigkeit
- Partizipation
- Konsenssuche

- Verantwortlichkeit und Glaubwürdigkeit
- Wirksamkeit und Wirtschaftlichkeit
- Sicherheit

Was ergibt sich aber aus der Einführung einer Good Governance für die Kommune? Durch die stärkere Einbeziehung von Beteiligten entsteht eine Transparenz zwischen Verwaltung, Politik und Bevölkerung, die für alle das Handeln von Politkern und Verwaltungsverantwortlichen nachvollziehbarer und damit verständlicher macht. Andererseits können die Bewohner und Bewohnerinnen einer Kommune wichtige Handlungsimpulse und Ideen einbringen und diese auch ggf. umsetzen. Darin kann ein wesentlicher Aspekt zur Effektivitätssteigerung liegen, wenn es um bedeutende Konflikte geht. Widerstände können im Vorfeld geklärt und die Bewohner/-innen durch die Übernahme von Verantwortung mit in die Kommunalentwicklung einbezogen werden. Soll dies in einem nachhaltigen Sinne gelingen, sind dabei jedoch weitere Punkte zu beachten:

a. Die Anerkennung der Nachhaltigkeit und der Milleniumsziele als wichtige Größe des kommunalen Leitbildes und
b. eine systemische Betrachtung und Analyse, wie sie bspw. im Modell der Lebensbereiche von Frederic Vester (2001) umgesetzt ist.
c. Die Implementierung des Gender Mainstreaming-Ansatzes und
d. das Angebot an die faire und gleichberechtigte Einbindung der Einwohner und Einwohnerinnen, die nicht an den Beteiligungsangeboten teilnehmen können (vgl. BMZ/GIZ/UN Millenniumkampagne).

Ziel ist es, in einen kontinuierlichen Verbesserungsprozess des kommunalen und regionalen Nachhaltigkeitsmanagements einzutreten. Nachhaltigkeitsmanagement erfordert ein permanentes und regelmäßiges Eingehen auf die Aspekte der erwähnten Good Governance: die Ausrichtung auf das partizipativ erarbeitete Zielsystem.

Abb. 1: Der kommunale und regionale Nachhaltigkeitsmanagementprozess

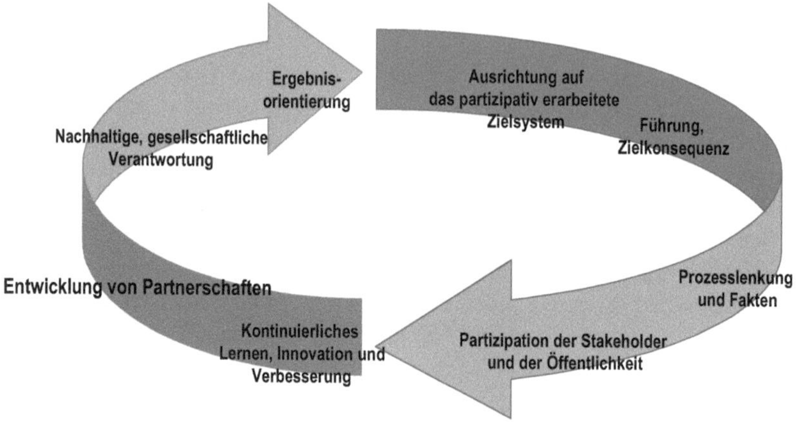

Quelle: Gläserne Konversion

Es gilt, die ursprünglichen Ziele auf ihre Gültigkeit hin zu überprüfen und mit dem aktuellen Stand der Entwicklung zu vergleichen. Dann lässt sich ableiten, welche Änderungen notwendig sind. Dies muss auch von der Führung unterstützt werden, indem diese auf die Zielkonsequenz achtet und die Prozesslenkung unterstützt. Dabei bedient sie sich verschiedener Fakten der jeweiligen Entwicklungsfelder, z.B. dem 30-ha-Ziel der Nachhaltigkeitsstrategie der Bundesregierung. Dieses Ziel besagt, dass täglich bundesweit nicht mehr als 30 ha durch Siedlungs- und Verkehrsflächen versiegelt werden dürfen. Auch im Bereich des kommunalen Haushaltes vollziehen sich Anpassungen an zukunftsorientierte Herausforderungen. So ist die Umstellung der kommunalen Haushaltsführung von einer kameralistischen auf die doppische Haushaltsführung fast abgeschlossen, und in Zukunft werden möglicherweise die aktuellen Bürgerhaushalte zu einer weiteren Anpassung hin zur Beteiligung der Öffentlichkeit führen. In Deutschland haben sich immerhin schon 207 Kommunen auf diesen Weg begeben (vgl. Bürgerhaushalt.de). Bei vielen Anpassungen ist es wichtig, die Stakeholder und die Öffentlichkeit pro-aktiv einzubinden bzw. zumindest zu informieren. Ein solcher Prozess setzt kontinuierliches Lernen, Innovation und Verbesserung voraus sowie die Entwicklung von Partnerschaften in umfänglicher Weise.

Eine Nachhaltigkeitsstrategie ist demnach ein systemisch motiviertes und ethisch auf den Dimensionen der starken Nachhaltigkeit partizipativ entwickeltes und gründendes „glokales“ Gedankenmodell, welches zum Ziel hat, die wahrscheinliche Zukunft pro-aktiv zu beeinflussen, indem konkrete Maßnahmen in einem kontinuierlichen und partizipativen Entwicklungs-, Lern- und Verbesserungsprozess umgesetzt werden.

Systemisch motiviert heißt hier, dass das Ganze mehr ist als die Summe seiner Teile und es nicht immer nur um den direkten Nutzen geht, sondern um den Nutzen für das Ganze. In diesem Zusammenhang wird deutlich, dass die Nachhaltigkeitsstrategie im ersten Moment nur Kosten spart. Sie ist ethisch auf den Dimensionen der starken Nachhaltigkeit gegründet, heißt hier auch, dass das Konzept der starken Nachhaltigkeit die ökologische Dimension besonders stark in den Vordergrund rückt, da es hier um den Erhalt der lebensnotwendigen Ressourcen geht und diese nicht alle grundsätzlich substituierbar sind. Bis dieses nicht geschieht muss es darum gehen, die Lebensgrundlagen zu erhalten, damit alle Menschen noch eine Perspektive haben.

Auf einem glokalen Gedankenmodell begründend heißt: global denken – lokal handeln, welches zum Ziel hat, die wahrscheinliche Zukunft proaktiv zu beeinflussen. Also wo hier davon ausgehen, dass wir tatsächlich Einfluss auf das was passiert haben, und das setzt voraus, dass wir diese konkreten Maßnahmen, die wir unter diesem Aspekt umsetzen, dann kontinuierlich in einem partizipativen Entwicklungslernen- und Verbesserungsprozess umsetzen. Dieses grenzt schon an den Aspekt einer Kunst.

4. Betrachtung des Begriffes „Kosten“

Die gesellschaftliche Ressourcennutzung wird als „Kosten“ bezeichnet. Vor allem die Umweltkosten, die nur unzureichend in die volkswirtschaftliche Gesamtrechnung eingehen, haben Überlegungen induziert, wie diese reduziert oder mit höherem Nutzen verbunden werden können. Das verbindet sich mit Konzepten wie

- der ökologische Fußabdruck,
- Faktor 10,
- Internalisierung externer Kosten,
- Generationenvertrag,

Die volkswirtschaftliche Gesamtrechnung erfasst die Kosten, die mit dem Einsatz von Arbeit, Kapital und Boden verbunden sind. Nicht eingerechnet werden jedoch Kosten der Nutzung der Naturgüter und sozialen Güter, d.h. die keine Marktpreise haben.

Ziel dieses Aufsatzes ist die Suche nach der Antwort auf die Frage, inwiefern es möglich ist, durch Beteiligung und Einführen eines Konzeptes der Nachhaltigen Entwicklung in der Kommune Kosten zu sparen bzw. die Kostenlast zu reduzieren. Sofort stellt sich die Frage nach der Messbarkeit. Wie können diese Kosten überhaupt festgestellt werden? Welche Gewinne können den Kosten gegenübergestellt werden? Wie stellt man Gerechtigkeit und Ökologisches Handeln sicher und wie berechnet man dies? Wie misst man den Aspekt der Zufriedenheit der Einwohner/-innen einer Kommune?

Grundsätzlich bleibt festzuhalten, dass sich nachhaltige Verhaltensweisen nur schwer berechnen lassen, zudem sind sie im ersten Moment nicht immer kostengünstiger. Oft verursachen sie kurzfristig höhere Kosten und kommen erst auf der Langstrecke optimal zum Tragen. Die Folgewirkungen einer intakten Umwelt und mehr Lebensqualität sind vor allem global zu betrachten und damit möglicherweise in einer einzelnen Kommune eher negativ, im Hinblick auf die globale Nachhaltigkeit aber zu akzeptieren.

Auch können die Berechnungen die Entwicklung nachhaltiger Gesellschaften und damit die Art und Weise der Entscheidungsfindung, z.B. die Entscheidung an der Einkaufstheke für oder gegen nachhaltige Produkte, kaum einbeziehen. Wie sich die Nutzer/innen an der Einkaufstheke verhalten, ist kaum vorher zu sagen. Somit sind der Durchbruch eines Produktes oder einer Verhaltensweise nicht prognostizierbar und das gilt auch für die Gewinne, die sich draus ergeben könnten.

Ein gutes Beispiel dafür ist das Getränk Bionade. In der Startphase des Produktes gingen Experten/-innen davon aus, dass der Markt gesättigt sei und es keine Chance gäbe, dieses Produkt gut zu vermarkten. Der kometenhafte Aufstieg des Produktes hat alle überrascht. Es lohnt sich also, den Versuch zu wagen.

Der Anteil der öffentlichen Beschaffung am Bruttoinlandsprodukt ist sehr hoch. Bei ICLEI im Procura+ Handbuch für Nachhaltigkeit und Kosteneffizienz in der öffentlichen Beschaffung ist er mit 17% angegeben. Diese 17% stellen dementsprechend auch ein hohes Entwicklungspotential dar. Wenn die Kommune in diesem Bereich nachhaltiger agiert, ist im Hinblick auf eine kommunale Nachhaltigkeitsstrategie mit positiven Folgewirkungen zu rechnen (vgl. ICLEI 2007).

Das Procura+ Handbuch nennt direkte Auswirkungen an zwei Beispielen. So kauft der öffentliche Sektor in der europäischen Union ungefähr 150.000 Gigawattstunden (GWH) Strom, das sind 6-7% des in Europa verbrauchten Stroms. Würden die Kommunen auf Grünen Strom umsteigen, könnten sie damit bis zu 60 Mio. Tonnen C02-Emissionen einsparen, was 18% des Kyoto-Ziels der EU entspräche (vgl. ICLEI 2007).

Das zweite Beispiel zeigt, dass der direkte Nutzen nicht immer auf die Kommune bezogen sein muss. Die autonome Universität Barcelona befüllt ihre

Kaffeeautomaten jährlich mit 6.500 kg fair gehandelten Kaffees. Damit sichert sie den Lebensunterhalt von 15 bis 20 Familien in Tansania und Chiapes (vgl. ICLEI 2007).

Aus Sicht der Teilnehmenden der Procura+-Kampagne wurde festgehalten, dass es durchaus Bereiche gibt, in denen sich eine finanzielle Ersparnis durch die Beachtung der Nachhaltigkeit ergab. Diese waren z.B. die Bereiche Energie, Wasser und ressourceneffiziente Produkte. In diesen Fällen konnten die Betriebskosten verringert werden. Beim Kauf von umweltfreundlichen Produkten konnten im Nachgang Entsorgungsgebühren eingespart und die Verringerung der Ausgaben für die Reduzierung von Schadstoffen erreicht werden. So wurde in Tübingen durch den zentralen Einkauf von Reinigungsmitteln und – Dienstleistungen sowie dem Einsatz innovativer Produkte 30.000 Euro pro Jahr gespart (vgl. ICLEI 2007).

Auch hier stellt sich wieder das Problem der Messbarkeit als Folge des Mangels an gut strukturierten Daten (Mengen, Verteilung und Nutzungsintensitäten).

5. Die Kunst einer nachhaltigen kommunalen Entwicklungspolitik

> „Kunst ist ein kulturelles Tätigkeitsfeld, in dem Menschen sich aufgrund ihrer Begabung, Fähigkeiten und Fertigkeiten bemühen, ihre Gefühle und Gedanken durch ein selbst geschaffenes Werk oder durch eine Handlung auszudrücken." (Tiedemann 2011)

Wenn man dies auf die nachhaltige kommunale Entwicklungspolitik anwendet, ist die Kunst gemeint, das Wissen, die Erkenntnis und die Einsicht zu erlangen, dass Nachhaltigkeit in der Kommune ein wichtiges Zukunftsziel ist. Es gilt, sich die dafür notwendigen Fertigkeiten anzueignen und dieses Wissen auch zu verwenden. Das bedeutet, dass noch einiges zu investieren ist, bis die Menschen einer Kommune wirklich in der Lage sind nachhaltig zu handeln. Kunst nachhaltiger kommunaler Entwicklungspolitik ist demnach ein kulturelles Tätigkeitsfeld, in dem Menschen sich aufgrund ihrer Begabung, Fähigkeiten und Fertigkeiten bemühen, sich auf nachhaltigkeitorientierte Aktivitäten und Handlungen umzustellen. Dazu gehören breite Einwohnerbeteiligungsprozesse innerhalb der Kommune und mit der Kommunalverwaltung (Tiedemann 2011).

Abb. 2: Nachhaltig Handeln

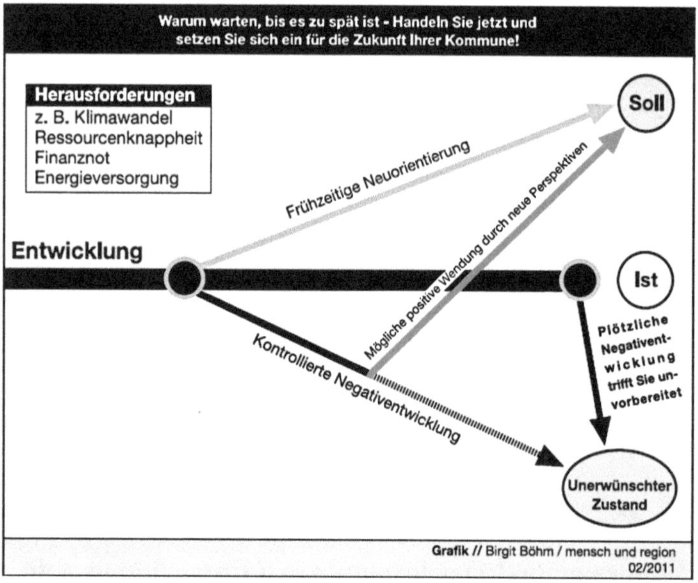

Nachhaltig handeln bedeutet auch, frühzeitig zu handeln und nicht zu warten bis es zu spät ist (s. Abb. 2), denn

> „Die Chance eines Lokalen Agenda 21-Prozesses[5] liegt damit in der Bündelung und Schaffung von Veränderungspotential innerhalb einer Kommune, um neue Entwicklungstendenzen zu ermöglichen, bevor sie durch wenig beeinflussbare Entwicklungen erzwungen werden." (Stark 1997)

Anforderungen an die Umsetzung einer nachhaltigen kommunalen Entwicklungspolitik brauchen aus einer kulturbezogenen Perspektive

- Mut, auch die ersten Schritte zu gehen und die Kostendiskussion trotz gegensätzlicher Mehrheitsmeinungen zu beginnen,
- Offenheit für potentielle Entwicklungsszenarien und auch die Bereitschaft sich mit Unangenehmem auseinander zu setzen, um tatsächlich die optimale Lösung zu erstreiten,

---

5 Die „Lokale Agenda 21" ist das Abschlussdokument der UN-Konferenz für Umwelt und Entwicklung, die 1992 in Rio de Janeiro, Brasilien neben dem sog. Brundtlandbericht „Unsere gemeinsame Zukunft" (1987) als das Ausgangsereignis für die Initiierung vieler auf Nachhaltigkeit orientierter kommunaler, regionaler, landesweiter und auch bundesweiter Entwicklungsprozesse angesehen werden kann.

- Authentizität der Vertreter/-innen des Wandels, eine Strategieorientierung und langfristiges Denken, damit die sparenden Aspekte einer Nachhaltigkeitsstrategie zum Tragen kommen,
- Motivationskraft, um andere mitnehmen zu können, und die Fähigkeit, eigene und gemeinsame Visionen wirklich zu verfolgen und ehrlich umzusetzen,
- geeignete Menschen, die willens und dazu in der Lage sind.

Herbert Giradet betonte 2007

> „Der Zustand unserer Städte ist der Zustand unseres Bewusstseins." (Girardet 2007: 211)

Die Abbildung 3 dokumentiert deutlich, dass Wandel und Stadtmorphologie unserer Städte mit allen internen Strukturen und Organisationsregeln ein Produkt unserer Haltung und unseres Verständnisses der Zusammenhänge sind. Stadt und Kommune entwickeln sich so, wie ihre Bewohner/-innen sie verstehen, sie beschreiben, wie diese sie wollen und gestalten. Die Abbildung 3 steht stellvertretend für sehr unterschiedliche Gestaltungsmuster, so kann das rechte Bild für Entwicklung, für hohe Verdichtung, für Modernität oder hohe Effektivität, aber auch für das Fehlen von ökologischen Strukturen oder Lebensfeindlichkeit stehen. Das linke Foto könnte für ein ökologisches Stadtentwicklungsverständnis, aber vielleicht auch für Verfall, für wenig Pflege, Finanznot stehen. Die Auslegung dieser Bilder ist dem Betrachter/der Betrachterin überlassen.

Abb. 3: Veränderung der Stadtstrukturen

Quelle: Klotz 2008

Die Beschäftigung mit nachhaltiger kommunaler Entwicklungspolitik heißt auch, über den Tellerrand zu schauen und sich kritisch mit dem Anderen, „dem Nachhaltigen", auseinander zu setzen, dafür Transparenz und Öffentlichkeit herzustellen und sich eine Führungskompetenz zur Umsetzung von Nachhaltigkeit anzueignen, um alle Mitarbeiter/-innen der Verwaltung und politische Kollegen/innen mitzunehmen. Dafür braucht es zum einen die Kreativität und das Loslösen von Erwartungsnormen, zum anderen das Suchen von Verbündeten. Es braucht Durchhaltevermögen, aber auch Spaß und Lust am Erfolg und die Fähigkeit Erfolge zu feiern. Das bedeutet: Es müssen Lernprozesse über Controlling organisiert werden,

Wer sich nun fragt, was konkret zu tun sei, um Nachhaltigkeit umzusetzen und welche Wirkung das auf die kommunalen Kosten habe, der/die sei auf das Papier „Strategische Eckpunkte“ (Rat für Nachhaltige Entwicklung 2010) der Bürgermeister/-innen der Kommunen Tübingen, Ravensburg, Freiburg, Ludwigsburg, Mündchen, Ravensburg, Hannover und Heidelberg verwiesen. Sie haben sich mit der Frage auseinandergesetzt: „Wie erreichen wir Nachhaltigkeit im kommunalen Finanzwesen?“ Und haben sich hierfür vier Aspekte herausgepickt. Es geht darum

a. Ausgaben und Einnahmen anzugleichen,
b. langfristig zu planen,
c. Kostentransparenz herzustellen und
d. Prüfverfahren zu entwickeln und zu erproben.

Der Finanzbaustein ist nur einer von vier Handlungsfeldern. Die anderen sind

a. Partizipation und Öffentlichkeitsbeteiligung,
b. Nachhaltigkeit als kommunale Querschnittsaufgabe und
c. Abstimmung der Nachhaltigkeitsaktivitäten von Kommunen, Länder, Bund und Europäischer Union.

Sowohl diese Bürgermeister/-innen als auch die Autorin des vorliegenden Beitrages gehen von positiven Effekten einer Nachhaltigkeitsstrategie auf die kommunalen Finanzen aus. Gleichwohl ist es häufig nicht gleich möglich, durch die Einführung einer Nachhaltigkeitsstrategie in einer Kommune zu sagen, jetzt wurde die Summe X an Geld eingespart. Es geht darum, den Lebensstil der kommunalen Einwohner/-innen auf Nachhaltigkeit zu orientieren und alle in den Wandelprozess einzubinden. Girardet formulierte 2007

> „Wenn wir [in den Kommunen] in den kommenden Jahren und Jahrzehnten die richtigen Entscheidungen treffen, werden die Städte zu Leuchtfeuern einer Kultur der Nachhaltigkeit werden.“ (Girardet 2007: 210)

6. Fazit

Das Ziel einer kommunalen Nachhaltigkeitsstrategie umzusetzen ist ein bedeutender Beitrag zur globalen Nachhaltigkeitsstrategie und somit die Umsetzung der großen Ziele Gerechtigkeit und Lebensqualität, Gesundheit und Erhalt eines lebenswerten Planeten „Erde" für zukünftige Generationen. D.h.

a. keine Übergabe von Schulden an die nächste Generation,
b. Erhalt der lebensnotwendigen Ressourcen,
c. Lösung der aktuellen die Lebenschancen jetziger und zukünftiger Generationen bedrohender Herausforderungen.

Kommunen sind Teil eines großen „Lebensgeflechtes" und eng miteinander verbunden. Daher kann das Schicksal der eigenen Kommune nicht losgelöst vom Schicksal anderer Kommunen betrachtet werden. Somit ist nicht jede Handlung linear ein Beitrag zu einer positiven kommunalen Finanzsituation in der eigenen Kommune, aber dafür profitieren evtl. andere Kommunen davon. Auf jeden Fall besteht die Chance auf hohe „Returns on Investment", wenn betrachtet wird, welche Herausforderungen unser Leben aktuell bedrohen (vgl. Kapitel 1).

Das Konzept der Nachhaltigkeit mit ihren Strategien bietet im Reigen mit technologischen Entwicklungen und der Umsetzung breiter Beteiligungsprozesse auf allen politischen Ebenen zurzeit die beste und die größte Chance für das Erreichen von Lebensqualität und Chancengerechtigkeit, sowohl hier wie auch in anderen Teilen dieser Welt. Auch auf die Gefahr hin, dass bei diesem Wandel bestehende Erfolgsmodelle wie das des Homo Oeconomicus ihre Wertigkeit verlieren und anderen Denk- und Wirtschaftsmodellen den Platz überlassen (z.B. gut leben – wenig haben), ist der Gewinn des Umsteuerns in greifbarer Nähe.

Wir müssen es nur endlich anpacken wollen und Schritt für Schritt den Wandel organisieren. Ganz im Sinne des Procura-Handbuches von ICLEI werden sich in vielen Fällen positive Wirkungen auf die finanzielle Situation der Kommunen zeigen.

Literaturverzeichnis

Baltes, P. B. (2001): Das Zeitalter des permanent unfertigen Menschen: Lebenslanges Lernen nonstop? In: Aus Politik und Zeitgeschichte 36, 6.

Bundesministerium für wirtschaftliche Zusammenarbeit und Entwicklung (BMZ): Millenniumsziele. http://www.bmz.de/de/ziele/ziele/millenniumsziele/zielvorgaben/index.html (04.04.2011)

Davis, M. (2009): Wer wird die Arche bauen? In: Blätter für deutsche und internationale Politik 2, 53.

Deutsche Gesellschaft für Internationale Zusammenarbeit (GIZ): Millenniumsziele. http://www.gtz.de/de/presse/24932.htm (04.04.2011).

Deutsche UNESCO-Kommission: Millennium Ecosystem Assessment. http://www.unesco.de/mea.html (31.01.2012).

Deutsches Institut für Urbanistik (2011): Urban Futures 2050. http://www.kommunaler-klimaschutz.de/veranstaltungen/2011/05/urban-futures-2050.html (10.04.2011).

Ekardt, F.; Hehn, N. (2011): Peak Oil: Postfossile Stadtentwicklung als BauGB-Ziel. Rechtsinterpretative und rechtspolitische Analysen im Kontext der BauGB-Novelle 2011. URL: http://www.nachhaltigkeit-gerechtigkeit-klima.de/files/texts/PeakOil-neu.pdf, Stand: 14.1.2012.

Girardet, H. (2007): Die Schaffung Lebenswerter und nachhaltiger Städte. In: Girardet, H. (Hrsg.): Zukunft ist möglich. Wege aus dem Klima-Chaos. Hamburg: Europäische Verlagsanstalt. S. 210f.

Gläserne Konversion: Prozesssteuerung. http://www.glaesernekonversion.de/infothek/index.php?option=com_content&view=article&id=98&Itemid=103 (03.02.2011).

Grabow, B.; Hollbach-Grömig, B. (1998): Stadtmarketing – eine kritische Zwischenbilanz. Berlin.

Hauff, V. (Hrsg.) (1987): Unsere gemeinsame Zukunft. Der Brundtland-Bericht der Weltkommission für Umwelt und Entwicklung. Greven.

ICLEI – Local Governments for Sustainability (2007): Das Procura+ Handbuch für Nachhaltigkeit und Kosteneffizienz in der öffentlichen Beschaffung. Freiburg.

Institut für Auslandsbeziehungen (o.J.): Post-Oil City. Die Stadt nach dem Öl. http://www.ifa.de/?id=6226 (31.01.2012).

Klotz, S. (2008): Natur in der Stadt - Ökologie eines extremen Lebensraumes. http://www.ufz.de/index.php?de=14686 (12.03.2011).

Magel, H.; Jahnke, P. (2001): Kommunalentwicklung und Kommunalplanung - von der Hand in den Mund leben oder strategischer Prozess? München. http://www.landentwicklungmuenchen.de/mitarbeit/magel/aufsaetze/magel_jahnke_gestaltung_auftrag.pdf (22.04.2011).

Mićić, P. (2006): Das ZukunftsRadar. Die wichtigsten Trends, Technologien und Themen für die Zukunft. Offenbach.

Paech, N. (2011): Nachhaltigkeit und Wachstum. Von der Wachstumsbeschleunigung zur Postwachstumsökonomie. http://www.petrakellystiftung.de/fileadmin/user_upload/newsartikel/PDF_Dokus/Paech_Nachhaltigkeit.pdf (12.12.2011).

Rat für Nachhaltige Entwicklung (2010): Strategische Eckpunkte für eine nachhaltige Entwicklung in Kommunen. Berlin. http://www.nachhaltigkeitsrat.de/uploads/media/Broschuere_Nachhaltige_Stadt_Oktober_2010.pdf (01.06.2011).

Rogall, H. (2011): Die unsichtbare Hand hilft uns nicht weiter. In: Stuttgarter Zeitung, 3. Dezember 2011.

Schader-Stiftung (2005): Wandel der Lebensstile. URL: http://www.schader-stiftung.de/wohn_wandel/836.php (13.01.2012).

Stark, S. (1997): Lokale Agenda 21: Hemmnisse – Risiken – Chancen. Paper Nr. 73. Wuppertal.

Tiedemann, C. (2011): "Kunst" – Vorschlag einer Definition. http://www.sportwissenschaft.uni-hamburg.de/tiedemann/documents/kunstdefinition.html (27.05.2011).

UN - United Nations (o.J.): Millenniumkampagne. http://www.un-kampagne.de/ (04.04.2011).

Vester, F. (2001): Leitmotiv vernetztes Denken. Für einen besseren Umgang mit der Welt. München.

Dietrich Fürst

Die lokale und regionale Perspektive globaler Krisen: raumplanerische Implikationen und Interventionsmöglichkeiten

1. Herausforderungen durch globale Krisen

„Krise" wie im Kontext des Titels verwendet ist ein diffuser Begriff. Dieses Etikett wird auf sehr unterschiedliche Phänomene geklebt: konjunkturelle vs. strukturelle Krisen, Branchen- vs. Volkswirtschaftskrisen, zyklische vs. evolutorische Krisen etc. (Schamp 2011: 104 f.). Vielfach sind zudem Krisen nur im Nachhinein genauer zu diagnostizieren. Was sich beispielsweise vorübergehend als „lokale und regionale Perspektiven globale Krisen" darstellt, sind häufig temporäre und regionale Ausschläge längerfristiger globaler Trends. Solche übergeordneten Trends sind aber nur über längere Zeiträume auszumachen, etwa wenn die Strukturkrisen der 1960er und 1970er Jahre mit der „Krise des Fordismus" in Verbindung gebracht werden. Deshalb ist die Zahl der Krisen auch kaum noch zu übersehen, zumal zwischen unterschiedlichen Krisen Verbindungen bestehen (ökologische Krisen wandeln sich in ökonomische und diese in soziale Krisen).

Der Begriff „Krise" impliziert zwar Bedrohung und Unsicherheit, aber auch Handlungsmöglichkeiten, die Krise abzuwenden oder aus der Krise durch Lernen herauszukommen. Aus der Verhaltenspsychologie weiß man allerdings, dass Krisen emotionalisieren, indem sie das Gefühl der Ausweglosigkeit und Ohnmacht auslösen können, was wiederum überzogene Gegenreaktionen hervorrufen kann. Das erschwert den Umgang mit Krisen, zumal Krisenphänomene über Metaphern/assoziative Konnotationen (Fuchs 2011) und „narratives" zu Bedrohlichkeiten aufgebauscht werden können, die in keinem vernünftigen Verhältnis zu den realen Bezügen stehen („Krisenhysterie"). Die Rolle der Massenmedien, aber auch wissenschaftlicher Organisationen mit globaler Deutungshoheit (z.B. in der Wirtschaft: Rating-Agenturen, in der Ökologie: International Panel on Climate Change) darf dabei nicht unterschätzt werden (Cottle 2009).

Bei global wirkenden Krisen gibt es auf regionaler Ebene kaum Chancen der Krisenbekämpfung, praktisch nur der Krisen-Anpassung. Das gilt für ökologische „Krisen“ (Klimawandel, Ressourcenengpässe), für wirtschaftliche „Krisen“ (Finanzkrise, Fiskalkrise, Wirtschaftsstrukturkrisen), aber auch für soziale „Krisen“ (globaler Terrorismus, Verfall von Werten, Jugendarbeitslosigkeit). Dennoch bleiben wir im Folgenden beim Terminus „Krisen“, weil er für diese Prozesse sprach-üblich geworden ist: Man spricht von Finanzkrise, Wirtschaftskrise, Umweltkrise.

Globale Krisen werden üblicherweise in vier Kategorien eingeteilt: ökonomische Krisen, ökologische Krisen, soziale Krisen und Krisen des Nationalstaates. Für ein schrittweises Reformvorgehen gibt es zwei Baustellen mit spürbarem Änderungsbedarf:

- Ökonomische Krisen haben eine lange Geschichte (Plumpe 2010) und verbinden sich heute zum einen mit dem weltweit ausgeweiteten Wettbewerb um Güter, Ressourcen und Personal[1], zweitens mit Finanzkrisen, die sich zwar von der Realwirtschaft gelöst haben, über das Kreditsystem aber auf die Realwirtschaft zurückwirken und sich in fiskalische Krisen umsetzen, und drittens mit den Folgen der IuK-Technik (Friedman 2007).
- Ökologische Krisen beziehen sich vor allem auf den Klimawandel, aber auch auf Ressourcenengpässe (Rohstoffe, Wasser, Nahrungsmittel) und die weltweite veränderte Ausbreitung von Krankheitserregern (Lomborg 2009; Foster 2010).
- Unter „sozialer Krise“ werden im Allgemeinen die Folgen des demographischen Wandels, aber auch die Auswirkungen der ökonomischen und ökologischen Krisen auf soziale Strukturen, einschließlich der Verstädterungsprozesse, der zunehmenden regionalen Disparitäten, der Migrationsströme, gewaltbasierter sozialer Konflikte und neuer Epidemien abgehandelt.
- Der Wandel des Nationalstaats verbindet sich im Allgemeinen mit sinkenden nationalstaatlichen Steuerungsmöglichkeiten in einer globalen Welt und dem sich weltweit durchsetzenden neo-liberalen Gesellschaftsmodell. Dazu gehören die Formierung neuartiger supra-nationaler Governance-Arrangements (in Politik, Nicht-Regierungsorganisationen, Groß-Konzernen, internationa-

---

1 Mit den Konsequenzen: schnelle Entwertung von Wirtschaftsstrukturen und Humankapital, Abbau von schützenden institutionellen Grenzziehungen, Beschleunigung der Anpassungsprozesse, wachsende Disparitäten durch ausgeprägtere Gewinner-Verlierer-Relationen, ungleiche Anpassungsflexibilitäten und Chancen der Anpassung etc.

len Entscheider-Netzwerken (Rothkopf 2009: 111 ff. und 296 ff.)), die Verlagerung von staatlichen Kompetenzen einerseits auf supranationale, andererseits auf dezentrale Governance-Strukturen, der Abbau des Wohlfahrtsstaates, der Einbau stärkerer betriebswirtschaftlicher Management-Muster in die öffentliche Verwaltung (new public management) und die Öffnung des Staates zu mehr partnerschaftlichen Problemlösungsprozessen in Verbindung mit Privatwirtschaft und Zivilgesellschaft, insbesondere auf regionaler Ebene (Fürst 2011).

Und immer müssen auch die (krisenverschärfenden) Verknüpfungen zwischen den Krisenereignissen mitgedacht werden sowie die in Krisen eingebauten Mechanismen der Selbstverstärkung: Indem Menschen individuell auf die Krisenauswirkungen reagieren, verschärfen sie sie in der Regel. Die wissenschaftliche Forschung ist darauf häufig zu wenig eingestellt, etwa in der Wirtschaftsgeographie oder in den Sozialwissenschaften, deren Fokus stärker auf Akteure und Institutionen, weniger auf Makro-Zusammenhänge im globalen Maßstab gerichtet ist (Schamp 2011). Zudem wird in Feldern geforscht, die international „angesagt“ sind und wofür es Fördermittel gibt. Deshalb finden sich gegenwärtig erhebliche Forschungsanstrengungen zu den regionalen Auswirkungen und Adaptationsmaßnahmen des Klimawandels auf Regionen, aber relativ wenige zu den regionalen Auswirkungen der ökonomischen[2], sozialen und staatlichen Krisen. Diese Deutungshoheit führt zwar nicht zu einer verzerrten Weltsicht, wohl zu veränderten Prioritäten der öffentlichen Meinung/ Wahrnehmungen.

Regionalplanung ist eine (normative und empirische) Handlungswissenschaft. Hier interessiert, wie Probleme bearbeitet werden können. Bezogen auf globale Krisen ist die Regionalebene nur eine Ebene in der multi-level governance. Handlungsperspektiven im Umgang mit solchen „Krisen“ haben sich immer mehr auf supranationale Handlungsebenen verlagert, so dass aus der Perspektive der einzelnen Gemeinde oder Region solche Krisen wie Katastrophen wirken: Man ist ihnen ausgesetzt, kann sich allenfalls vorsorglich schützen, aber sie nicht bekämpfen. Es ist deshalb konsequent, dass die Diskussion sich auf der regionalen Ebene immer mehr auf die Frage konzentriert: Wie passt man sich an die veränderten Rahmenbedingungen an? Und nicht: wie bekämpft man die Krisen?

Was macht „globale Krisen“ gegenüber sonstigen Problemen besonders? Es sind vor allem vier Aspekte: (1) die Krisen werden durch die Definitionsmacht von Medien, Wissenschaft und Politik „hochgesprochen“; (2) sie haben regionsexterne Ursachen und können regional nicht beseitigt werden; (3) sie setzen

2 Vgl. lediglich die Studien zu den *regionalen Auswirkungen der Wirtschaftskrise* in: Informationen zur Raumentwicklung 2/2011.

neue Probleme, für die es bisher keine adäquaten Strategien gibt; (4) sie haben sektorübergreifende Auswirkungen und verlangen sektorübergreifende Strategien.

2. Lokale und regionale Inzidenz

Globale Krisen wirken sich in Deutschland lokal und regional meist ökonomisch aus[3] – Wegfall von Arbeitsplätzen, erhöhte Aufwendungen für knapper werdende Ressourcen, Aufwendungen gegen Folgen des Klimawandels etc.. Nicht alle globalen Krisen sind regional/ lokal unmittelbar relevant. Selbst auf EU-Ebene werden sie nur eingeschränkt zu Impulsgebern für Handeln (vgl. „Europa 2020“[4]). Vielmehr sind die meisten eher mittelbar einflussreich: Zu einem großen Teil werden sie bereits auf nationaler Ebene abgefedert – das gilt weitgehend für ökonomische und finanzwirtschaftliche Krisen, aber auch für den globalen Terrorismus, globale neue Epidemien und Migrationsprobleme als Folge des Klimawandels. Wirkliche lokale und regionale Effekte globaler Krisen finden wir vor allem im Bereich der Wirtschaft (Folgen der weltweiten Rezession, Fiskalkrisen), im Bereich des Klimawandels (Waldbrände, Sturmschäden, Überschwemmungen, Anhebung des Meeresspiegels) und im Bereich sozialer Veränderungen (Wertewandel, Jugendarbeitslosigkeit bei gleichzeitig zunehmend älter werdendem Bevölkerungsdurchschnitt). Aber sie treffen nicht alle Regionen in gleichem Maße, sondern einzelne Regionen härter als andere.

Zudem ist mitunter der Zusammenhang zwischen lokalen/ regionalen Störungen und globalen Krisen nicht gut erkennbar:

- Dass die Notwendigkeit, regionale Einzelhandelskonzepte aufzulegen, mit dem globalen Wandel im Einzelhandel (Konzentrationsprozesse) zu tun hat (Franz 2011),
- dass regionale Kooperation mit der durch Globalisierung induzierten Fiskalkrise, Verstädterungs- und Sub-Urbanisierungsprozessen zusammenhängt, wird erst auf den zweiten Blick deutlich,
- dass die Flächenverknappung/der Freiflächenverbrauch auch mit der Finanzkrise (Flucht in die Sachwerte) und der Energiekrise (Wandel zu flächenintensivern erneuerbaren Energieformen) in Verbindung gebracht werden kann, wird nur mit Verzögerung deutlich,

3 Im Gegensatz zu Entwicklungsländern, in denen die Folgen der globalen Krisen lebensbedrohend sein können: Hungersnöte, Wüstenbildung, Wassermangel etc.

4 Eine von der EU-Kommission vorgeschlagene Langfriststrategie für die EU-Mitgliedstaaten (EU-Kommission 2010).

- dass traditionelle institutionelle Steuerungsstrukturen immer weniger leistungsfähig sind und durch weichere Formen der „Governance" überlagert werden, ist auch Folge global und technologisch induzierter Vernetzungseffekte und sich wandelnder Machtbeziehungen.

Krisen mit regionaler/ lokaler Bedeutung treffen zudem nicht alle Gemeinden und Regionen in gleichem Maße. Selbst dort, wo eine Inzidenz sehr wahrscheinlich ist, muss sie nicht eintreffen. Um also für einzelne Räume die Gefährdung abschätzen zu können, sind mindestens zwei Arbeitsgänge notwendig: Man muss die potenzielle Inzidenz kennen und man muss eine Risikoeinschätzung vornehmen, wie groß das Risiko ist und ob es für die Region sinnvoll ist, sich dagegen zu wappnen.

Die sog. Inzidenz, also wo die Krisen sich auswirken, wird im Wesentlichen von drei Faktoren-Bündel bestimmt: (a) der lokalen/ regionalen Verteilung der Krisen-Einwirkungen (impact-Verteilung), (b) der lokalen/ regionalen Verteilung der Empfindlichkeit gegenüber solchen Einwirkungen (resilience-Verteilung: Hassink 2010) und (c) der lokalen/ regionalen Anpassungsflexibilität – also der relativen Höhe der Transaktionskosten, der Intensität der Verlierer-/Gewinner-Konflikte, der institutionellen und sozio-kulturellen Pfadabhängigkeit.

Inzwischen gibt es zahlreiche Studien, die die regionalen Inzidenzen aufzuzeigen versuchen. Generell kommen sie zu dem Ergebnis, dass in Deutschland die sozialen und ökologischen Krisen eher ländliche und periphere Räume treffen, der Klimawandel sich auf die Küsten-, Alpen- und ostdeutschen Regionen stärker als anderswo auswirken wird und dass die wirtschaftlichen Krisen primär in den Verdichtungsräumen ihren Niederschlag finden. Aber das ist nur der Effekt der sog. „ersten Runde". In den nachfolgenden Runden finden Anpassungsprozesse statt, die zum Teil Wanderungsbewegungen in Richtung der Räume sind, die am wenigsten von den Krisen betroffen sind.

Die Diskussion der Krisen-Inzidenz erzeugt zwei Reaktions-Strategien: erstens Anpassungs-Strategien und zweitens Vorbeuge-Strategien. Vorbeugestrategien sind eng mit raumplanerischem Risiko-Management verbunden. Denn faktisch geht es um Risikoeinschätzung und Risiko-Vorsorge. Man steht auch vor demselben Dilemma: Will man sich gegen Krisen wappnen, deren regionale Inzidenz nur wahrscheinlich ist? Und ab welcher Wahrscheinlichkeit lohnt sich die Gegenmaßnahme? Die regionale Inzidenz von Krisenerscheinungen, die nur wahrscheinlich ist, verlangte die Berechnung der regionalen Eintrittswahrscheinlichkeit. Das ist kaum zu leisten, ganz abgesehen davon, dass solche Einschätzungen subjektiven Faktoren unterliegen, die durch kognitive Voreinstellungen beeinflusst werden: Wird über ein Thema in der Öffentlichkeit dramatisierend diskutiert, wird es wesentlich gravierender eingeschätzt als wenn diese Diskussion nicht stattfände.

Beispiel: Der Kognitionspsychologe und Nobelpreisträger Daniel Kahneman machte anlässlich eines internationalen Meteorologen-Kongresses den Versuch, die Teilnehmer nach Eintrittswahrscheinlichkeiten von Erdbebenkatastrophen zu befragen. Er bildete zwei Gruppen und fragte die erste, wie wahrscheinlich es sei, dass durch ein Erdbeben in naher Zukunft in Kalifornien 10.000 Menschen umkämen. Die zweite fragte er, wie wahrscheinlich es sei, dass ein Erdbeben vor der Küste Kaliforniens demnächst eine Flutwelle auslöse, die 10.000 Menschen vernichtete. Die zweite Gruppe schätzte die Eintrittswahrscheinlichkeit – bei gleichartigem Phänomen - um ein Vielfaches höher ein als die erste, weil zur Zeit des Versuchs die Tsunami-Diskussion weltweit sehr intensiv geführt wurde (Heuser 2011, 17).

Deshalb ist es für raumplanerische Zwecke sinnvoller, statt der versicherungsmathematischen Risiko-Einschätzung die in der Umweltverträglichkeitsberechnung verwendete Risiko-Abschätzung zu verwenden: Sie bezieht sich lediglich auf die Relation zwischen Gefährdungspotenzialen (Hazardeffekte) und Vulnerabilität sowie Schutzbedürftigkeit (vgl. die Methode der „Ökologischen Risikoanalyse“: Scholles 2008, 458 f.).

3. Steuerungspotenziale der Raumplanung

Krisen entwickeln eine große Eigendynamik und führen zu Unsicherheit, weil sie die Zukunft noch weniger vorher-bestimmbar machen. Um Unsicherheit der Akteure abzubauen und unkoordinierte Aktivitäten zu vermeiden, welche die Krisen eher verschärfen können, wird weltweit an Handlungsmöglichkeiten gearbeitet. Sie werden national umgesetzt und beziehen sich meist auf *fachpolitische* Programme, weil sie materielle Maßnahmen und Eingriffe zum Gegenstand haben.

Die Frage nach den *raumplanerischen* Beiträgen zur Bearbeitung solcher Krisen wirkt unter diesen Bedingungen etwas abwegig – man würde zunächst nicht an die Raumplanung als wesentlichen „player“ in diesem Kontext denken. Raumplanung scheint eher randständig zu sein (vgl. die internationale Übersicht bei Greiving et al. 2010). Denn ihr primäres Handlungsfeld sind räumliche Verteilungen von Raumnutzungen und Maßnahmen, die wechselseitigen Störungen von Raumnutzungen in möglichst konfliktfreie Beziehungen zu verwandeln. Die traditionelle Form war dabei die Abstandsregelung, das Nutzungsverbot für weniger prioritäre Nutzungen (Vorrangregelung) oder die Auflage gegenüber störenden Nutzungen, ihre Störwirkung auf ein verträgliches Maß zu reduzieren (Umwelt- und Raumverträglichkeitsprüfungen, Raumordnungsverfahren).

Das reicht heute aber immer weniger aus. Neuere Adaptations-Strategien in der Raumplanung finden sich vor allem gegenüber Auswirkungen des Klimawandels: Hier ist in den letzten Jahren sehr viel geforscht worden, sowohl bezogen auf den Küstenschutz gegenüber der Anhebung des Meeresspiegels als auch gegenüber Hochwasserschutz an Flussläufen, Waldbränden in besonders gefährdeten Gebieten, Schlammlawinen in den Alpen u.ä. (ARL 2009; Franck, Peithmann 2010; Frommer et al. 2011; von Haaren, Jessel 2011). Hier kann die Raumplanung auch einen signifikanten Beitrag leisten, weil sie über flächensteuernde Maßnahmen Vorsorge- und Anpassungsplanung betreiben kann:

> „Zum einen können Flächen von der zukünftigen Nutzung als Siedlungs- und Verkehrsflächen freigehalten werden,
> - die durch Naturereignisse gefährdet sind (z. B. überschwemmungsgefährdete Gebiete),
> - die benötigt werden, um die möglichen Auswirkungen von Naturereignissen zu vermeiden bzw. zu vermindern (z. B. Wasserrückhalteflächen, Flächen für Deiche), und
> - die erforderlich sind, um die Effektivität von Reaktionsmaßnahmen zu sichern.
>
> Zum anderen ermöglichen Raumordnungspläne differenzierte Festlegungen der Landnutzung. So lassen sich Festlegungen über die Zulässigkeit bestimmter Nutzungsarten in Abhängigkeit von bestehenden Naturgefahren treffen, etwa die Sicherung von Standorten und Trassen für Infrastrukturen (§ 8 Abs. 5 Nr. 3 ROG)." (Franck, Peithmann 2010: 25)

Aber die Raumplanung kann auch in anderen Handlungsfeldern Impulse setzen. Allerdings muss sie dann mit „weichen" Instrumenten wirksam werden, d.h. mit Maßnahmen, die indikativen, nicht imperativen Charakter haben. Dazu gehört das raumplanerische Risikomanagement mit Aktivitäten wie (Pohl, Zehetmair 2011: 63 ff.):

- die Risiken einzuschätzen – wobei es genügen würde, die regionalen Belastungen und Resilienzen aufzuzeigen, d.h. die regionale Vulnerabilität zu bestimmen,
- die Risikoquelle unter Kontrolle zu bringen (z.B. Eindeichungen, Monitoring),
- die Ausbreitung des Risikos unschädlich zu machen (z.B. Distanzflächen, Überschwemmungsgebiete) und/oder
- die zu schützenden Objekte zu sichern (z.B. Schutzmaßnahmen an Gebäuden).

Dazu hat die traditionelle Raumplanung ihren Beitrag mehr oder weniger gut geleistet, auch wenn die meisten nachfolgenden Aktivitäten nicht durch sie, sondern durch Fachpolitiken organisiert wurden.

Jedoch verlangen neue globale Krisenherde auch neue Lösungen. Diese beziehen sich teilweise auf technologische Neuerungen (z.B. Ausstieg aus der Kernenergie), teilweise auf soziale Verhaltensmuster (z.B. Energiesparen) und teilweise auf organisatorische Veränderungen (z.B. *regional governance* als Form kollektiver Entscheidungen über neue Entwicklungspfade).

Hier scheint Raumplanung kaum noch eine Rolle zu spielen. Aber bei dieser Einschätzung geht man von einem traditionellen Steuerungsverständnis aus, wonach es übergeordnete Steuerungsstellen gibt, die über die erforderlichen Lösungen verfügen und diese durchzusetzen in der Lage sind. Diese Konzeption ist seit vielen Jahren nicht mehr relevant: Wir haben es mit neuen Problemkonstellationen und folglich neuen Lösungsmöglichkeiten zu tun, die nicht vom Staat allein gefunden werden können, sondern das Zusammenspiel vieler gesellschaftlicher Kräfte erfordern und hohe Unsicherheit tragen. Unsicherheit in einer Wissensgesellschaft wird am besten durch Kooperation relevanter Akteure (Gibney 2011: 617 ff.) und „enabling leadership" (Uhl-Bien et al. 2007) reduziert. Weil traditionelle Institutionen und Steuerungsstrukturen darauf keine adäquaten Antworten haben, wandelt sich auch das Staatsverständnis vom „Hoheitsstaat" zum „aktivierenden" und „gewährleistenden" Staat, der nur noch ein player unter vielen ist. Viele Krisen sind heute nur noch schwer zu beherrschen, schon gar nicht durch die Fiktion des „starken Staates", so dass es immer mehr auf experimentelles „trial-and-error" und dezentrale Anpassungsflexibilitäten ankommt. Nachweislich sind die Gesellschaften am erfolgreichsten im Umgang mit neuen Herausforderungen, die sich am flexibelsten anpassen können (Olson 1991). Dafür sind netzwerkartige Strukturen mit Impulsgebern, die dezentral entscheidungs- und handlungsfähig werden können, in besonderem Maße geeignet – eine Erkenntnis, die sich vor allem in Konzernen immer mehr durchsetzt (Seidman 2007: 241 ff., 267 ff.).

4. Erweiterungsmöglichkeiten

Eine den veränderten Rahmenbedingungen angepasste Raumplanung kann zum Umgang mit Krisen wesentliche Beiträge leisten. „Angepasst" wäre die Raumplanung dann, wenn sie ihre intersektorale/ interdisziplinäre Koordinationskompetenz stärker ausnutzen könnte. Dass setzt allerdings mehr voraus als lediglich Runde Tische zu organisieren. Benötigt werden

- verbesserte Informationsgrundlagen, um die regionale Kriseninzidenz besser einschätzen und überwachen zu können,

- erweiterte regionale Entscheidungskompetenz im Umgang mit Krisen: Sollen die Folgen vermieden werden oder geht es primär um Schadensminimierung mit eventueller Ausgleichsstrategie?
- mehr Kreativität im Umgang mit neuen Problemen. Vielfach sind fachpolitische Akteure „blind“ für Lösungen, die intersektoral/ interdisziplinär zu entwickeln sind. Hier könnte Raumplanung eine Funktion wahrnehmen,
- organisierte Lernprozesse im Umgang mit neuen Problemen. Hier können Experimentierklauseln in Gesetzen und Modellvorhaben (wie sie vom Bund initiiert werden: Einig 2011) sehr hilfreich sein.

Sofort kommt dann der Einwand, dass Raumplanung dafür nicht die erforderliche sachliche Kompetenz mitbringe: Welcher Raumplaner habe schon so tiefe Einblicke in die Fachpolitiken, dass er an Lösungen mitwirken könne, die fachübergreifend innovativ sein sollen. Man solle Raumplaner auch nicht überfordern.

So ist es auch nicht gemeint. Aber worum es geht, sind neue Fragestellungen. Vielfach sind es gerade diejenigen, die an den Grenzen zwischen Disziplinen/ Fachressorts arbeiten, die die intelligenteren Fragen stellen können, weil ihnen Dinge auffallen, die der fachpolitische Routinier schlicht übersieht. Hier entwickeln sich auch neue Forschungsperspektiven: transdisziplinäre Ansätze im „mode 2“ Konzept. Das „mode 2“ Konzept der Forschung besagt schlicht, dass moderne Forschung stärker bestimmt wird von interdisziplinären Ansätzen, die Probleme in enger Auseinandersetzung mit dem konkreten Problem zu lösen suchen und folglich eng mit der sie tragenden Gesellschaft interaktiv verbunden sind.[5] Denn es gelingt immer weniger, die fachlich „richtige“ Antwort zu definieren, weil auch die relevanten wissenschaftlichen Disziplinen die Antwort nicht kennen, sondern intern darüber zerstritten sind. „Speaking truth to power“ stellt sich heute wesentlich komplizierter dar als noch in den 1970er Jahren, als Aaron Wildavsky sein Buch zur Politikberatung veröffentlichte (Wildavsky

5 Helga Nowotny, die das im Wesentlichen von Michael Gibbons entwickelte Konzept zusammen mit diesem verstärkt in die Diskussion brachte (Nowotny et al. 2001: 1 f., 30 ff., 166 ff., 230 f.), unterscheidet den „Mode 2“-Ansatz vom traditionellen „Mode 1“-Ansatz dadurch, dass letzterer die Wissensproduktion primär akademisch, an Forschungsinteressen ausgerichtet und disziplinen-basiert durchführt. Diese Unterscheidung wird zwar in der Literatur inzwischen heftig umstritten, weil diese Trennung eher künstlich als der Realität entsprechend sei, eher ein Thema modisch aufblase als neue Wege zu zeigen. Aber im Kern wird die Stoßrichtung akzeptiert, dass sich die innovative Forschung stärker interdisziplinär, problemlösungs-bezogen und am Zusammenspiel zwischen praktischen Prozessen der Problembearbeitung und wissenschaftlicher Kreativität im Umgang mit Problemen orientiere, dass Forschung und Gesellschaftsentwicklung immer enger miteinander verschränkt sind und dass Forschung „kontextgebunden“ ist, d.h. von ihrem gesellschaftlichen Umfeld wesentlich beeinflusst wird.

1979): Wie sollen sich politisch-administrative Handlungsträger verhalten, wenn Entscheidungen immer ambivalenter und in ihren Folgen immer weniger berechenbar werden? Wenn wir es zudem immer mehr mit sog. „systemischen Risiken" zu tun haben, „[...]bei denen sich eine Bedrohung durch Verknüpfung von Risikopotenzialen aus unterschiedlichen Einflusssphären (Technik, Wirtschaft, Lebensstil) und ihren funktionalen Abhängigkeiten ergibt. Die Entwicklungen der Globalisierung vergrößern das Potenzial systemischer Risiken" (Renn 2011: 5)?

Was bedeutet das normativ für die Raumplanung? Vier Punkte sind vor allem zu nennen:

(a) Globale Risiken lassen zwar den Übergang zur intensivierten Vorsorgeplanung erwarten (Renn et al. 2009). Aber Raumplanung muss Vorsorgeplanung mit räumlicher Entwicklungsplanung verbinden.
(b) Raumplanung muss stärker initiativ statt reaktiv agieren: Sie muss Probleme benennen, Probleme in die öffentliche Diskussion bringen und Partner suchen, mit denen gemeinsam solche Probleme gelöst werden können. Sie ist prädestiniert für Ansätze der „Mode 2"-Forschung. Das gilt umso mehr für Deutschland, das mit der Akademie für Raumforschung und Landesplanung über eine Einrichtung verfügt, die dieses Forschungskonzept seit Jahrzehnten praktiziert, vielleicht etwas zu schwach im Transfer in die Planungs-Praxis.
(c) Raumplanung muss Netzwerker von interdisziplinären Diskursen werden. Das funktioniert weniger auf regionaler oder gar lokaler Ebene, sondern primär auf nationaler Ebene. Insofern wird sich Raumplanung stärker differenzieren müssen: auf nationaler Ebene wird sie eine Art „Think Tank", auf regionaler Ebene eine Art „Pfadfinder" sein müssen, der Probleme identifiziert.
(d) Zwischen den Ebenen der Raumplanung müssen neue Formen der Interaktion installiert werden: Die traditionellen Verwaltungshierarchien sind hier eher kontraproduktiv, weil sie Information filtern und verdichten, immer auch noch hoheitliche Hierarchie-Strukturen mitschleppen und generell zu stark auf Vollzug denn auf kreative Problemlösungsprozesse ausgerichtet sind.

5. Diskussion

Das klingt zunächst abstrakt und idealistisch, zumal nicht aufgezeigt wurde, wie Raumplanung mit konkreten Krisen umgehen sollte. Aber es ist hier nicht möglich, die konkreten regionalen Handlungsmöglichkeiten im Umgang mit unterschiedlichen globalen Krisen auszuloten – für einige gibt es inzwischen reichlich Literatur, insbesondere zu raumplanerischen Beiträgen zu den Gefahren des Klimawandels (Franck, Peithmann 2010; Greiving et al. 2010). Vielmehr geht es darum, eine allgemeinere Perspektive zu vermitteln, was raumplanerisch möglich ist und wie diese Möglichkeiten genutzt werden könnten. Dabei ist davon auszugehen, was Regionalplanung/ Raumplanung vom institutionellen Ansatz und Potenzial her überhaupt leisten kann. Ihre Stärke ist die Koordination, und die Herausforderungen der globalen Krisen verlangen interdisziplinäre Ansätze ihrer Bearbeitung. Die Frage stellt sich dann, ob die Koordinationsleistung der Raumplanung kraftvoll genug ist, einen wesentlichen Beitrag leisten zu können.

Untersuchungen über die Koordinationspotenziale der Regionalplanung wirken eher ernüchternd (Fürst et al. 2003). Ein Problem ist dabei sicherlich, dass wir in einer Welt leben, die trotz aller Bemühungen um Intersektoralität und Interdisziplinarität auf Sektoralisierung und Fragmentierung der Problembearbeitung gründet – und eher verstärkt darauf gerichtet ist. Zwar beobachten wir, wie überall die Grenzen durchlässiger werden, dass das alte Konzept des hoheitlichen Staates nicht mehr greift, sondern dieser immer mehr mit der Privatwirtschaft und teilweise auch Zivilgesellschaft verflochten wird und dass einzelne Ressorts die ihnen obliegenden Aufgaben allein immer weniger bewältigen können: Arbeitsmarktpolitik ist beispielsweise Angelegenheit von mehreren Ressorts geworden, Wirtschaftspolitik findet schon lange nicht mehr nur im Wirtschaftsressort statt, Wissenschaftspolitik ist Angelegenheit von Forschungs-, Wirtschafts- und Bildungspolitik geworden etc.. Aber die Ressortdominanz behindert noch immer eine effektive Querkoordination: Fachressorts haben ihre eigene Handlungslogik mit eigenen Zielen, hinter denen starke Lobbykräfte stehen. Sie haben häufig Planungen mit eigener Rechtsverbindlichkeit, zumindest aber eigenen Rechtsregeln, Planungsräumen, Planungslogiken und unterliegen dem Grundsatz der „Optimierung der Ressortpolitik".

Insofern erzeugen die global induzierten Krisen einen wachsenden Bedarf an intersektoralen/ interdisziplinären „Managementstrukturen", die diese intersektoral-kooperativen Prozesse konstruktiv gestalten und nutzen lassen: Geforderte Funktionen sind interdisziplinäre Vermittlungen, Übersetzung globaler Herausforderungen in regionale Gegenstrategien, Expertenwissen in nachhaltiger Raumentwicklung. Dafür werden Generalisten mit Koordinationskompetenz benötigt, die nicht sektoral gebunden sind oder parteiisch und ideologisch eingeschränkt agieren, nicht Eigeninteressen verfolgen, sondern sich der Sache/ dem Problem verpflichtet fühlen (Gibney 2011). Sie nehmen faktisch Führungsfunktionen wahr, und zwar über „soft power". Ihre Spezialität liegt darin, dass sie „soft power" intelligent einsetzen können, indem sie über Verhandlungen, Verträge, agenda setting und Szenarien paradigmatische Veränderungen in den Köpfen ihrer Partner auslösen (Fürst 2003).

Genau das könnte man der Raumplanung zutrauen, die für diese Funktion geradezu prädestiniert ist. Aber ihr stehen in ihrer gegenwärtigen institutionellen Einbindung noch erhebliche Widerstände entgegen (Fürst 2010b: 233 f.):

- Koordinationsfunktionen sind ihrem Wesen nach „Gemeinschaftsaufgaben“, deren Vorteile mehr oder weniger allen zugute kommen, deren Kosten aber einzelne Beteiligte sehr hart treffen können (Autonomieverluste, Verluste von Verfügungsmacht),
- Fachressorts definieren ihre Beziehung zur Raumplanung primär unter Autonomie-Ängsten,
- Raumplanung hat kaum Motivationskraft: weder verfügt sie über Fördermittel noch das Charisma, einen höheren Mehrwert durch effektive Koordination leisten zu können;
- Raumplaner besitzen in ihrer Koordinationsfunktion praktisch nur über „soft power“, d.h. Mittel, denen die anderen unbeschadet ausweichen können. Die wenigen Instrumente der „hard power“[6] beziehen sich lediglich auf die raumplanerische Ordnungsfunktion, die aber bei der Auseinandersetzung mit globalen Krisen eine untergeordnete Rolle spielt;
- immer häufiger wird die räumliche Koordinationsfunktion von Konkurrenten in Frage gestellt: die agrarstrukturelle Planung, die Landschaftsplanung, teilweise die Verkehrsplanung, auch die regionale Strukturpolitik übernehmen immer mehr solche Funktionen und werden über die EU-Strukturfonds zudem in diese Richtung gedrängt[7];
- Raumplanung findet als politisch wenig attraktives Handlungsfeld kaum die erforderliche politisch-administrative Unterstützung;

---

6 Die Begriffe „hard“ und „soft power“ wurden zuerst von dem amerikanischen Politikwissenschaftler Joseph Nye (1990) in die Diskussion gebracht und auf internationale politische Beziehungen angewendet. Gemeint sind aber gleichartige Wirkungsmöglichkeiten, die auch auf der Ebene der Raumplanung eine Rolle spielen: „soft power“ ist im Wesentlichen der Gebrauch von persuasiven Mitteln und Maßnahmen, andere zur Kooperation zu motivieren; „hard power“ von Sanktionsmitteln (Gewalt und Finanzen) mit eingreifender Wirkung. Neue Formen der Governance basieren aber primär auf soft power – eine Beobachtung, die vor allem für die Governance-Muster der EU vielfach diskutiert wurde (Kohler-Koch/ Rittberger 2006).

7 Die EU-Strukturfonds sind in den letzten Förderperioden immer stärker auf die Prinzipien der integrierten Konzepte („Programmplanung“, Partnerschaftsverfahren) und des kollektiven Lernens (Evaluation) ausgerichtet worden (vgl. Verordnung der Kommission zur Festlegung von Durchführungsvorschriften zur Verordnung (EG) Nr. 1083/2006 vom 8. Dezember 2006).

- ihr Handlungsfeld wird von externen Entscheidern in hohem Maße beeinflusst, ohne dass sie auf deren Entscheidungen Einfluss nehmen könnte.

Auch die zunehmende Privatisierung von Infrastrukturleistungen und die wachsende Bedeutung marktlicher Kräfte mit ihrer gewinnorientierten Eigenlogik erschweren die Koordinationsleistungen.

Hinzu kommt, dass Koordination nur bedingt durch institutionelle „Aufrüstung" in ihrer Wirksamkeit verstärkt werden kann. Wesentlich ist vielmehr, dass die Adressaten der Koordination freiwillig mitwirken, d.h. motiviert sind, sich koordinieren zu lassen. Und dass sie bereit sind, die ressortspezifischen Zwänge „niedriger zu hängen", d.h. zugunsten der gemeinsamen Problembearbeitung geringer zu gewichten.

Das ist ein längerfristiger Lernprozess in Kooperation, Aufbau von Sozialkapital und paradigmatischen Veränderungen aller Beteiligten:

- die Problembearbeitung als interdisziplinäre Aufgabe zu sehen,
- sich in diesem Prozess nicht als „entfremdet" und „fremdbestimmt", sondern als mitbestimmend wahrzunehmen,
- kollektiv-strategisch zu denken und abgestimmte Handlungsprogramme längerfristig durchzuhalten.

Das setzt nicht nur voraus, dass Raumplanung über die Regionalebene sich prononcierter in Position bringt. Sondern es kommt auch darauf an, dass Regionalplanung strategischer wird. Gemeint ist damit:

- regionale Akteure zu regionalen „kollektiven Akteuren" zu vereinigen,
- diese auf potenzial-orientierte gemeinsame Handlungsperspektiven auszurichten,
- über gemeinsame Ziel-Visionen die Handlungsmöglichkeiten strategisch auf diese Ziele zu konzentrieren und
- über Rückkopplungen zwischen dem jeweils Erreichten und dem Gewollten zeitnahe Korrekturen des Handelns einzuleiten (ARL 2011).

Entscheidend ist, dass die Handlungsansätze als integrierte Konzepte, unter Abwägen der Ziele und Maßnahmen konkretisiert und umgesetzt werden sowie die Regionalplanung in ihrer Management- und Koordinationsfunktion bis in den Umsetzungsprozess hineinwirken kann.

6. Schlussfolgerungen

Ein solches Konzept einer aktivierenden Raumplanung ist allerdings sehr voraussetzungsvoll, wie gerade gezeigt wurde: Nicht nur müssen die Fachressorts über ihren Schatten springen können und sich einem kollektiven Handlungsprogramm unterwerfen, sondern auch die Raumplanung selbst müsste über mehr Personal, möglicherweise auch eine stärkere Institutionalisierung verfügen:

> „Regions with sound governance capacity and relationships will fare better implementing strategic plans, forging intra- and inter-regional partnerships, and framing the conversation for regional-scale understanding and action" (Foster 2010: 489).

Wobei schon hilfreich wäre, wenn es eine verbesserte „funktionale Governance" gäbe, d.h. sich die unterschiedlichen Akteure über Probleme koordinieren ließen (Smith, Doel 2011). Zurzeit ist Raumplanung auf diese Anforderungen noch schlecht vorbereitet und sicherlich kein starker Player im Kontext globaler Krisen, was insbesondere für Niedersachsen gilt, wo die Planungsräume und die Problemräume wegen der kreisgebundenen Regionalplanung besonders weit auseinanderfallen.

Gegenwärtig kann ihr Instrumentarium lediglich in jenen Krisen-Szenarien einen Beitrag zur Anpassung leisten, wo flächenbezogene Strategien hilfreich sind – das sind vor allem Adaptations-Strategien gegenüber den Folgen des Klimawandels. Das Instrumentarium ist zwar sehr umfangreich (Franck, Peithmann 2010: 31), aber sieht man genauer hin, relativ stumpf und von der Bereitschaft der Adressaten abhängig, positiv darauf zu reagieren.

Insbesondere sind ihre institutionellen Strukturen und Instrumente auf die raumplanerische Ordnungsfunktion ausgerichtet. Nur darin hat sie „hard power", wenn man überhaupt von „hard power" sprechen kann. Denn faktisch existiert hard power nur im Vollzug verbindlicher Pläne, d.h. wenn der Plan verbindlich geworden ist. Dagegen kann Raumplanung in der Phase der Aufstellung der Pläne lediglich „soft power" einsetzen: Die Macht liegt dann noch einseitig bei denen, die koordiniert werden sollen. Aber die Ordnungsfunktion kann nur einen kleinen Teil der mit globalen Krisen verbunden regionalplanerischen Aufgaben abfangen. Der weitaus größere und in der Praxis auch bedeutendere Teil fällt in den Bereich der regionalplanerischen Entwicklungsfunktion, insbesondere die damit verbundene Koordinationsfunktion, wo „soft power" vorherrscht.

Je größer der Anteil der Entwicklungsplanung an den Aufgaben der Regionalplanung wird und je mehr sich Regionalplanung infolgedessen auf ihre Koordinationsfunktion im Entwicklungs-Modus ausrichten muss, umso mehr kommt es auf die in der Regionalplanung agierenden Menschen an, ihre Fähigkeit zur Führung von Kollektiven und zur Motivation anderer Akteure. Immer weniger sind es Planungs-Techniker, die wir brauchen, immer mehr sind es Planungs-Manager, die ausgebildet werden müssen, in deren Ausbildung Management-Psychologie und Führungsstrategien einen sehr viel größeren Raum einnehmen sollten als bisher.

Raumplaner setzen dabei vor allem auf „intrinsische Steuerung“ durch Werthaltungen der Akteure: Nicht, weil sie gezwungen werden, kooperieren Akteure mit der Raumplanung, sondern weil sie den Wert der kooperativen Problembearbeitung anerkennen und sich für gemeinsame Visionen/ Leitvorstellungen einsetzen, integrieren sie ihr Handeln in ein kollektives Handlungskonzept. Diese Form der Steuerung ist einer wissensbasierten „Netzwerkgesellschaft“ adäquat (Friedman 2007: 477 ff.), die immer weniger über externe Gesetze, Regelwerke oder Normen gesteuert werden kann, weil die wachsende Optionenfülle gleichzeitig auch die Chancen mehrt, die Regeln zu unterlaufen, sich aufkosten der Regelkonformen Vorteile zu verschaffen oder gar sich ungestraft illegal zu verhalten (Seidman 2007: 81 ff.). Auf die stärkere Nutzung der intrinsischen Steuerung bezieht sich die Diskussion zu „regional governance“, d.h. zu netzwerkförmigen Modellen der Selbst-Steuerung (Fürst 2010c)

Aber Regionalplaner brauchen auch einen institutionellen Rahmen, in dem sie integriert-strategisch handeln können. Ob wir dafür statt der bestehenden Raumordnungsverbände mit ihrem geringen Personalbestand stärkere und plurifunktionale Verbände brauchen, wie etwa die Konstruktionen in Stuttgart, Hannover und Aachen, ist fraglich. Aber sicherlich wäre hilfreich, wenn „[…] alle raumrelevanten Entscheidungen – unter Wahrung des Prinzips einer starken Nachhaltigkeit – der raumplanerischen Abwägung unterlägen. Alle dies Voraussetzungen sind derzeit nicht umfassend gegeben.“ (von Haaren, Jessel 2010: 672).

Allerdings sieht die Situation mittel- bis langfristig wahrscheinlich günstiger aus. Denn im Gefolge der globalen Krisen gibt es eine wachsende Zahl von Handlungsfeldern, in denen die Bedeutung des Raumes als Steuerungsfolie wächst, weil der Raum Synergiewirkungen, Clustereffekte und „place-making“ (Fürst 2010a) möglich macht, die für kooperatives Handeln wichtige „Ressourcen“ bilden, und weil Raumplanung bei wachsendem intersektoralen Koordinationsbedarf ihre besondere Koordinations- und „Pfadfinder“-Funktion deutlich werden lassen könnte. Zu denken ist dabei an Themen wie: qualitatives Wachstum, Wohnwert-Konkurrenz im Wettbewerb um „Talente“, Klimawandel, Nachhaltigkeit, demographischer Wandel, Wirtschaftsstrukturwandel, Sicherung der Daseinsvorsorge bei demographischem Wandel etc.. Regionalplanung kann die Krisen zwar nicht bekämpfen, wohl aber ihre Wirkungen abfedern helfen oder sogar konstruktiv wenden (über innovative regionale Entwicklungsprogramme).

Ohne unterstützende Rahmenbedingungen des Staates wird ihr dabei allerdings kaum Erfolg beschieden sein: Regionale Energiekonzepte sind deutlich leichter zu organisieren, wenn der Staat eine Politik zugunsten der erneuerbaren Energien fährt; regionale Nachhaltigkeitskonzepte sind leichter durchzusetzen, wenn der Staat den rechtlich abgesicherten Auftrag zum nachhaltigen Handeln gibt; „regionale Klimaschutzbündnisse“ lassen sich leichter vereinbaren, wenn es staatliche Regelungen und Fördermaßnahmen gibt, die auch Private veranlassen, sich daran zu beteiligen, z.B. die von der Bundesregierung vorgegebene „deutsche Anpassungsstrategie“ von 2008 (Bundesregierung 2008; Frommer et al. 2011).

Literatur

ARL - Akademie für Raumforschung und Landesplanung (2011): Strategische Regionalplanung. Positionspapier aus der ARL 84, Hannover.

ARL - Akademie für Raumforschung und Landesplanung (2009): Klimawandel als Aufgabe der Regionalplanung. = Positionspapier aus der ARL 81. Hannover.

Bundesregierung (2008): Deutsche Anpassungsstrategie an den Klimawandel. Beschluss des Bundeskabinetts vom 17.12.2008. www.bmu.de/klimaschutz/downloads/doc/42783.php. (15.10.2011).

Cottle, S. (2009): Global crisis reporting. Journalism in the global age. New York.

Einig, K. (2011): Funktion und Folgen von Modellvorhaben für die Politikberatung. In: Informationen zur Raumentwicklung 2011(7/8), 435-452.

Etzkowitz, H.; Leydesdorff, L. (2000): The dynamics of innovation: from national systems and ‘‘Mode 2’’ to a triple helix of university–industry–government relations. In: Research Policy 29(2), 109-123.

EU-Kommission (2010): Europa 2010. Eine Strategie für intelligentes und nachhaltiges Wachstum. Mitteilung der EU-Kommission KOM (2010) 2020, Brüssel 03.03.2010.

Foster, K. A. (2010): Challenges ahead for US regional planning governance. In: Town Planning Review 2010(81), 485-504.

Franck, E.; Peithmann, O. (2010): Regionalplanung und Klimaanpassung in Niedersachsen. = E-Paper der ARL Nr. 9. Hannover. URN: http://nbn-resolving.de/urn:nbn:de:0156-72724.

Franz, M. (2011): Globalisierung im Einzelhandel – Akteure und ihre Machtbeziehungen. In: Geographische Rundschau 63(5), 4-10.

Friedman, T. L. (2007): The world is flat: The globalized world in the twenty-first century: A brief history of the globalized world in the twenty-first century. 3. Ed., London.

Frommer, B.; Buchholz, F.; Böhm, H. R. (2011) (Hrsg.): Anpassung an den Klimawandel – regional umsetzen! Ansätze zur Climate Adaption Governance unter der Lupe. Marburg.

Fuchs, M. (2011): Die „Krise“ aus metapherntheoretisch geleiteter Sicht. In: Zeitschrift für Wirtschaftsgeographie 55(3), 175-187.

Fürst, D. (2011): Politik und Verwaltung im Wandel. In: ARL - Akademie für Raumforschung und Landesplanung (Hrsg): Grundriss der Raumordnung und Raumentwicklung. Hannover, 46-75.

Fürst, D. (2010a): Placemaking. In: Henckel, D. et al. (Hrsg.): Planen – Bauen – Umwelt. Ein Handbuch. Wiesbaden, 361-363.

Fürst, D. (2010b): Regional Governance. In: Benz, A.; Dose, N. (Hrsg.): Governance – Regieren in komplexen Regelsystemen. Eine Einführung. Wiesbaden, 49-68.

Fürst, D. (2010c): Raumplanung. Herausforderungen des deutschen Institutionensystems. = Planungswissenschaftliche Studien zur Raumordnung und Regionalentwicklung, Bd.1. Detmold.

Fürst, D. (2003): Paradigmatische Steuerung in der Regionalplanung. In: Fürst, D. et al. (Hrsg.): Steuerung durch Regionalplanung. Baden-Baden, 125-142.

Fürst, D. et al. (2003): Koordinierung in der Regionalplanung. = Städte und Regionen in Europa, Bd.13. Opladen.

von Haaren, C.; Jessel, B. (2011): Umwelt und Raumentwicklung. In: ARL - Akademie für Raumforschung und Landesplanung (Hrsg): Grundriss der Raumordnung und Raumentwicklung. Hannover, 671-718.

Gibney, J. (2011): Knowledge in a „shared and interdependent world": Implications for a progressive leadership of cities and regions. In: European Planning Studies 19(4), 613-627.

Greiving, S. et al. (2010): Nationale Strategien europäischer Staaten zur Anpassung an den Klimawandel aus Perspektive der Raumordnung/ Raumentwicklung. BMVBS-Online-Publikation Nr. 20/2010. Bonn.

Hassink, R. (2010): Regional resilience: a promising concept to explain differences in regional economic adaptability? In: Cambridge Journal of Regions, Economy and Society 3(1), 45-58.

Heuser, U.J. (2011): Cool durch die Krise. In: Die Zeit Nr. 33, 11.08.2011, 17.

IPPC - Intergovernmental Panel on Climate Change (2008): Climate Change 2007 – Impacts, adaptation and vulnerability. Contribution of Working Group II to the Fourth Assessment Report of the Intergovernmental Panel on Climate Change. Cambridge, UK.

Kohler-Koch, B.; Rittberger, B. (2006): Review article: The "governance turn" in EU studies. In: Journal of Common Market Studies 44 (S1), 27-49.

Lomborg, B. (2009) (Hrsg.): Global crises – global solutions. 2. Ed., Cambridge/UK.

Nowotny, H.; Scott, P.; Gibbons, M. (2001): Rethinking science: knowledge in an age of uncertainty. Cambridge/UK.

Max-Planck-Institut für Meteorologie (2006): Künftige Klimaänderung in Deutschland – regionale Projektionen für das 21 Jahrhundert. Akt. Fass. Sep. 2006.

Nye, J. (1990): Bound to lead: The changing nature of American power. New York.

Olson, M. (1991): Aufstieg und Niedergang von Nationen. Tübingen.

Pohl, J.; Zehetmair, S. (2011) (Hrsg.): Risikomanagement als Handlungsfeld in der Raumplanung. = Arbeitsmaterial der ARL Nr. 357. Hannover.

Plumpe, W. (2010): Wirtschaftskrisen. Geschichte und Gegenwart. München.

Renn, O. (2011): Wissen und Moral – Stadien der Risikowahrnehmung. In: Aus Politik und Zeitgeschichte 61(46/47), 3-7.

Renn O. et al. (2009) (Hrsg.): Procautionary risk appraisal and management. An orientation for meeting the precautionary principle in the European Union. Bremen.

Rothkopf, D. (2009): Superclass. The global power elite and the world they are making. New York.

Schamp, E. W. (2011): Finanzkrise in der Weltwirtschaft – Theoriekrise in der Wirtschaftsgeographie. Anmerkungen zur aktuellen wirtschaftsgeographischen Krisenforschung. In: Zeitschrift für Wirtschaftsgeographie 55(1/2), 103-114.

Scholles, F. (2008): Die Ökologische Risikoanalyse und ihre Weiterentwicklung. In: Fürst, D.; Scholles, F. (Hrsg.): Handbuch Theorien und Methoden der Raum- und Umweltplanung. Dortmund, 458-479.

Seidman, D. (2007): Why HOW we do anything means everything ...in business (and in life). Hoboken, New Jersey.

Smith, R. G.; Doel, M. A. (2011): Questioning the theoretical basis of current global-city research: Structure, networks and actor-networks. In: International Journal of Urban and Regional Research 35(1), 24-39.

Uhl-Bien, M.; Russ, M.; McKelvey, B. (2007): Complexity leadership theory: Shifting leadership from the industrial age to the knowledge era. In: Leadership Quarterly 2007(18), 298-318.

Wildavsky, A. (1979): Speaking Truth to Power: Art and Craft of Policy Analysis. Boston.

Autorenverzeichnis

Birgit Böhm

Jahrgang 1962, geboren in Lübeck, studierte Wirtschafts-, Kultur- und Sozialgeographie an der Universität Hannover bis 1990, zwei Jahre wissenschaftliche Mitarbeiterin in einem Büro für Landschaftspflege. 1992 Gründung des Büros mensch und region, Birgit Böhm, Wolfgang Kleine-Limberg GbR; Nachhaltige Prozess- und Regionalentwicklung; 2005 Ausbildung zur Referentin der ländlichen Erwachsenenbildung, 2000 bis 2006 in systemischer Prozessorganisation und -entwicklung am Institut für Arbeitswissenschaften der Universität Hannover; Lehraufträge Partizipation in der Stadtentwicklung/Agenda 21 und Frauen/Stadt- und Regionalentwicklungen an verschiedenen Universitäten; Seit 2003 Projektinitiative WandelWerte (www.wandelwerte.de). Seit 2008 Mitbegründerin "Community Spirit" (www.community-spirit.info)

Dietrich Fürst, Prof. Dr.

Jahrgang 1940, Studium VWL (Kiel, Köln), wissenschaftlicher Mitarbeiter: 1965-67 im Kommunalwissenschaftlichen Forschungszentrum (heute: Difu), 1967-1974 im Seminar für Finanzwissenschaft Uni Köln, 1968 Promotion, 1974 Habilitation, 1974-1971 Professor in Konstanz, 1981-2003 Professor in Hannover (Landesplanung und Regionalforschung), seit Ende 2003 Im Ruhestand. Forschungsschwerpunkte: Regionalplanung, Planungsorganisation und Regionalmanagement, Regionalisierung, regionale Kooperation/ regional governance, Planungstheorie, Steuerungstheorie.

Marc Hansmann, Dr.

Jahrgang 1970, ist seit 2007 Stadtkämmerer der Landeshauptstadt Hannover und Lehrbeauftragter am Institut für Öffentliche Finanzen der Leibniz Universität Hannover. Zuvor hat er im Bundesfinanzministerium und bei einer großen Unternehmensberatung geabeitet. Seine Veröffentlichungen umfassen vor allem die Bereiche Finanzpolitik und Verwaltungsreform, u.a. "Kommunalfinanzen im 20. Jahrundert" (= Diss. 1999), Management und Controlling in Ministerialverwaltung (2004) und der jüngst erschienene Sammelband „Kommunalfinanzen in der Krise. Problemlagen und Handlungsansätze" (als Herausgeber).

Ulrike Hardt, Dr.

Jahrgang 1955, Studium der VWL in Marburg, wissenschaftliche Mitarbeiterin in der Abteilung Finanzwissenschaft des Fachbereichs Wirtschaftswissenschaften der Philipps-Universität Marburg, Promotion 1988. Seit 1988 wissenschaftliche Mitarbeiterin am Niedersächsischen Institut für Wirtschaftsforschung (NIW). Forschungsschwerpunkte: Öffentliche Haushalte, Finanzbeziehungen zwischen föderativen Ebenen, insbesondere kommunaler Finanzausgleich.

Hans-Ulrich Jung, Prof. Dr.

Jahrgang 1949, Studium der Geographie, Statistik und Volkswirtschaftslehre an der Justus-Liebig-Universität Gießen. Wissenschaftlicher Mitarbeiter bei der Deutschen Stadtentwicklungs- und Kreditgesellschaft mbH, Frankfurt, der Freien Universität Berlin sowie der Universität Hannover. Promotion 1982 an der Universität Hannover. Seit 1982 Mitarbeiter am Niedersächsischen Institut für Wirtschaftsforschung, Hannover (NIW) und Lehrbeauftragter an der Leibniz-Universität Hannover. Forschungsschwerpunkte: Regionalforschung (u.a. Regionale Informationssysteme), regionale und kommunale Wirtschaftsförderung, demographischer Wandel und Arbeitsmarkt (Fachkräfte), Evaluierung der regionalen Struktur- und Entwicklungspolitik.

Mareike Köller, Dr.

Jahrgang 1978; Studium der Volkswirtschaftslehre an der Westfälischen Wilhelms-Universität Münster, 2008 Promotion an der Georg August-Universität Göttingen; wissenschaftliche Mitarbeiterin an verschiedenen wirtschaftspolitischen Lehrstühlen der Universität Göttingen (2003-2009); 2009 bis 2011 Leiterin des wissenschaftlichen Referats „Wirtschaft, Technik, Infrastruktur“ in der Akademie für Raumforschung und Landesplanung.

Heinrich Mäding, Prof. Dr.

Jahrgang 1941, geboren in Zwickau, studierte Wirtschaftswissenschaften und Soziologie in Köln, Kiel und Freiburg; Promotion (1971) und Habilitation für "Volkswirtschaftslehre" (1977) an der Universität Freiburg; Professor für Kommunal- und Regionalpolitik an der Universität Konstanz (1979-1992); Leiter des Deutschen Instituts für Urbanistik in Berlin (1992-2006); verschiedene ehrenamtliche Positionen in der Akademie für Raumforschung und Landesplanung, u.a. als deren Präsident (2007/2008).

Horst Zimmermann, Prof. Dr. Dr. h.c.

Jahrgang 1934, geboren in Krefeld, Diplom-Kaufmann 1961, Dr. rer. pol. 1963 und Habilitation1968 Universität Köln; 1969 o. Prof. Philipps-Universität Marburg, seit 2002 emeritiert; Rufe Stuttgart-Hohenheim und Kiel; Ehrungen August-Lösch-Preis 1974, Bundesverdienstkreuz am Bande 1993 und Erster Klasse 2004, Ehrendoktor der Toyo-Universität Tokio. - Forschungsaufenthalte Broo-kings Institution und Urban Institute, Washington, D.C., und Department of Geography Cambridge/England; Präsidium Akademie für Raumforschung und Landesplanung 2001-2006 (Präsident 2003-2004); früher Mitglied Wiss. Beirat Bundesforschungsanstalt für Landeskunde und Raumordnung, Rat von Sachverständigen für Umweltfragen, Wiss. Beirat der Bundesregierung "Globale Umweltveränderungen", Beirat für Raumordnung; heute Mitglied Wiss. Beirat Bundesministerium der Finanzen, Konnexitätskommission des Landes Hessen und Haushaltsstrukturkommission des Landes Hessen.

Stadt und Region als Handlungsfeld

Herausgegeben vom
Kompetenzzentrum für Raumforschung und Regionalentwicklung in der Region Hannover

Das für den norddeutschen Raum einzigartige Kompetenzzentrum für Raumforschung und Regionalentwicklung in der Region Hannover (KompZ) will mit ihren Bänden der Schriftenreihe Stadt und Region als Handlungsfeld Beiträge in die Diskussionen zu aktuellen und brennenden Fragen der Raumentwicklung einbringen und zugleich für eine nachhaltige Entwicklung unserer Städte und Regionen werben. Städte und Regionen sehen sich schwierigen Herausforderungen gegenüber. Der schärfer werdende Wettbewerb der Standorte im Zuge der Globalisierung und Europäisierung, die Finanzsituation der öffentlichen Haushalte, der demografische Wandel, die Energiewende, der Klimaschutz und die Anpassung an den Klimawandel, der Umgang mit den Umweltmedien Luft, Wasser und Boden, der Verlust an Artenvielfalt und Freiraum unter anderem durch wachsende Flächeninanspruchnahme für Siedlungen und Verkehr in bestimmten Teilräumen sind nur einige Stichworte.

Band 1 Barbara Zibell (Hrsg.): Zur Zukunft des Raumes. Perspektiven für Stadt – Region – Kultur – Landschaft. 2003.

Band 2 Marion Cools / Dietrich Fürst / Holger Gnest: Parametrische Steuerung. Operationalisierte Zielvorgaben als neuer Steuerungsmodus in der Raumplanung. 2003.

Band 3 Dietmar Scholich (Hrsg.): Integrative und sektorale Aspekte der Stadtregion als System. 2004.

Band 4 Heiko Geiling (Hrsg.): Soziale Integration als Herausforderung für kommunale und regionale Akteure. 2005.

Band 5 Hansjörg Küster (Hrsg.): Kulturlandschaften. Analyse und Planung. 2008.

Band 6 Bernhard Friedrich (Hrsg.): Bewegung im Raum – Raum in Bewegung. 2009.

Band 7 Renate Bornberg / Klaus Habermann-Nieße / Barbara Zibell (Hrsg.): Gestaltungsraum Europäische StadtRegion. 2009.

Band 8 Eckart Güldenberg / Tobias Preising / Frank Scholles (Hrsg.): Europäische Raumentwicklung. Metropolen und periphere Regionen. 2009.

Band 9 Dietmar Scholich / Peter Müller (Hrsg.): Planungen für den Raum zwischen Integration und Fragmentierung. 2010.

Band 10 Mareike Köller / Dietrich Fürst (Hrsg.): Kommunale Finanznot. Auswirkungen und Lösungsansätze. 2012.

www.peterlang.de

Kolibri 360 GmbH
Ferdinand-Jühlke-Straße 7
99095 Erfurt, Deutschland
produktsicherheit@kolibri360.de